suhrkamp taschenbuch
wissenschaft 2216

Pierre Bourdieu

Schriften

Herausgegeben von
Franz Schultheis und Stephan Egger

Band 9

Pierre Bourdieus Schriften zur Sprache, die in diesem Band erstmals in ihrer ursprünglichen Form versammelt sind, wirken im Kontext seines Gesamtwerks zunächst wie ein Nebenschauplatz, offenbaren sich aber bald als fundamentaler Rückhalt seiner Theorie der sozialen Welt.

Bourdieu entwickelt eine radikal soziologische Sicht auf das Verhältnis von Sprache und Sprechen und legt eine Logik der Sprachpraxis frei, die nur vor dem Hintergrund sozialer Hierarchien legitimen Sprechens und massiver symbolischer Herrschaftsverhältnisse verständlich wird. Ein bleibender Beitrag zur Sprachwissenschaft, ein bedeutsames Kapitel soziologischer Kulturtheorie.

Pierre Bourdieu

Sprache

Schriften zur Kultursoziologie 1

Herausgegeben von
Franz Schultheis und Stephan Egger

Aus dem Französischen
von Hella Beister

Suhrkamp

In Zusammenarbeit mit der Fondation Bourdieu.

3. Auflage 2025

Erste Auflage 2017
suhrkamp taschenbuch wissenschaft 2216
Originalausgabe

Umschlag nach Entwürfen
von Willy Fleckhaus und Rolf Staudt
Druck: Libri Plureos GmbH, Hamburg
Printed in Germany
ISBN 978-3-518-29816-9

Suhrkamp Verlag AG
Torstraße 44, 10119 Berlin
info@suhrkamp.de
www.suhrkamp.de

Inhalt

Der Fetisch Sprache*

Spricht man von *der* Sprache, ohne sie näher zu bestimmen, meint man damit unausgesprochen die offizielle Sprache einer politischen Einheit, das heißt die Sprache, die innerhalb der territorialen Grenzen dieser Einheit als die einzig legitime gilt, und dies umso zwingender, je offizieller (»*formal*« würden die Engländer sagen) der Anlass ist – die Schriftsprache also oder doch eine Sprache, die *so gut wie die Schriftsprache* (das heißt ihrer würdig) ist, produziert von Akteuren mit Schreibbefugnis, den Schriftstellern, und festgeschrieben, kodifiziert und verbürgt mit der Autorität einer ganzen Zunft von Spezialisten, den Grammatikern und, ganz allgemein, den Lehrern, deren Aufgabe es (mindestens) ist, die Einhaltung des *Sprachcodes* in den Köpfen zu verankern und Verstöße zu ahnden.

Offizielle Sprache und politische Einheit

Die offizielle Sprache setzt sich nicht einfach aus eigener Kraft durch. Vielmehr werden ihr ihre geographischen und demographischen Grenzen von der Politik gesetzt, jene scharfen Grenzen, die erst nach und nach mithilfe ebendieser politischen Grenzen gezogen werden. Leicht lässt sich an irgendeinem historischen Beispiel zeigen, wie die Sprachwissenschaftler mit dem Begriff der »Sprachgemeinschaft« – seit Bloomfield traditionell als eine »Gruppe von Menschen« definiert, »die dasselbe System sprachlicher Zeichen benutzen«,[1] das heißt (implizit) als eine Gesamtheit von (zumindest) im Hinblick auf die Beherrschung des sprachlichen Codes homogenen Sprechern – doch nur der Theorie ein vorkonstruiertes Objekt einverleiben, dessen *soziale Konstruktionsgesetze* sie vergessen und dessen soziale Entstehungsgeschichte sie jedenfalls ausblenden, indem sie sich auf das Kriterium des »wechselseitigen Verstehens« berufen und so die Frage nach den Voraussetzungen und den unterschiedlichen Graden der Aneignung der offiziellen Sprache als

* [In Zusammenarbeit mit Luc Boltanski.]

1 L. Bloomfield, *Language*, London: Allen, 1958, S. 29.

gelöst unterstellen.[2] Die Legitimität der offiziellen Sprache und der sozialen Effekte, die sie produziert und von denen auch die Sprachwissenschaftler nicht verschont bleiben, beruht unter anderem auf diesem Vergessen der *Entstehungsgeschichte*, das implizit vorliegt, wenn man die Sprache unter Ausschluss der politischen Verhältnisse betrachtet, unter denen sie sich durchgesetzt hat.

Um sich davon zu überzeugen, braucht man nur noch einmal diejenigen Paragraphen aus den *Grundfragen der allgemeinen Sprachwissenschaft* zu lesen, in denen Saussure die Beziehungen zwischen Sprache und Raum behandelt (*Grundfragen*, S. 235-250): Da er beweisen möchte, dass nicht der Raum die Sprache, sondern *die Sprache ihren Raum bestimmt*, führt Saussure an, dass weder die Dialekte noch die Sprachen natürliche Grenzen kennen und dass eine bestimmte phonetische Neubildung (die Ersetzung des lateinischen *c* durch ein *s*) durch die intrinsische Kraft ihrer autonomen Logik und vermittels der Gesamtheit aller sprechenden Subjekte, die sich bereit finden, ihre Träger zu sein, ihren Verbreitungsbereich selbst bestimmt. Mit dieser Geschichtsphilosophie, die die innere Dynamik der Sprache zum einzigen Prinzip erklärt, das ihrer Verbreitung Grenzen setzt, wird der eigentliche politische Vereinheitlichungsprozess, über den die »sprechenden Subjekte« praktisch dazu gebracht werden, die offizielle Sprache anzunehmen, radikal ausgeblendet.

Die Sprache, wie Saussure sie versteht, nämlich als Gesamtheit der sozialen Übereinkünfte, die die Kommunikation zwischen all denen ermöglicht, von denen sie angenommen wird, als zugleich legislativer und kommunikativer Code, *als legislativer Code der kommunikativen Praktiken*, der jenseits seiner Anwender (der »sprechenden Personen«) und Anwendungen (des »Sprechens«) besteht und fortbesteht, weist alle Eigenschaften auf, die gemeinhin der *offiziellen Sprache* zuerkannt werden. Die offizielle Sprache, die

2 Bekanntlich gibt es, wie Haugen bemerkt, »zwischen dem totalen Nichtverstehen und dem totalen Verstehen [...] eine breite Grauzone des partiellen Verstehens, in der sich etwas abspielt, das man ›Semi-Kommunikation‹ nennen könnte« (E. Haugen, Dialect, Language, Nation, *American Anthropologist*, 68, 4, August 1966, S. 922-935). In Wirklichkeit hat das Kriterium des wechselseitigen Verstehens die Funktion, die nur allzu offensichtliche *fictio juris* zu verschleiern, die darin besteht, alle Angehörigen einer Nation, deren offizielle Sprache das jeweilige Idiom ist, ein und derselben »Sprachgemeinschaft« zuzuordnen.

»erfolgreiche Sprache«,[3] konnte im Gegensatz zum Dialekt (zum Beispiel die *langue d'oc* – Okzitanisch – im Gegensatz zur *langue d'oïl* – dem Dialekt der Île de France – oder Piemontesisch im Gegensatz zu Toskanisch) von den institutionellen Bedingungen (Existenz eines Staates, einer Bürokratie, eines Bildungssystems usw.) profitieren, die nötig sind, um sie durchsetzen und in den Köpfen verankern zu können: Dergestalt im gesamten Geltungsbereich einer bestimmten politischen Macht anerkannt und (mehr oder weniger umfassend) bekannt, trägt sie zur Stärkung der politischen Einheit bei, auf der ihre Herrschaft beruht, und sei es auch nur, indem sie gewährleistet, dass es zwischen allen Angehörigen dieser Einheit jenes Minimum an Kommunikation gibt, das die Voraussetzung für die ökonomische Produktion und selbst für die symbolische Herrschaft ist.

So wichtig es natürlich ist, an die politischen Grundlagen von Begriffen wie »Sprache« oder »Sprachgemeinschaft« zu erinnern, so wenig genügt es doch zu zeigen, wie es manche Soziolinguisten tun, dass der Aufstieg von »Dialekten« oder »Soziolekten« (das heißt »Klassendialekten«) zum Status von offiziellen Sprachen von den Machtverhältnissen zwischen den Gruppen abhängt und von deren Fähigkeit, eine bestimmte Variante des gebräuchlichen Sprachrepertoires in einer Gesamtheit von ethnischen Gruppen und/oder sozialen Klassen als die legitime durchzusetzen.[4] Mit einer solchen historischen Analyse, wie nützlich sie auch sein mag, um die impliziten Voraussetzungen der Sprachwissenschaft kenntlich zu machen, kommt man nämlich nicht an das Prinzip der sozialen Mechanismen heran, auf denen die – wiederum nur allzu offensichtliche – Beziehung zwischen politischer Einigung und sprachlicher Vereinheitlichung beruht. So kann auch die Soziolinguistik, die, was eine solche Theorie der Beziehungen zwischen politischer und symbolischer Herrschaft betrifft, noch am

3 A. Brun, *Parlers régionaux: France dialectale et unité française*, Paris, Toulouse: Didier, 1946, S. 8.

4 Vgl. zum Beispiel E. Haugen, *Language Planning and Language Conflict: The Case of Modern Norwegian*, Cambridge: Harvard University Press, 1966, und K. W. Deutsch, *Nationalism and Social Communication*, Cambridge: MIT Press, 1966; H. Blanc, *Communal Dialects in Baghdad*, Cambridge: Harvard University Press, 1964; J. J. Gumperz, Linguistic and Social Interaction in Two Communities, *American Anthropologist*, 66, 1964, 2, S. 37-53.

weitesten gegangen ist, die verschiedenen Sprachvarianten (»Standardsprachen«, »Umgangssprachen«, »Dialekte«, »Pidgins«, »klassische Sprachen«, »Kunstsprachen«) letztlich doch nur registrieren und aufs Geratewohl nach realistischen Typologien aufschlüsseln. Denn da sie es unterlässt, das *sprachliche Feld* als das System der sprachlichen Kräfteverhältnisse im eigentlichen Sinne zu konstruieren, die in ihrer Ordnung die Verhältnisse zwischen den entsprechenden Gruppen in der sozialen Hierarchie reproduzieren, ist sie außerstande, die sprachlichen Eigenschaften (etwa den Grad der »Standardisierung«, »Autonomie« oder »Vitalität«) dieser Varianten auf die Position zu beziehen, die deren produzierende Akteure oder Gruppen im sprachlichen Feld besetzen.

DICTIONNAIRE
DES
EXPRESSIONS VICIEUSES
ET
DES FAUTES DE PRONONCIATION
LES PLUS COMMUNES
Dans les Hautes et les Basses-Alpes,
ACCOMPAGNÉES DE LEURS CORRECTIONS,
D'après la V.e Édition du Dictionnaire de l'Académie.
Ouvrage nécessaire aux jeunes personnes de l'un et de l'autre sexe, aux instituteurs et institutrices, et utile à toutes les classes de la Société.
Par M. Rolland,
Directeur du collège de Gap.

Videndum est ut verba efferamus
Ea quae nemo jure reprehendat.
Cic de orat. L. III.

A GAP,
Chez J. Allier, Imprimeur de la Préfecture, et Membre de la Société d'Émulation.
1810.

Mitteilung des Grundschulinspektors von Mauléon (Baskenland) betreffend die Ergebnisse des *Leseunterrichts* in den Schulen des Baskenlands.
Bewegend!

wie die unermüdlichen Schulmeister um diese Baskenköpfe ringen, denen alles an Frankreich, seine Sprache, seine Prinzipien, seine Denkgewohnheiten, sein sittliches, nationales, liberales Empfinden, fremd ist, wie sie darum ringen, diese Kinder einer anderen Rasse, einer anderen Tradition der Dumpfheit und Gedankenlosigkeit, dem Aberglauben und der Barbarei zu entreißen; und sie dahin zu bringen, dass sie denken, überlegen, sprechen.

Zu denken, dass der sittliche Kerngehalt, wie er im Zentrum, in unseren Studienkommissionen, unseren Hochschulen, unserem Obersten Rat herausgearbeitet wurde, bis hierher getragen wird, in die Randzonen, die entlegensten Regionen, die am wenigsten aufgeklärten Winkel unseres Landes …

F. Pécaut, *Quinze ans d'éducation*, Paris: Delagrave, 1903

Die Durchsetzung einer Gruppensprache als offizielle Sprache löst über die dadurch bedingte Vereinheitlichung des Marktes und in einem Prozess, der immer dann zu beobachten ist, wenn ein Markt der symbolischen Güter vereinheitlicht wird, eine Reihe von systematischen Transformationen der sprachlichen Praktiken aus. Im Prozess der Vereinheitlichung des Marktes treten in der Regel an die Stelle der inkommensurablen sprachlichen Unterschiede, die Menschen aus verschiedenen Regionen voneinander trennten, sprachliche Unterschiede einer neuen Art, die paradoxerweise die Gegensätze zwischen Angehörigen der verschiedenen sozialen Klassen betonen, da an deren Sprachproduktionen nunmehr der Einheitsmaßstab der Gemeinsprache angelegt wird. Die politische Einheit der Nation erzeugt eine neue, besser kaschierte Form von Verschiedenheit, bei der die regionalen Dialekte nach und nach verschwinden und den Klassendialekten Platz machen: In dem Maße, wie der Sprachmarkt vereinheitlicht und die symbolische Herrschaft der offiziellen Sprache erkennbar wird, entsteht ein System von sozial relevanten sprachlichen Gegensätzen, das mit dem System der »sprachlich« (das heißt im Sinne der von der strukturalistischen Sprachwissenschaft zugrunde gelegten abstrakten Definition der Kommunikation) relevanten sprachlichen Gegensätze nichts mehr gemein hat, außer dass die Konstruktion der soziologisch relevanten Merkmale vom Substrat der früheren sprachlichen Gegensätze ausgeht, um das zu produzieren, was man gemeinhin die »regionalen Akzente« nennt.

Die Vereinheitlichung des sprachlichen Feldes und die Durchsetzung von Legitimität

Wie die verschiedenen Handwerke, die vor dem Aufkommen der großen Industrie, wie Marx sagt, lauter abgeschlossene Bereiche bildeten, sind die lokalen Sprachvarianten bis zum 18. Jahrhundert (und noch heute die regionalen Dialekte, trotz der Homogenisierung, die für die Verallgemeinerung des Französischen und der damit einhergehenden Lehnwörter ausschlaggebend gewesen sein dürfte) von Pfarrbezirk zu Pfarrbezirk verschieden, und die Verbreitungsbereiche phonologischer, morphologischer und lexikologischer Merkmale decken sich, wie die Karten der Dialektologen zeigen, nie ganz und stimmen auch höchstens einmal zufällig mit den Grenzen von Verwaltungs- oder Pfarrbezirken überein.[5] Ohne die Objektivierung in der Schrift und ohne die quasi-rechtliche Kodifizierung, die mit der Entstehung einer offiziellen Sprache einhergeht, existieren die »Sprachen« nämlich nur praktisch, nur in Form von sprachlichen Habitus (die wenigstens zum Teil aufeinander abgestimmt sind) und in Form von mündlichen Produktionen dieser Habitus:[6] Für alle praktischen Belange versteht man einander von Dorf zu Dorf und selbst von Region zu Region (zum Beispiel zwischen dem Béarn und der Bigorre oder der Chalosse) allemal gut genug und verlangt von der Sprache nichts weiter, als dass sie dieses wechselseitige Verstehen gewährleistet; keine Rede davon, irgendein Idiom zur Norm für irgendein anderes zu erheben (auch wenn man vielleicht die wahrgenommenen Unterschiede absonderlich findet und sich über sie lustig macht). Durch die politische Einigung und die damit einhergehende Bildung eines von der offiziellen Sprache beherrschten sprachlichen Felds entsteht zwischen dem offiziellen Idiom und den anderen ein völlig neuartiges

5 Brunot erinnert daran, dass die Vorstellung, es gebe regionale Dialekte, die ihrerseits in Unter- und Unterunterdialekte zu unterteilen wären, von der Dialektologie klar widerlegt wurde (F. Brunot, *Histoire de la langue française des origines à nos jours*, Paris: Colin, 1968, S. 77 f.).

6 Anhand der Probleme, die während der Französischen Revolution bei der Übersetzung der Dekrete auftraten, lässt sich gut der Unterschied zwischen einer offiziellen Sprache und einer nur mündlich gebrauchten praktischen Sprache verdeutlichen: Die geschriebene Sprache ist noch nicht fixiert (Rechtschreibung usw.); die Aufsplitterung in Dialekte zwingt zur Schaffung einer Durchschnittssprache; ein politisches Vokabular existiert nicht. Auch wenn es wie zum Beispiel im Béarn sowohl eine Schriftsprache gibt, die von den professionellen Schreibern (den Schreibern im Staatsdienst) benutzt wird, um die *délibérations communales* (Gemeinderatsbeschlüsse) und *livres de coutume* (Gewohnheitsrecht) zu transkribieren, als auch ein auf die lokale Demokratie abgestimmtes politisches Vokabular, spricht das, wie sich zeigen ließe, nicht gegen diese Analyse: Die von der Französischen Revolution importierten politischen Begriffe oder Institutionen hätten die lokalen politischen Institutionen sicher nicht so schnell und so gründlich zerstört, wenn sich unter der äußeren Gleichheit (Begriffe wie Abstimmung, Versammlung, gemeinsamer Beschluss usw.) nicht eine radikal andere politische Philosophie verborgen hätte; so waren zum Beispiel der Begriff Mehrheit und der damit implizierte liberale Individualismus in den Gemeindeversammlungen unbekannt, da Beschlüsse in Wirklichkeit immer bei Einstimmigkeit aller Anwesenden gefasst wurden.

Verhältnis: ein *objektives symbolisches Herrschaftsverhältnis*, das sich ganz real auf den Wert auswirkt, der den sprachlichen Produkten der verschiedenen Sprecher objektiv zugewiesen wird und auf diese Weise ihre Dispositionen wie ihre Praktiken verändert. Dieses *symbolische Machtverhältnis*, das ökonomisch wie politisch ganz reale Auswirkungen hat, besitzt seine eigene Logik, die sich dem spiritualistischen Idealismus, der sprachliche (und ganz allgemein kulturelle, das heißt religiöse, künstlerische, sprachliche) Konflikte als nicht weiter rückführbare, keiner interessengeleiteten Logik unterworfene und unter die Kategorie der irrationalen Leidenschaft oder des interesselosen Ideals fallende Konflikte behandelt, ebenso wenig erschließt wie dem Ökonomismus, der dem Idealismus insofern in allem recht gibt, als er sich darin mit ihm einig weiß, keine andere Form des Interesses zu kennen als das ökonomische Interesse, und also notgedrungen alle Konflikte, Religionskriege wie Sprachkonflikte, auf ökonomische Kämpfe zurückführt: Eine materialistische Theorie der Ökonomie des symbolischen Tauschs ist erst dann möglich, wenn den im eigentlichen Sinne symbolischen (positiven oder negativen) Interessen, die mit symbolischen Praktiken wie einem bestimmten Sprachgebrauch verbunden sein können, ebenso Rechnung getragen wird wie den symbolischen Gewaltverhältnissen, zu denen das Verfolgen dieser Interessen führen kann.

Das Verhältnis, das sich zwischen zwei verschiedenen Sprachen herausbildet, die von nicht nur unterschiedlichen, sondern auch politisch und ökonomisch voneinander unabhängigen sozialen Formationen gesprochen werden, ist ein ganz und gar theoretisches und nur durch den und für den Beobachter (etwa Saussure, der *mouton* und *sheep* als Beleg für den Willkürcharakter des Zeichens anführt) existierendes Verhältnis; die Verhältnisse dagegen, die grundlegend für die Struktur jenes Systems der sprachlichen Ausdrücke sind, das immer dann objektiv zustande kommt, wenn alle außersprachlichen Bedingungen für die Bildung eines sprachlichen Felds gegeben sind, haben die Objektivität und die Undurchsichtigkeit der Institution und beherrschen die Sprachproduktion, indem sie über den (wahrscheinlichen) Wert bestimmen, der den Produkten der verschiedenen Sprecher zugewiesen wird, und damit zugleich über das Verhältnis, das jeder Einzelne von ihnen zur Sprache haben kann. Sobald die Sprachproduktionen der verschiedenen Klassen und Klassenfraktionen real in symbolischen Machtverhältnissen miteinander konfrontiert sind, die die ökonomischen und politischen Machtverhältnisse zwischen den entsprechenden Gruppen reproduzieren (und dabei verstärken), bekommen sie aufgrund ihrer Position in der objektiven, für das Feld grundlegenden Rangordnung einen *sozialen Wert*, der *logisch willkürlich* – weil außerhalb der Logik der bestehenden Ordnung durch nichts gerechtfertigt – und zugleich – aus ebendiesem Grund – *soziologisch notwendig* ist. Der Haupteffekt der Vereinheitlichung des Marktes und der damit einhergehenden Durchsetzung der Legitimität besteht in der *Entwertung*, der die sprachlichen Produktionen all derer unterliegen, deren Kenntnis der sprachlichen »Norm« zwar ausreicht, um sie zu erkennen und anzuerkennen, wenn sie ihnen explizit vorgeführt oder in Erinnerung gebracht wird, die jedoch nicht über die Mittel verfügen, die entsprechenden »Formen« selber zu produzieren. Konfrontiert mit den auf demselben Markt angebotenen Produkten der professionellen Redeproduzenten (der geschriebenen Sprache der sanktionierten Autoren und der gesprochenen Sprache von Leuten, bei denen Reden zum Beruf gehört) und den Produkten der Angehörigen der herrschenden Klasse (der Sprache, die man in der besseren Gesellschaft spricht), fallen die Regionalsprachen und die volkstümlichen Formen des offiziellen Sprachgebrauchs einer systematischen *Deklassierung* zum Opfer: Erstere sehen sich auf den Stand eines »Patois« heruntergestuft, Letztere wie durch Zauberschlag in vulgäre, mit »Fehlern« und »Provinzialismen« behaftete und also völlig entwertete und für den offiziellen Gebrauch gänzlich ungeeignete Jargons verwandelt. Das Bildungssystem trägt zu dieser Deklassierung entscheidend bei, indem es die volkstümlichen Ausdrucksweisen (ganz zu schweigen von den Regionalsprachen, deren Gebrauch in Frankreich verboten war) als »Jargon« oder »schlechtes Französisch« abqualifiziert (wie die bei Aufsätzen so beliebten Randbemerkungen der Lehrer lauten) und die Anerkennung der Legitimität der legitimen Sprache in den Köpfen verankert.

Die Vereinheitlichung der Sprache

Wenn es darum geht, die verschiedenen historischen Formen des soziologischen Prozesses zu analysieren, der zur Entwicklung, Legitimierung und Durchsetzung der offiziellen Sprache führt, dürfte es völlig legitim sein, sich an das Beispiel des Französischen zu halten, das, wie Haugen bemerkt, »die am stärksten standardisierte unter den europäischen Sprachen« ist (und daher, ebenfalls laut Haugen, als Modell für die anderen offiziellen Sprachen diente). In Ferdinand Brunots *Histoire de la langue française des origines à nos jours* (Paris: Colin, 1968) wird die Beziehung zwischen sprachlicher Vereinheitlichung und politischer Einigung besonders deutlich. Bis zur Französischen Revolution geht der Prozess der sprachlichen Vereinheitlichung mit dem Prozess der Entstehung des monarchischen Staates in eins. Der feudalen Zersplitterung entspricht die sprachliche Zersplitterung: Die »Dialekte«, die manche Eigenschaften aufweisen, die sonst nur den »Sprachen« zugeschrieben werden (die meisten werden auch in der Schriftform verwendet, in notariellen Urkunden, Gemeinderatsbeschlüssen usw.), und die literarischen Sprachen (wie die Dichtersprache der Okzitanisch sprechenden Länder), die so etwas wie »künstliche Sprachen« sind und sich von allen in ihrem Geltungsbereich vorkommenden Dialekten unterscheiden, werden seit dem 14. Jahrhundert, zumindest in den Kernprovinzen der »langue d'oïl« (Champagne, Normandie, Anjou, Berry), vom Dialekt der Île de France verdrängt, der nun zur offiziellen Sprache erhoben und in der Form gebraucht wird, die er als gehobene, das heißt als Schriftsprache bekommen hat. Im Gegenzug dazu fallen die volkstümlichen und bloß gesprochenen Sprachformen aller auf diese Weise verdrängten regionalen Dialekte in den Stand des »Patois« zurück – eine Folge der (mit der Aufgabe der Schriftform zusammenhängenden) Zersplitterung und der (durch Aufnahme lexikalischer oder syntaktischer Entlehnungen bewirkten) inneren Auflösung, beides wiederum ein Ergebnis der gesellschaftlichen Entwertung, der sie ausgesetzt sind: Den Bauern überlassen, werden sie jetzt nämlich im Gegensatz zum vornehm-gebildeten Sprachgebrauch negativ und pejorativ definiert (was unter anderem auch am Bedeutungswandel des Wortes »Patois« abzulesen ist, das aus einer Bezeichnung für eine »unverständliche Sprache« zu einer Bezeichnung für eine »verderbte, vulgäre Sprache wie die des niederen Volkes« wird; siehe Furetières Wörterbuch von 1690).

Ganz anders ist die Lage in den okzitanischsprachigen Ländern (und erst recht in den »mundartlich geprägten Regionen«): Hier werden erst im 16. Jahrhundert und mit der Bildung einer dem König unterstehenden Verwaltung (mit der vor allem zahlreiche Verwaltungsbeamte von niederem Rang auftauchen, königliche Justizbeamte und andere Amtsträger, Richter usw.) die verschiedenen okzitanischen Dialekte in den öffentlichen Urkunden vom Pariser Dialekt verdrängt. Die Durchsetzung des Französischen als offizielle Sprache hat jedoch kein völliges Verschwinden der Dialekte in geschriebener Form zur Folge, und zwar weder als Politik- und Verwaltungssprache (im Béarn werden bis zur Revolution die Gemeinderatsbeschlüsse im Dialekt abgefasst) noch als literarische Sprache (die unter dem Ancien Régime in Gestalt einer Literatur fortlebt, die nachträglich als »mundartlich« bezeichnet wird); in gesprochener Form bleiben sie ohnehin dominierend. Die Tendenz geht in Richtung eines Bilinguismus: Anders als die Angehörigen der unteren Klassen und vor allem als die Bauern, deren Sprachkompetenz sich auf die Kenntnis des lokalen Dialekts beschränkt, haben die Angehörigen des Adels, die Geschäfts- und Kaufleute aus dem Bürgertum und vor allem die gebildeten Kleinbürger (dieselben, die auf die Umfrage des Abbé Grégoire antworten und – mehr oder weniger gründlich – die Jesuitenkollegs besucht haben, die ja schon als Institution für sprachliche Vereinheitlichung stehen) viel häufiger Zugang zum – gesprochenen oder geschriebenen – offiziellen Sprachgebrauch (wie oft in den unterschiedlichsten sozialen Zusammenhängen beobachtet wurde; vgl. J. A. Fishman, *Sociolinguistique*, Brüssel, Paris: Nathan, 1971, S. 82), beherrschen aber auch noch den Dialekt (der bei den meisten privaten und sogar öffentlichen Anlässen noch immer benutzt wird) und eignen sich daher ganz besonders für *Vermittlerfunktionen*.

Die neue sprachliche Legitimität

Die Angehörigen dieses lokalen Bürgertums – Pfarrer, Ärzte, Lehrer –, die ihre Stellung ihrer Beherrschung der Instrumente des sprachlichen Ausdrucks verdanken, können bei der politischen Revolution, die zugleich mit der expliziten Politik der sprachlichen Vereinheitlichung betrieben wird, nur gewinnen: Mit der Durchsetzung dieses einheitlichen Distinktionswerkzeugs, der zum Status der Nationalsprache erhobenen und im Unterricht der Jesuitenschulen selektiv vermittelten offiziellen Sprache, bekommen sie faktisch in der Politik und ganz allgemein in der Kommunikation mit der Zentralgewalt und ihren Repräsentanten jene Monopolstellung, die unter allen Republiken für die örtlichen Honoratioren charakteristisch bleibt. Die Maßnahmen, mit denen das revolutionäre Kleinbürgertum versucht der Sprache alles Aristokratische auszutreiben, sie also dem Adel zu entreißen, ohne sie ins Vulgär-Populäre oder Populistische abgleiten zu lassen (vgl. Hébert, *L'Ami du peuple* usw.), bewirken den Sturz des Ancien Régime auch in der Sprache, indem sie der sprachlichen Legitimität des Adels und der Salons (*le bel usage*) zugunsten der sprachlichen Legitimität des Kleinbürgertums (*le bon usage* oder *l'usage raisonné*) den Boden entziehen, einer Legitimität, deren Grundlage nun in der philosophischen Grammatik und im Erbe Condillacs gesucht wird; ähnlich wie bei dem von Elias im *Prozess der Zivilisation* beschriebenen Übergang von den auf Tradition beruhenden Normen der *bienséance* zu nunmehr hygienisch begründeten Normen vollzieht sich hier ein Übergang von einer auf dem *bon ton* fußenden sprachlichen Legitimität zu einer auf Vernunft, also *in natura*, gegründeten Legitimität.

Die Durchsetzung der legitimen Sprache gegen die Idiome und Patois, das heißt gegen den Sprachgebrauch der unteren Klassen, gehört zu den politischen Strategien, mit denen – vermittelt über die Produktion und Reproduktion des neuen Menschen – die politischen Errungenschaften der Revolution auf Dauer verankert werden sollen. Condillacs Sprachtheorie, bei der die Sprache zur *Methode* wird, erlaubt es – in einer den Theorien Humboldts (Cassirers) sehr nahe kommenden Denkweise –, revolutionäre Sprache mit revolutionärem Denken gleichzusetzen: Die Sprache zu erneuern, sie vom Sprachgebrauch der alten Gesellschaft zu reinigen und, derart gereinigt, für verbindlich zu erklären, bedeutet, ein Denken für verbindlich zu erklären, das seinerseits geläutert und gereinigt ist. Es wäre naiv, die Politik der sprachlichen Vereinheitlichung nur auf die technischen Erfordernisse der Kommunikation zwischen einzelnen Landesteilen und vor allem zwischen Paris und der Provinz zurückführen zu wollen oder sie als den direkten Ausfluss eines zur Zerschlagung der »lokalen Partikularismen« entschlossenen staatlichen Zentralismus zu sehen. Der Konflikt zwischen dem Französisch der revolutionären Intelligenz und den Idiomen und Patois ist ein Konflikt, bei dem es um die symbolische Macht, die *Formierung* und *Re-Formierung* von Denkstrukturen geht. Kurz, es geht nicht nur darum, zu kommunizieren, sondern auch darum, einer neuen Sprache der Macht mit neuem politischem Vokabular, neuen Verweis- und Bezugssystemen, Metaphern und Euphemismen Anerkennung zu verschaffen und damit auch der Vorstellung von der sozialen Welt, die mit ihnen vermittelt wird. Was ein solcher Diskurs verkündet und durchsetzt, die neuen Interessen neuer gesellschaftlicher Gruppen, ist in den lokalen Mundarten – zugeschnitten auf den interessenspezifischen Sprachgebrauch bäuerlicher Gruppen – gar nicht formulierbar.

Bei dieser über die Durchsetzung der sprachlichen Legitimität erzielten Durchsetzung der politischen Legitimität fällt dem Bildungssystem von vornherein eine entscheidende und von Grégoire bis Durkheim immer wieder verherrlichte Rolle zu: »Es muss jene Übereinstimmungen schaffen, aus denen schließlich die Gemeinschaft des Bewusstseins entsteht, das einende Band der Nation […]. Täglich arbeitet er (der Lehrer) kraft seines Amtes an jenem Vermögen, das den Ausdruck jedweden Gedankens oder Gefühls gestattet: an der Sprache. Kindern, die diese Sprache kaum kennen oder gar Dialekt oder Patois sprechen, lehrt er die eine und einzige, klare und geregelte Sprache und weckt bei ihnen eben damit ganz natürlich die Neigung, die Dinge gleich zu sehen und zu empfinden; so arbeitet er am Aufbau des gemeinsamen Bewusstseins einer ganzen Nation« (G. Davy, *Éléments de sociologie*, Paris: Vrin, 1950, S. 233). Eine Sprachtheorie wie die Humboldts (die aus der Begeisterung über die sprachliche »Ursprünglichkeit« der Basken und aus der Verherrlichung des Zweigespanns von Nation und Sprache hervorgegangen ist und unverkennbar auch eine bestimmte von Humboldt in die Gründung der Universität zu Berlin eingebrachte Auffassung von der Einigungsaufgabe der Universität geprägt hat) weist mit Durkheims Philosophie des Konsensus (die der Sprachtheorie zugrunde liegt, wenn sie die Sprache über die Kommunikationsfunktion und nur über sie definiert) eine Affinität auf, von der der gleitende Übergang des Wortes *Code* aus dem Recht (über die Kryptographie) in die Sprachwissenschaft zeugt: Der Code – im Sinne von Chiffre –, der die geschriebene Sprache regelt, das heißt die richtige Sprache im Gegensatz zur implizit als minderwertig angesehenen gesprochenen Sprache (*conversational language*), bekommt im Bildungssystem und durch das Bildungssystem *Gesetzeskraft*.

Bildungsmarkt und Arbeitsmarkt

Im 19. Jahrhundert stellt das Bildungssystem das mächtigste Instrument zur sprachlichen Vereinheitlichung dar. Es wirkt einerseits direkt, indem es mit dem Anstieg der Zahl der Schulen und der die Schulen besuchenden Kinder wie auch durch die damit einhergehende steigende Zahl und breitere räumliche Streuung des Lehrpersonals (das seit 1816, also schon lange vor der offiziellen Einführung der Schulpflicht, kontinuierlich ausgebaut wurde) für eine immer breitere Anerkennung der offiziellen Sprache sorgt; andererseits indirekt, nämlich über sein Verhältnis zum Arbeitsmarkt: Die Vereinheitlichung des Bildungsmarktes (die mit der Einführung von Bildungstiteln nationaler, von den sozialen oder regionalen Eigenschaften ihrer Träger zumindest offiziell unabhängiger Geltung weiter vorangetrieben wurde) und die Vereinheitlichung des Arbeitsmarktes (die historisch mit dem Ausbau des Verwaltungssystems einherging) stehen in einem dialektischen Verhältnis zueinander, das im System der Mechanismen, die für die Entwertung und spätere Aufgabe der Dialekte und die Einführung der neuen Hierarchie des Sprachgebrauchs verantwortlich sind, eine entscheidende Rolle spielt. Und es wäre zweifellos interessant, die Reihe der konkreten Zwischenstadien zu analysieren, über die es zu der folgenden paradoxen Situation kommt: Diejenigen Departements, die, wie aus der 1864 von Victor Duruy durchgeführten Umfrage hervorgeht (siehe M. de Certeau, D. Julia, J. Revel, *Une politique de la langue*, Paris: Gallimard, 1975, S. 270-272), im Zweiten Kaiserreich die höchsten Anteile von nicht Französisch sprechenden erwachsenen

Schülern und von Französisch weder sprechenden noch schreibenden 7- bis 13-jährigen Kindern aufweisen, stellen bereits in der ersten Hälfte des 20. Jahrhunderts eine besonders hohe Zahl von Beamten (ein Phänomen, das selbst bekanntlich mit einem hohen Anteil von Schülern im Sekundarschulbereich zusammenhängt; vgl. A. Darbel, D. Schnapper, *Les agents du système administratif*, Paris: Mouton, 1969, S. 69-87). Um zu erreichen, dass die Akteure an der Zerstörung ihrer Ausdrucksmittel mitarbeiteten – indem sie sich etwa bemühten, in Gegenwart ihrer Kinder »Französisch« zu sprechen, oder von ihnen verlangten, dass sie zu Hause »Französisch« sprachen, und zwar in der mehr oder weniger klaren Absicht, ihren Wert auf dem Bildungsmarkt zu erhöhen –, musste sich ihnen »Bildung« als der wichtigste, ja einzige Zugangsweg zu den Verwaltungsposten darstellen – Posten, die umso begehrter waren, je geringer der Grad der Industrialisierung in den entsprechenden Regionen war; eine Konstellation, die es eher in Landstrichen mit »Dialekt« oder »Idiom« gab (mit den Regionen im Osten Frankreichs als einziger Ausnahme) als in den Ländern mit »Patois« in der nördlichen Landeshälfte. Mit der Vereinheitlichung des Bildungsmarktes wird, vermittelt über das Bildungssystem, das seine Macht zur Beglaubigung durch Bildungsabschlüsse in ihren Dienst stellt, die Grammatik sogar rechtlich wirksam: So werden Grammatik und Rechtschreibung mitunter per *Dekret* festgeschrieben (beispielsweise 1900 die Regeln zur Ausrichtung des Partizips Perfekt im Zusammenhang mit dem Hilfsverb *avoir*), denn sie entscheiden – in Gestalt von Prüfungen und der mit ihnen erworbenen Abschlüsse – über den Zugang zu gesellschaftlichen Posten und Positionen.

Die Anerkennung der Legitimität der offiziellen Sprache (was manche Sprachwissenschaftler, Labov zum Beispiel, die Anerkennung der »Norm« nennen) ist kein rein subjektiver Zustand, nichts von der Art eines Glaubens, den man – dies gegen die populistische Naivität durch irgendeine magische Bekehrung auch ablegen könnte. Sie ist die realistische Unterwerfung unter die Gesetze des sprachlichen Marktes, die Gesetze der objektiven Mechanismen, nach denen die Preisbildung für die unterschiedlichen Arten der Rede erfolgt und die dafür sorgen, dass die sprachlichen Produkte der herrschenden Klasse in der Regel am höchsten bewertet werden.

Die *sprachlichen Dispositionen* werden entscheidend von der Struktur der objektiven Profitchancen bestimmt, die sich einem bestimmten Sprecher aufgrund seines sprachlichen Kapitals auf einem bestimmten Stand des herrschenden Sprachmarkts bieten; objektiv abgestimmt auf diese Chancen, tragen sie natürlich dazu bei, sie zu reproduzieren.[7] Und also sind die beherrschten Klassen – und insbesondere die Kleinbürger – zu jener *kenntnislosen Anerkenntnis* verurteilt, die durch das ängstliche Bemühen um »Korrektheit«, zu dem es sie treibt, der Ursprung der für ihre sprachlichen Produktionen bei allen offiziellen Anlässen so charakteristischen Überkorrektheit ist. Die symbolische Herrschaft beginnt real, wenn die mit der Anerkennung implizierte Verkennung der Willkür die Beherrschten dazu bringt, die herrschenden Bewertungskriterien auf ihre eigenen Praktiken anzuwenden (so wie jene noch neuen Emigranten, von denen Labov spricht, die strenger als alle anderen jeden abweichenden Akzent einschließlich ihres eigenen verurteilen). Im Grunde braucht man sich nur das verzweifelte Konformitätsstreben des Kleinbürgertums vor Augen zu halten – ebenso hartnäckig wie von vornherein zum Scheitern verurteilt –, um zu begreifen: Die symbolische Enteignung kann nur stattfinden, wenn die Enteigneten an ihrer Enteignung mitarbeiten und zur Bewertung ihrer eigenen Produktionen wie der Produktionen der anderen diejenigen Kriterien übernehmen und anwenden, bei denen sie selbst am schlechtesten abschneiden; und da die objektiven Gesetze der am strengsten kontrollierten Sprachmärkte (und insbesondere des Bildungs- und des Arbeitsmarkts) immer schon da sind, um sie an die wahren »Werte« zu erinnern, das heißt an den »wahren« Wert ihrer Produkte, können sie diese Kollaboration auch nicht verweigern (außer durch *kollektive* Bewusstseinsbildung und Mobilisierung).

7 Zum dialektischen Verhältnis zwischen objektiven Strukturen und Dispositionen siehe P. Bourdieu, *Esquisse d'une théorie de la pratique*, Genf: Droz, 1972, und Avenir de classe et causalité du probable, *Revue française de sociologie*, 15, 1, Januar-März 1974, S. 3-42. Im zweiten (demnächst erscheinenden) Teil dieses Textes wird das Verhältnis zwischen den für den sprachlichen Habitus (eine der Dimensionen des Habitus) grundlegenden Dispositionen und dem – mehr oder weniger inkorporierten – sprachlichen Wissen analysiert, das in einem engen Zusammenhang mit dem Bildungsniveau steht.

Der Tatbestand der Legitimität

Ein Vergleich der Thesen, für die symbolisch die Namen Bernstein und Labov stehen (dessen Werk sich allerdings keineswegs auf dieses soziale »Image« reduzieren lässt), macht deutlich, dass man, wenn man die sozialen Grundlagen des dem legitimen Sprachgebrauch zugestandenen Werts nicht erkennt, gar nicht anders kann, als entweder etwas objektiv Relatives und, in diesem Sinne, Willkürliches, das heißt den herrschenden Sprachgebrauch, unbewusst – und also bedingungslos – zu verabsolutieren, indem man den ihm (insbesondere auf dem Bildungsmarkt) zuerkannten Wert schlicht und einfach *registriert* und seinen Ursprung in bestimmten sprachimmanenten Eigenschaften sucht, etwa in dem komplexen Satzbau; oder diese Form von *Fetischismus* zwar zu vermeiden, aber auch nur, indem man das Offensichtliche negiert, den *Tatbestand der Legitimität* bestreitet und im Namen eines elementaren Relativismus willkürlich relativiert, was sozial – und nicht nur von den Angehörigen der herrschenden Klasse – als absolut anerkannt wird, nämlich den als solchen verkannten und also als legitim anerkannten herrschenden Sprachgebrauch.

Um den Vorgang der Fetischisierung der legitimen Sprache, wie er sich in der Realität vollzieht, auch theoretisch fassen zu können, genügt es, die spezifischen Eigenschaften jenes »elaborierten Codes« zu beschreiben, von dem Bernstein (die auf dem Bildungsmarkt gültige Sprachdefinition *implizit* übernehmend) spricht, ohne dieses soziale Produkt in eine Beziehung zu den sozialen Bedingungen seiner Produktion und Reproduktion zu setzen (und vor allem nicht zu seiner *Legitimierung*, für die das Bildungssystem einsteht, indem es für die Durchsetzung und Einübung der legitimen Sprache sorgt). Bernstein stellt zwar immerhin eine Beziehung zwischen der Sprache der unteren Klassen und ihren Existenzbedingungen her. Aber zumindest in den frühen Arbeiten geschieht dies mehr scheinbar

Wenn Labov feststellt, dass man sich innerhalb einer »Sprachgemeinschaft« nicht nur über dieselben *Formen*, sondern auch über dieselben *Normen* einig ist und dass man zum Beispiel bei Menschen aus unterschiedlichen sozialen Klassen und also mit unterschiedlicher Aussprache des *r* dieselbe Bewertung dieses *r* antrifft, bezieht er sich hauptsächlich auf die expliziten Angaben der Sprecher selbst, die ein viel weniger taugliches Indiz sein dürften als die Modifikationen der Sprachproduktion, die *allein durch das Befragungsverhältnis* hervorgerufen werden, das aufgrund seiner

als wirklich, wie man an den gänzlich negativen Eigenschaften sieht, etwa »Ritualisierung« oder »Partikularismus«, die er der Sprache der unteren Klassen zuschreibt und die doch nur ein anderer Name für die Eigenschaften sind – Autoritarismus, Konformismus und Konservatismus –, die den unteren Klassen traditionell von einer gewissen amerikanischen Soziologie beigelegt werden. Und schon gar nicht kann dies eine Analyse ersetzen, die zumindest eine Beziehung zwischen diesen Eigenschaften und der Arbeit der Spracherzwingung (und damit -enteignung) herstellt, die das Bildungssystem durch die Sanktionierung des herrschenden (das heißt des von den Familien der herrschenden Klasse mithilfe des Bildungssystems weitergegebenen) Sprachgebrauchs leistet. Kurz, indem sie die »Ungleichheiten vor dem Bildungssystem« auf Ungleichheiten der Sprachkompetenz reduzieren; indem sie diese Kompetenz als eine soziale Fähigkeit behandeln, die man von Kindesbeinen an erwirbt, und zwar je nach den Merkmalen des familialen Milieus mehr oder weniger gründlich; und indem sie die klassentypischen Formen des Sprachgebrauchs in eine eindimensionale und absolute Rangfolge bringen, machen die *Deprivationstheoretiker* (vgl. zum Beispiel M. Deutsch u.a., *The Disadvantaged Child*, New York: Basic Books, 1967, oder auch M. Deutsch, I. Katz, A. R. Jensen (Hg.), *Social Class, Race and Psychological Development*, New York: Holt, 1968) die sprachliche *Deprivation* zu etwas Naturwüchsigem und geben ihr den Anschein einer angeborenen Behinderung (wenn nicht gar eines genetischen Defekts): Die Aufhebung der Bildungsungleichheit wird zu einer Frage des rechten Sprachgebrauchs. Und schon reduziert sich der Klassenkampf um die Aneignung des Bildungssystems und die Festlegung der Kriterien für den Schulerfolg auf ein Problem, dessen Behebung eine rein technische oder, wenn man so will, technokratische Angelegenheit wäre.

Asymmetrie, noch verstärkt dadurch, dass der Befragende als der Gebildetere wahrgenommen wird, einen Legitimitätserzwingungseffekt hat:[8] Daher auch all die Anzeichen eines Bemühens, schlechter bewertete Praktiken zu zensieren und stattdessen solche (realen oder imaginären) Praktiken hervorzuheben, denen die größte Konformität mit der herrschenden Definition von Kultur zugesprochen

8 Ganz zu schweigen von dem weiter unten analysierten Effekt der Neutralisierung der praktischen Funktionen; zu all diesen Punkten siehe insbesondere P. Bourdieu, *Un art moyen, essai sur les usages sociaux de la photographie*, Paris: Minuit, 1965; Le marché des biens symboliques, *L'Année sociologique*, 22, 1971, S. 496-526; Les doxosophes, *Minuit*, 1, November 1972, S. 26-45.

Die Unkenntnis dessen, was die angebliche »Sprache der unteren Klassen« (Gleiches gilt für die »Kultur« gleichen Namens) und die »herrschende Sprache« ihrem objektiven Verhältnis und der Struktur des Herrschaftsverhältnisses zwischen den Klassen verdanken, das sie in ihrer spezifischen Logik reproduzieren, *führt ausnahmslos* zu einer von zwei gegensätzlichen Versionen eines *populistischen Projekts*: Die beherrschten Klassen sollen befreit werden, entweder indem man ihnen die Mittel an die Hand gibt, sich die herrschende »Sprache« (oder »Kultur«) *so, wie sie ist*, anzueignen, samt allem, was sie ihren Distinktionsfunktionen verdankt (hierzu neigt der frühe Bernstein, was man daran merkt, dass er sich später von den Projekten einer *compensatory education*, für die sein Werk zu stehen schien, distanzieren musste: B. Bernstein, A Critique of the Concept of Compensatory Education, *Class, Codes and Control*, Bd. I, London: Routledge and Kegan Paul, 1971, S. 190-201); oder indem man die »Sprache« der beherrschten Klassen so, wie sie sich in dem und durch den Tatbestand der Herrschaft anbietet, per Dekret für legitim erklärt und als »Volkssprache« kanonisiert. Hierzu neigt offenkundig Labov, wenn er sich in der großmütigen Absicht, die »Volkssprache« zu rehabilitieren, dazu verleiten lässt, der Umschweifigkeit und Wortgewandtheit der bürgerlichen Jugendlichen die Wortkargheit und Präzision der Kinder aus den Schwarzenghettos entgegenzuhalten (W. Labov, The Logic of Non-standard English, *Georgetown Monographs on Language and Linguistics*, Bd. 22, 1969, S. 1-31). Wenn Labov die Verbindlichkeit der sprachlichen »Norm« für alle Angehörigen einer - über ebendiese Anerkennung der Norm definierten - »Sprachgemeinschaft« zwar aufzeigt, sich aber trotzdem damit begnügt, die Beschreibungen der *Deprivationstheoretiker* (deren Klassenrassismus in diesem sozialen Kontext schon sehr nach Rassismus pur klingt)

wird (zum Beispiel »Ich mag Walzer von Strauss«), ein Bemühen, das durch die Befragung zu den kulturellen Praktiken überhaupt erst entsteht; oder auch das ständige Ringen um sprachliche »Korrektheit«, zu erkennen an den immer wieder an der Rede angebrachten *Korrekturen*, zu dem das von der Befragung überhaupt erst ausgelöste Nachdenken über die Sprache zwingt.

Das oft nicht durchzuhaltende Streben nach Konformität mit den Normen der legitimen Rede (oder, genauer gesagt, mit der Vorstellung, die man sich von ihr macht, wenn die Kenntnis nicht auf der Höhe der Anerkenntnis ist und es zu einem *Allodoxia*-Effekt kommt) bringt die Befragten dazu, »vulgäre« oder für vulgär gehal-

unter *umgekehrten Vorzeichen* zu lesen, so dürfte dies daran liegen, dass er sich die Problematik – nämlich die unterschiedlichen Komplexitätsgrade der Sprache der Bürger bzw. der unteren Klassen – von seinen Gegnern aufzwingen lässt. Indem er sich über die sozialen Bedingungen des unterschiedlichen Sprachgebrauchs ausschweigt (wohl aus Angst, man könnte meinen, er werte ausgerechnet denjenigen Sprachgebrauch auf, der die ökonomisch und sozial kostspieligsten Voraussetzungen hat), geht er im Grunde auch über die Verstümmelung hinweg, die es in allen sozialen Situationen, in denen der legitime Sprachgebrauch verlangt wird, *objektiv* bedeutet, keinen Zugang zu diesen Voraussetzungen zu haben, gibt es doch kaum eine offizielle und insbesondere politische Situation – vom Bildungsmarkt, auf dem der legitime Sprachgebrauch der einzig anerkannte ist, ganz zu schweigen –, in der die Fähigkeit, in dieses Verhältnis zur Sprache zu treten, nicht stillschweigende oder ausdrückliche Voraussetzung für den Marktzugang ist.

tene Ausdrücke zu zensieren (sodass *quand même* zu *tout de même* oder *comme ça* zu *ainsi* wird); Ausdrucksweisen einzuflechten, die als »gehoben« wahrgenommen werden (zum Beispiel *néanmoins, si toutefois*) oder auch bloße Floskeln sind, die den Redefluss in Gang halten sollen, aber sonst keine erkennbare Funktion haben (*n'est-ce pas, n'est-ce pas voilà*); zensierte Ausdrücke in »korrekte« Sprache zu übersetzen (so wird zum Beispiel *piège à cons* zu *piège à sots* oder, subtiler, *v'là encore une autre!* zu *tiens, je suis étonné!*); die stereotypen Formeln der offiziellen Sprache zu reproduzieren (zum Beispiel die toten Metaphern der politischen Rhetorik in öffentlichen Reden); und überhaupt in eine ungewohnte Redeweise und ein ungewohntes Vokabular zu verfallen. Dieser *Verzweiflungsrhetorik* (die ihre eigenen Topoi – Verlegenheitsthemen –, Stilfiguren, Effekte usw. hat) verdankt die Sprache, die die kulturell am stärksten Benachteiligten bei offiziellen Anlässen produzieren, ihre allertypischsten Merkmale, etwa die Weitschweifigkeit, Ungenauigkeit, Konfusion, die bis zum schieren Kauderwelsch gehen kann.[9]

9 Ausgehend von der Feststellung, dass der Effekt der Legitimitätserzwingung, den jede Befragung zu kulturellen Themen hat und den die meisten Analytiker der »Populärkultur« ignorieren (was dazu führt, dass sie, ohne es zu merken, das Produkt ihrer eigenen Befragung erfassen, also einen Teil der Wahrheit dessen, was sie erforschen), hätte man wie Labov versuchen können, sich Beobachtungs- und Experimentalstrategien zu überlegen, mit denen sich dieser Effekt neutralisieren

Aber nirgends kommt die kenntnislose Anerkenntnis so unwiderleglich zum Ausdruck wie in dem Schweigen, zu dem diejenigen, die nicht über die legitime Sprachkompetenz verfügen, in allen Situationen, die man »offiziell« nennen könnte, verurteilt sind und sich selbst verurteilen: Da sie keinen Zugang zu den legitimen Ausdrucksmitteln haben oder, was auf das Gleiche hinausläuft, zu der Institution, die dazu beiträgt, die Definition der legitimen Sprache zu produzieren und die Mittel an die Hand zu geben, ihr zu genügen, also zum Bildungssystem, sprechen die unteren Klassen nicht, sie werden gesprochen, und dies selbst dann, wenn sie sich Sprecher geben. Die politische Enteignung ist nur der sichtbarste Effekt der sprachlichen Enteignung, die selbst nur ein Aspekt der kulturellen Enteignung ist, und diese wiederum ist ein Ergebnis der den gleichen Mechanismen geschuldeten Zerstörung der kulturellen Traditionen der unteren Klassen im Bereich des Tanzes, der Musik, der oralen Literatur mit den bekannten Folgen (zu denen nicht zuletzt der paradoxe Effekt der Vereinheitlichung des Marktes der symbolischen Güter und die damit einhergehende Bildung eines vereinheitlichten, von städtischen Produkten und der Ehelosigkeit bestimmten Heiratsmarkts der Bauern gehört). In Wirklichkeit müsste man, um zu einer sachgerechten Einschätzung des Beitrags zu gelangen, den die Ungleichheit der legitimen Sprachkompetenzen zur sozialen Reproduktion leistet, die Gesamtheit der Felder betrachten, in denen die legitime Kompetenz eine Quelle von direkten oder indirekten Profiten darstellt, also nicht nur den Bildungsmarkt und den Arbeitsmarkt, wo sie die notwendige und manchmal sogar hinreichende Voraussetzung für den Zugang zum

ließe: Doch würde das in Sachen Kultur, wo man aus offensichtlichen Gründen nichts antrifft, was einem sprachlichen *Existenzminimum* entspräche (wodurch sich auch erklären dürfte, warum die Illusion des Sprachkommunismus weiter verbreitet und prägnanter ist als die des Kulturkommunismus), in Wirklichkeit bedeuten, dass einem gar nichts anderes übrigbliebe, als ein Nichtvorhandensein zu konstatieren (da die unteren Klassen von den als legitim angesehenen kulturellen Praktiken *de facto* ausgeschlossen sind) oder, ohne es zu merken, unter Bezug auf die herrschende Definition von Kultur Praktiken als kulturell oder kultiviert hinzustellen, deren eigentliche Wahrheit eine ganz andere ist. Die Wahrheit der Sprache der unteren Klassen, die Labov, um nur ja den Effekt der Legitimitätserzwingung zu vermeiden, in den Harlemer Ghettos gesucht hat, steckt *auch* in ebenjenem Verhältnis, das er um jeden Preis neutralisieren will, und ganz allgemein in jedem Autoritätsdiskurs.

Beruf ist (zum Beispiel bei den Präsentations- und Repräsentationsberufen), sondern auch den Heiratsmarkt, der bekanntlich mithilfe subtiler, tendenziell für die Wahrung der Homogamie sorgender Mechanismen – etwa der Affinität der Habitus, zu denen auch der sprachliche Habitus gehört – ebenfalls zur Reproduktion der sozialen Struktur beiträgt. Macht man sich außerdem klar, dass von allen Arten des inkorporierten Kapitals das Sprachkapital – neben der *körperlichen Hexis* – dasjenige ist, das noch am ehesten als ein Wesensmerkmal der Person wahrgenommen wird, als etwas in der Natur seines Besitzers Liegendes, kurz, als eine natürliche »Gabe« der Person, dann versteht man auch, warum noch die scheinbar belanglosesten Debatten über die Sprache derart starke Energien und Leidenschaften freisetzen können. Man braucht sich nur die Zahl der Universen zu vergegenwärtigen, bei denen der Zutritt wie an ein stillschweigend erhobenes Eintrittsgeld an den *bon usage* gebunden ist, den als Standard definierten Sprachgebrauch, um zu begreifen, dass die Macht über die Sprache sicher eine der wichtigsten Dimensionen der Macht ist.

Sprachliches Kapital und Distinktionsprofite

Mit der allgemeinen Anerkennung der Legitimität der offiziellen Sprache erkennen alle Sprecher (das heißt die Bürger einer Nation) auch die Interessen an, um die es im sprachlichen Feld geht, und befinden sich aufgrund dessen aktiv und bewusst (bei den Besitzern der legitimen Kompetenz) oder passiv und erlitten (bei allen anderen) in einer *Konkurrenz*, in der und durch die die legitime Sprachkompetenz als ein *Sprachkapital* fungieren kann, das in allen Sozialbeziehungen einen Distinktionsprofit abwirft. Wie jede andere Art von kulturellem Kapital, ob Geschichte der präkolumbianischen Kulturen oder Comics, Western oder florentinische Malerei, existiert und überdauert auch das Sprachkapital nur durch ein und für ein Feld der Produktion und Zirkulation, das als Markt für die entsprechende Klasse von kulturellen Gütern fungiert oder, wenn man so will, nur durch eine und für eine Gesamtheit von Produzenten-Konsumenten, die vom Wert der Objekte, um die sie konkurrieren, überzeugt genug sind (Anerkennung, Glaube), um in diese Konkurrenz einzutreten.

Diese unerlässliche Komplizenschaft, die unbemerkt bleiben

Die technokratischen Anwendungen der Soziolinguistik

Der politische Erfolg der *Deprivationstheorie* vor allem bei den »Liberalen« und den »Reformern« (vgl. J. J. Servan-Schreiber, M. Albert, *Ciel et terre, Manifeste radical*, Paris: Denoël, 1970, S. 97-102) ist nur allzu verständlich: Rückübersetzt in die Technokratensprache, reduziert sich das Problem der Macht über das Bildungssystem nämlich auf ein volkswirtschaftliches Problem bzw. ein Problem der kulturellen Eugenik. Nicht weniger klar ist aber auch, dass sich diese aus der Rationalisierung einer pädagogischen Praxis entstandene und auf die sozialen Forderungen der Mittelklassen abgestimmte Theorie von ihrer ganzen Anlage her als berufliche Ideologie geradezu anbietet, bestätigt sie doch, dass der Weg zur »Demokratisierung des Zugangs zum Bildungssystem« über die Erhöhung der Zahl der Sprachtherapeuten, Schulpsychologen, Orientierungsberater, Lehrer usw. verläuft.

Der englische Soziologe Bernstein, dessen Forschungsergebnisse durch deutsche und amerikanische Arbeiten bestätigt werden, erklärt dies, indem er die Aufmerksamkeit auf das zentrale Problem der »zwei Sprachen« lenkt, die in ein und demselben Kollektiv nebeneinander existieren: der *»elaborierte Code«* der mittleren und höheren und der *»restringierte Code«* der unteren Klassen.

Der restringierte Code entspricht der Erfahrung einer Welt, in der es wenig Wahlfreiheit gibt und die wichtigen Botschaften eher über Gesten und Handlungen als über Wörter vermittelt werden. *Er sorgt dafür, dass die Kinder aus dem einfachen Volk die ausführenden Tätigkeiten ansteuern.* Er »programmiert« sie gewissermaßen, er bereitet sie darauf vor, sich Normen zu beugen, die von anderen festgelegt wurden, auf einen Status, der wenig Eigeninitiative zulässt. Für den Empfang von Anweisungen und die Koordinierung der Tätigkeiten in ihrem künftigen Arbeitsmilieu genügt ein vereinfachtes Kommunikationssystem.

Der elaborierte Code bereitet dagegen die Kinder aus den oberen Klassen darauf vor, Probleme zu lösen, weitreichende und komplexe Beziehungen zu pflegen, Zusammenhänge zu erkennen, die Initiative zu ergreifen.

In einer Gesellschaft, die die Menschen insbesondere dank des rasanten Fortschritts von Computern und Informatik zunehmend von den materiellen Arbeiten befreit, aber ihnen ebendeswegen auch mehr logisches Denkvermögen, mehr Vorausschau und mehr geistige Beweglichkeit abverlangt, um sich dem Wandel anzupassen, *wird das Handicap des restringierten Codes nur immer noch größer.*

Das Vordringen der Computer in alle menschlichen Tätigkeiten, das eine starke, den Liberalismus, die freie Entfaltung vorantreibende Kraft sein könnte, droht die Menschen mit restringiertem Code in eine Lage zu versetzen, die man mit der Lage der unterentwickelten Völker in der heutigen Welt vergleichen könnte: ohne Mitspracherecht, ohne Einfluss auf das, was geschieht, ohne Macht, weil die anderen sie für ihr Wachstum und ihren Wohlstand immer weniger brauchen.

Roosevelt brauchte nicht lange, um die Botschaft zu verstehen, die Albert Einstein ihm im Herbst 1941 zukommen ließ. Drei Jahre später explodierte in Los Alamos *die Bombe*. Wie lange werden die politisch Verantwortlichen noch brauchen, bis sie die – so viel einfachere und wichtigere – Botschaft der Pioniere der »primären Intelligenz« begreifen?

Unser Bestreben ist, die Allerärmsten von dem Bleigewicht zu befreien, das auf ihren Köpfen lastet. So wie uns die Medizin von der Säuglingssterblichkeit befreit hat, die einst eine unbesiegbare Geißel schien, so muss unser Bildungssystem der Verstümmelung entgegenarbeiten, die Generationen von Unterprivilegierten im heutigen Gesellschaftssystem immer wieder automatisch erleiden.

Dies wird im Übrigen auch die schnellste Art und Weise sein, die intellektuellen Ressourcen des Kollektivs und damit seine Kapazitäten zur Schaffung von Reichtum zu vermehren.

Im Namen einer realistischen Nutzung der »natürlichen Ressourcen« beharren die Konservativen, wie man auf jeder Stufe des Bildungssystems feststellen kann, auf der Regel, dass die beste Bildung nur den besten Schülern gebührt. Diese finden sich wie zufällig sehr viel häufiger unter ihren eigenen Söhnen. Das ist eine Malthussche Logik, und wir werden sie umkehren. Sie unterstellt Kindern, die Opfer des Bildungsmangels ihrer Eltern oder aller möglichen familiär bedingten Schwierigkeiten sind, »mangelnde Eingliederungsfähigkeit«. *Aber ihre Eingliederung ist ohne jeden Zweifel die rentabelste aller Bildungsinvestitionen – wenn nicht die rentabelste Investition überhaupt.*

J. J. Servan-Schreiber, M. Albert, *Ciel et Terre, Manifeste radical*, Paris: Denoël, 1970

kann, weil sie, sobald sie einmal da ist und solange sie nicht infrage gestellt wird, selbstverständlich scheint, tritt am deutlichsten in den Kämpfen zu Beginn der Bildung eines Feldes oder in der Krise seines endgültigen Zusammenbruchs zutage, wenn deutlich wird, dass ein Feld der Produktion und Zirkulation der symbolischen Güter nur funktionieren kann, wenn es ihm gelingt, die Bedingungen des Glaubens an den Wert der in ihm angebotenen Produkte zu reproduzieren.[10]

Verständlicherweise provoziert die Vertrauenskrise, die zugleich Ursache und Wirkung des Zusammenbruchs des Marktes eines kulturellen Produkts ist – alte Sprachen und humanistische Bildung zum Beispiel –, bei den Besitzern der damit entwerteten Bildungsabschlüsse totale Abwehrreaktionen, die ihr im Verhältnis zur Wichtigkeit des auf dem Spiel stehenden Objekts scheinbar unverhältnismäßiges Ausmaß der Tatsache verdanken, dass die Restauration eines bestimmten Glaubensartikels oder eines bestimmten Teils des alten Rituals – Grammatikunterricht oder Lektüre von Epikur und Racine – nur über die Restauration des gesamten Systems zu erreichen ist, das die Bedingung seiner Möglichkeit war.[11] Und wenn die sogenannten Sprachkonflikte einen Umfang und eine Heftigkeit bekommen, die – zur Verzweiflung des Ökonomismus, der sie als Ausdruck nationalistischer Leidenschaften ad absurdum führen oder ihnen mit Gewalt eine ökonomische Basis unterschieben möchte – in offenkundigem Missverhältnis zu ihrem ökonomischen Gehalt stehen, dann deshalb, weil es eben auch bei ihnen in Wirklichkeit um den Umsturz der symbolischen Machtverhältnisse und der Hierarchie der Werte geht, die mit den konkurrierenden Sprachen (und also mit allen, die sich durch sie auszeichnen) jeweils verbunden sind, und weil eine solche symbolische Revolution nur um den Preis eines grundlegenden Wandels des gesamten Felds der Produktion und Zirkulation der sprachli-

10 So erklären der Prozess der *Kanonisierung* einer minderen Kunst wie des Comics und der derzeitige Prozess der *Entsakralisierung* der humanistischen Bildung einander wechselseitig und gestatten einen Blick auf die Logik, nach der die Durchsetzung von Legitimität erfolgt (vgl. L. Boltanski, La constitution du champ de la bande dessinée, *Actes de la recherche en sciences sociales*, 1, Januar 1975, S. 37-59).

11 Vgl. P. Bourdieu, L. Boltanski, P. Maldidier, La défense du corps, *Information sur les sciences sociales*, 10, 4, 1971, S. 45-86. Nach derselben Logik sind auch die mitunter zwischen den Besitzern unterschiedlicher Sprachkompetenzen ausbrechenden Konflikte in den früheren Kolonien zu verstehen (im Maghreb zum Beispiel Französisch und Arabisch).

ADIEU PALAY

Gelos rüstete sich, um die Freunde von Palay zu ehren.

Der Bürgermeister der Stadt, M. Casco, würdigte in seiner Ansprache die Persönlichkeit und das umfangreiche Werk des Schriftstellers und sein unermüdliches Eintreten für den Fortbestand béarnesischer Werte.

Anschließend ergriff die *Reine de l'Escole Gaston-Phœbus*, Micheline Turon, das Wort und dankte den anwesenden Vertretern der Regierung und der Stadtverwaltung von Gelos, die den Empfang organisiert hatten.

Am bemerkenswertesten war jedoch der Beitrag des Präfekten des Departements Pyrénées-Atlantiques, M. Monfraix, der sich in hervorragendem Béarnesisch an die Versammelten wandte.

Ein Umtrunk mit einem gepflegten Jurançon bildete den Abschluss des Empfangs und damit zugleich der Veranstaltungen in Gelos.

Beschlossen wurde der Gedenktag in Pau mit einem stimmungsvollen Béarnesischen Abend unter der Schirmherrschaft der *École Félibrienne Gaston-Phœbus*. Die Bräuche des Landes, die hier zu neuen Ehren kamen, begeisterten ein seiner Region zutiefst verbundenes Publikum ebenso wie die traditionellen Volksvergnügungen. Lieder von Aramits-de-Bielle, Tänze von Baigts-de-Béarn und Artix, Gedichte von Frédéric Mistral, Simin und Yan Palay … ließen die Erinnerung an das geruhsame Leben von einst wiederaufleben.

M. Labarrère antwortete Mlle Lamazou-Betbeder, der Präsidentin der *Ecole*, in gutem Béarnesisch.

Die Zuhörer waren von dieser Geste tief beeindruckt und dankten es ihm mit langem Applaus.

Den Abschluss der Feier bildeten alte Tänze in traditionellen Trachten und Phoebus' Lied »Aquerros Mountagnos«, das von ebenfalls traditionell gekleideten älteren Männern angestimmt wurde und von den Zuschauern in einem leidenschaftlichen und mitreißenden Chor aufgegriffen wurde, in den selbst die Kinder einfielen.

Dies war der wohl bewegendste Augenblick des Tages.

Folklorisierung

Bei der offiziellen Feier zum hundertsten Geburtstag von Simin Palay, einem béarnesischsprachigen Dichter, dessen Werk, abgesehen von der Sprache, nach Form und Inhalt völlig von der französischen Literatur beherrscht wird, kommt es zu einer ungewöhnlichen Sprachsituation: Die bestallten Hüter des Béarnesischen (die Mitglieder der *Ecole Gaston Phoebus*) und selbst die politischen Autoritäten (der Präfekt und der Bürgermeister) verstoßen gegen die ungeschriebene Regel, die im Leben (wo jedes »offizielle« Herantreten an »offizielle« Persönlichkeiten normalerweise auf Französisch erfolgt) ebenso gilt wie in der oralen Literatur (vgl. D. Fabre, J. Lacrois, Le français dans le texte oral occitan, *Annales de l'Université de Toulouse*, Bd. 7, 1972, Fasc. 6, S. 115-122) und die besagt, dass bei allen offiziellen Anlässen und vor allem von Amtspersonen Französisch gesprochen werden muss. Wie bei Bestattungsriten, die ja immer zugleich das Andenken an die Dahingeschiedenen wie an ihr Dahinscheiden wachhalten sollen, wird die beherrschte Sprache durch Folklorisierung mit einem Bestattungskult umgeben, der die Anerkennung ihres Ablebens voraussetzt. Käme man sonst auf die Idee, das »gute Béarnesisch« eines Bürgermeisters aus dem Béarn zu loben? Und auch die »Geste«, die darin besteht, sich des Béarnesischen zu bedienen, kann als solche nur von Menschen gewürdigt werden, die die Überlegenheit des Französischen gründlich genug anerkennen, um für die subtile Form der *Herablassung* empfänglich zu sein, die darin besteht, durch symbolische Negierung der objektiven Hierarchien ein weiteres Mal Profit aus ihnen zu ziehen.

Die Felibristen und die Ehrengäste begaben sich sodann ins Rathaus von Pau, wo es einen Empfang zu ihren Ehren gab.
Die Feierlichkeiten zum hundertjährigen Geburtstag des Dichters, Verfasser von gut fünfzig Werken, dreißig Theaterstücken und zahlreichen Musikstücken, endeten um 18 Uhr nach einem Besuch des *Musée béarnais*, das dem unsterblichen Andenken an das Werk des Dichters gewidmet ist.
Die Bewohner von Pau, denen die Werte ihrer Vorfahren am Herzen liegen, und alle, die das großartige Werk von Simin Palay in seinen Bann gezogen hat, werden an diesen beiden Gedenktagen neuen Mut geschöpft haben, um wie ihr Meister dafür zu kämpfen, dass der Béarn niemals stirbt. *La République des Pyrénées*, 9. September 1974.

chen Güter möglich ist, der seinerseits einen Umsturz der politischen Machtverhältnisse voraussetzt. Der Effekt der symbolischen Herrschaft ist nie so klar erkennbar wie in dem Augenblick, in dem sie erlischt. Der Aufstieg einer bis dahin beherrschten Sprache zum Status der *offiziellen Sprache*, das heißt zur politisch und kulturell legitimen Sprache, die als autorisiertes Ausdrucksmittel von Autorität mit einer Art sprachimmanenter Autorität ausgestattet ist, hat natürlich den Effekt – immer dann zu beobachten, wenn bislang kolonisierte Länder ihre Unabhängigkeit erlangen –, die Aneignung der Machtpositionen und der damit einhergehenden materiellen Gratifikationen durch die Besitzer dieser Sprache zu legitimieren (und also diejenigen, die ihre herrschende Position anderen Sprachkompetenzen verdankten, von ihnen auszuschließen). Aber mehr noch: Allein dadurch, dass er sie der Konkurrenz der herrschenden Sprache entzieht, die so lange weitergeht, wie die Einheit des Marktes fortbesteht, verwandelt dieser Effekt grundlegend den sozialen Wert der beherrschten Sprache und all dessen, wofür sie symbolisch steht, und damit den Wert all derer, die an diesem Wert teilhaben. Das offiziöse, mitunter (etwa bei den auf den Status von *Mundarten* zurückgedrängten Dialekten) sogar beschämende, dem privaten Gebrauch vorbehaltene Kommunikationswerkzeug könnte nicht zur offiziellen und legitimen Sprache werden, ohne dass sich auch das Verhältnis ändert, das nicht nur diejenigen, die es gebrauchen, sondern auch alle anderen zu ihm haben (würde das Baskische zur offiziellen Sprache einer unabhängigen Nation, würden, wie man in den früheren Kolonien gesehen hat, aus Basken, die als Franzosen – oder Spanier – ein »Spanische-Basken-Französisch« sprechen, in den Augen derselben Franzosen Ausländer, die ein »für Ausländer« hervorragendes Französisch sprechen). Mit alledem weiß der partielle Materialismus des Ökonomismus nichts anzufangen, sieht er doch nicht, dass die symbolischen Praktiken Profite abwerfen, die nicht alle und nicht immer nur symbolisch sind.

Ihren *sozialen Wert* (der nicht mit dem sprachlichen Wert im Sinne der Sprachwissenschaftler gleichzusetzen ist, auch wenn er sich wie dieser relational definiert) erhalten die verschiedenen Ebenen der Rede – Phonologie, Lexikologie, Syntax – in der und durch die auf demselben Markt stattfindenden Konfrontation von Produkten, deren auf diese Ebenen bezogenen Unterschiede signifikant mit sozialen Unterschieden zusammenhängen; anders gesagt, jeder Redeform wird allein schon durch ihre Position im System der in einer bestimmten sozialen Formation real austauschbaren Redeformen ein Signifikat mit einer im eigentlichen Sinne sozialen Konnotation zugewiesen.

Kurz, die Unterschiede, die sich bei der Gegenüberstellung von klassentypischen Mundarten auf demselben sprachlichen Markt ergeben, sind nicht auf jene zu reduzieren, die die Sprachwissenschaftler aufgrund ihrer eigenen Relevanzkriterien konstruieren: Vor allem auf der phonologischen und lexikalischen Ebene gibt es – wie groß der Anteil derjenigen Sprachfunktionen auch immer sein mag, die keiner Varianz (und also keinen sozialen Determinationen) unterliegen – einen ganzen Komplex von geregelten Unterschieden sowie Regeln für eine Varianz, die – wie zum Beispiel die Aussprache des französischen und des englischen *r* – aus der Sicht des Sprachwissenschaftlers uninteressant, vom Standpunkt des Soziologen aber relevant ist, weil sie zu einem *System sprachlicher Gegensätze* gehört, das Ausdruck eines Systems sozialer Unterschiede ist. Es gibt eine Soziologie der Sprache, wie es eine Soziologie des Körpers gibt, obwohl in beiden Fällen die sozialen Determinismen mit anderen Determinismen zu rechnen haben. Diese strukturale Sprachsoziologie (die zwar auf Saussure aufbaut, der von ihm vorgenommenen Abstraktion jedoch entgegenarbeitet) setzt *strukturierte Systeme soziologisch relevanter sprachlicher Unterschiede in Beziehung zu ebenfalls strukturierten Systemen sozialer Unterschiede.*

Schon diese Definition des Objekts unterstreicht die Distanz zur semiologischen Analyse (von Mythos, Literatur, Malerei, Mode oder Modediskurs oder sonstigen symbolischen Objekten), die nichts weiter ist als die Anwendung der Grundgedanken der strukturalen Sprachwissenschaft auf Bereiche, in denen die Auswirkungen der Saussureschen Abstraktion besonders auffällig sind (oder doch sein sollten): So erfasst der Semiologe zwar soziologisch relevante Merkmale, tut dies aber nie systematisch und kann, da er keine Beziehung zu den entsprechenden sozialen Strukturen herstellt, auch ihre sozialen Funktionen nicht erkennen. Die Ausklammerung der Funktionen, die es erlaubt, die Sprache – oder jedes andere symbolische Objekt – als Zweckbestimmtheit ohne Zweck zu behandeln, hat, indem sie die »interesselosen« Übungen einer rein immanenten und formalen Analyse mit dem Reiz eines folgenlosen Spiels versah, nicht wenig zu den außerwissenschaftlichen Erfolgen der strukturalen Sprachwissenschaft beziehungsweise der Semiologie als ihrer allgemeinsten Form beigetragen. Das ganze Schicksal der modernen Sprachwissenschaft entscheidet sich nämlich mit dem Eröffnungscoup, mit dem Saussure die »äußere« von der »inneren Sprachwissenschaft« trennt und den Titel Sprachwissenschaft nur dieser letzteren vorbehält, indem er alle Forschungsansätze, die die Sprache in ihrer Beziehung zur Ethnologie oder zur politischen Geschichte ihrer Sprecher oder zur Geographie ihres Verbreitungsgebiets betrachten, mit der Begründung aus ihr ausschließt, sie trügen zur Kenntnis der Sprache an sich nichts bei. Die aus der Verselbstständigung der Sprache gegenüber den sozialen Bedingungen ihrer Produktion und Reproduktion wie auch ihres Gebrauchs hervorgegangene strukturale Sprachwissenschaft konnte zur vorherrschenden Wissenschaft in den Sozialwissenschaften nicht ohne einen Ideologieeffekt werden, der darin bestand, die symbolischen Objekte, die Produkte von Geschichte sind, als natürliche Objekte zu behandeln und diesem Vorgang den Anschein von Wissenschaftlichkeit zu verleihen: Durch die Übertragung des phonologischen Modells über den Bereich der Sprachwissenschaft hinaus wird der einleitende – und seit Saussure nicht mehr bewusst vorgenommene – Schnitt, der das sprachwissenschaftliche Instrumentarium von seinen sozialen Produktions- und Anwendungsbedingungen trennte und so aus der Sprachwissenschaft die *naturwissenschaftlichste aller Sozialwissenschaften* machte, für die Gesamtheit der symbolischen Produkte verallgemeinert, ob Verwandtschaftstaxonomien, Mythensysteme oder Kunstwerke. Allerdings waren nicht alle Wissenschaften für diese Übernahme gleichermaßen anfällig. Zum bevorzugten Opfer wurde – dank der besonderen Beziehung, die den Ethnologen mit seinem Objekt verbindet, und dank der vom Status des fremden Zuschauers herrührenden Neutralität des »unparteiischen Beobachters« – die Ethnologie. Und natürlich die traditionelle Kunst- beziehungsweise Literaturwissenschaft: Hier wurde mit dem Import einer Analysemethode, die die Neutralisierung der Funktionen voraussetzt, nur ein

Modus der Kunstwahrnehmung sanktioniert, der vom Kenner immer schon gefordert wurde, nämlich die »interesselose« und rein »immanente« Disposition, die jeden »Rückbezug« auf irgendetwas dem Kunstwerk »Äußerliches« ausschließt; sodass die Literatursemiologie wie in einer anderen Sphäre die *Gebetsmühle* dem Kult des Kunstwerks zu einem höheren Rationalitätsgrad verholfen hat, ohne etwas an seinen Funktionen zu ändern.

Bewertet man – um jene Art von theoretischem Artefakt konstruieren zu können, das die »gemeinsame« Sprache heißt – die sprachwissenschaftlich relevanten Konstanten höher als die soziologisch signifikanten Unterschiede, tut man so, als wäre die – nahezu universelle – *Sprechfähigkeit* mit der *gesellschaftlich bedingten Art und Weise der Realisierung dieser Fähigkeit* gleichzusetzen, die ebenso viele Spielarten aufweist, wie es soziale Bedingungen des Spracherwerbs gibt. Zwar verfügen alle Akteure wie beim aufrechten Gang oder bei jeder anderen Körpertechnik über die entsprechende gattungsgemäß definierte Fähigkeit, doch setzen nur diejenigen, die sie unter bestimmten sozialen Bedingungen erworben haben, diese Fähigkeit auch in der Form um, die in der jeweiligen Gruppe als legitim angesehen wird und von daher auf verschiedenen Ebenen wie ein *Eintrittsgeld* funktioniert. »Französisch sprechen« ist eben nicht gleich »das Französische sprechen«, und Diskurse, die sich, was ihre »Grammatikalität« angeht, allemal im Rahmen der französischen oder englischen Sprache bewegen, werden als mehr oder weniger gutes »Französisch« oder »Englisch« wahrgenommen (und zum Beispiel von den Lehrern als »schlechtes Französisch«, »mundartlich«, »unverständlich« usw. angekreidet): Über die Sprachkompetenz zu verfügen, die ausreicht, um verständliche Sätze zu bilden, heißt noch lange nicht, auch über die Kompetenz zu verfügen, die man braucht, um Sätze zu bilden, die rezipiert und in allen Situationen, in denen gesprochen wird, als *rezipierbar* anerkannt werden. Die von der Sprachwissenschaft ignorierten Unterschiede sind ihrer Natur nach dazu angetan, radikale Trennungen vorzunehmen, die bis zur *sozialen Nichtkommunizierbarkeit* gehen können – und dies selbst innerhalb der Grenzen der sprachlichen Kommunizierbarkeit:[12] Sprecher ohne legitime Sprachkompetenz

12 Es kommt sogar vor, dass manche Sprecher (zum Beispiel ältere béarnesische oder baskische Bauern mit geringer Schulbildung) ein phonologisch, lexikalisch und syntaktisch so durch und durch von den Schemata ihrer Muttersprache ge-

können aus allen sozialen Welten und allen sozialen Beziehungen, in denen diese Kompetenz vorausgesetzt wird, ausgeschlossen oder in ihnen zum Schweigen verurteilt sein. »Dass einen wer versteht, das ist's, warum man spricht. Und keine heilge Schönheit seh' ich beim Reden nicht«, sagt das Küchenmädchen – allerdings in der Komödie. Und recht hat hier einmal nicht Molière, sondern Balzac, wenn er behauptet, Hugo, Gautier und er selbst seien die Einzigen, die das Französische wirklich beherrschten. Nicht die Sprechfähigkeit ist selten, denn sie ist im biologischen Erbgut angelegt und daher universell, also ihrem Wesen nach *nicht distinktiv*, sondern diejenige Sprachkompetenz, die man braucht, um die legitime Sprache zu sprechen, und die Teil des sozialen Erbes und insofern vom sozialen Status abhängig ist.[13]

Die Gegensätze zwischen den verschiedenen Aussprachen des *r* oder des stummen *e*, in denen soziale (von der Geographie, der sozialen Klasse, der Generation, dem Bildungsniveau abhängige) Unterschiede zum Ausdruck kommen, sind nicht weniger systematisch als die Gegensätze, die die Basis für das phonologische System des Französischen bilden; nur dass es bei ihnen im Unterschied zu diesen Letzteren einen signifikanten Zusammenhang mit sozialen Variablen gibt. Auch die Konkurrenz zwischen Wörtern, von der Saussure spricht, hat nichts mit einer *auf Wörter bezogenen Konkurrenz zwischen Gruppen* zu tun, und der im eigentlichen Sinne semantische Wert, den die Wörter ihrer Position im System der Zeichen verdanken, ist nicht mit dem sozialen Wert identisch, den sie ihrer Position im System jener lexikologischen Unterschiede verdanken, die soziologisch relevant sind, weil sie mit signifikanten sozialen Unterschieden zusammenhängen.[14] Die Struktur des Sys-

prägtes Französisch sprechen, dass sie für einen Sprecher der *langue d'oïl* unverständlich bleiben.

13 Man sieht, dass man im Streit zwischen den (erklärten oder nicht erklärten) Anhängern des Nativismus, die die Existenz einer angeborenen Disposition zur Bedingung für den Erwerb der Sprachfähigkeit machen, und den Anhängern des Empirismus, die den Akzent auf den Lernprozess legen, gar nicht Partei zu ergreifen braucht: Für das Vorhandensein sprachlicher Unterschiede, die als Zeichen sozialer Distinktion fungieren können, genügt schon, dass nicht alles in der Natur angelegt ist und dass sich also der Lernprozess nicht auf einen bloßen Prozess der Reifung beschränkt.

14 »Innerhalb ein und derselben Sprache begrenzen sich gegenseitig alle Worte, welche verwandte Vorstellungen ausdrücken: Synonyma wie *denken*, *meinen*,

tems der soziologisch relevanten sprachlichen Unterschiede muss als ein »symbolischer Ausdruck« der Struktur des Systems der sozialen Unterschiede interpretiert werden: Die sozial unterschiedlichen Formen des Sprachgebrauchs verdanken einen wichtigen Teil ihrer Eigenschaften der Tatsache, dass sie sich gewöhnlich zu einer Gegensatzstruktur ausdifferenzieren, die im Bereich des Symbolischen die Struktur der Klassenverhältnisse als eines Felds von unterschiedlichen Positionen reproduziert und jeder dieser Formen einen (*positiven oder negativen*) *Distinktionswert* zuweist.

Mit anderen Worten, in einer Klassengesellschaft sind alle Variationen – ob prosodisch und artikulatorisch (die sogenannten »Akzente«) oder lexikalisch und syntaktisch (und ganz allgemein alles, was Trubetzkoy den »Ausdrucksstil« nennt) – objektiv sozial (als distinguiert, vulgär oder neutral) gekennzeichnet und kennzeichnen ihrerseits die Person, die sie sich zu eigen macht; mit jeder (bewusst oder unbewusst gewählten) Ausdrucksvariante verbindet sich wie mit jedem ausdrücklich und ausschließlich oder partiell und objektiv symbolischen Objekt – Möbelstück, Wort, Bekleidung, Gestik oder dem Körper selbst – ein *Disktinktionswert*, der ihr aufgrund ihrer Position im System der möglichen Varianten zukommt, die dank ihrer regelmäßigen (und unbewusst wahrgenommenen) Verbindung mit bestimmten, nach Rang geordneten Gruppen (sozialen Klassen) selber nach Rang geordnet sind und die Funktion eines klassifizierten und seinen Träger seinerseits klassifizierenden Merkmals haben. Sprechen heißt, sich einen bestimmten Stil anzu-

glauben haben ihren besonderen Wert nur durch ihre Gegenüberstellung; wenn *meinen* nicht vorhanden wäre, würde sein ganzer Inhalt seinen Konkurrenten zufallen« (F. de Saussure, *Cours*, S. 160). An diesem Text, der unmittelbar auf den Vergleich von Wörtern und Geld folgt, lässt sich gut einer der Effekte dieser Analogie verdeutlichen: In der strukturalistischen Tradition werden Wörter, die eigentlich die Objekte eines Kampfes sind, wie Frauen oder jedes andere symbolische Objekt zu zirkulierenden Kommunikationswerkzeugen. In Wirklichkeit geht es hier nicht um eine Konkurrenz zwischen den verschiedenen Termini der Synonymenreihe, sondern um eine Konkurrenz zwischen Gruppen, die mithilfe der sozial distinkten und distinktiven Ausdrucksweisen ausgetragen wird, in denen diese soziologisch nicht äquivalenten Termini benutzt werden. (Um sich davon zu überzeugen, braucht man nur Saussures Reihe – mit Wörtern für »fürchten«, »Angst haben«: *redouter*, *craindre*, *avoir peur* – um solche Wörter zu erweitern, die vom Wörterbuch als »populär-« oder »vulgärsprachlich« klassifiziert oder schlicht und einfach eliminiert werden, etwa *avoir la frousse*, *la trouille*, *la pétoche*, *les avoir à zéro*, *mollir*, *se dégonfler* usw.).

eignen, der bereits in dem und durch den Gebrauch begründet und objektiv durch seine Position in der Rangordnung der Stile gekennzeichnet ist, die in ihrer eigenen Ordnung die Rangordnung der Gruppen reproduzieren, von denen sie produziert und reproduziert wurden.

Diese vorgefertigten und in den praktischen Taxonomien grob erfassten Stile kennzeichnen die Person, die sie sich aneignet und sie ihrerseits mit all den Kennzeichen ausstattet, die ihr (in Gestalt ihrer Kleidung, ihrer Besitztümer usw.) außerdem noch anhaften: Das soziale Urteil lässt sich nicht täuschen, versteht es doch, an einer sprachlichen Wendung, einem Wort, einem »Akzent« wie an einem Kleid, einer Zeitschrift oder einem Kanapee mehr oder weniger genau, je nach der Menge der gelieferten Informationen und der Differenziertheit der Taxonomien der wahrnehmenden Person, die soziale Gruppe abzulesen (»*typisch* kleinbürgerlich«, »*typisch* Hochglanzmagazin für Ärzte«). Die Sprache ist deshalb ein so guter Sozialmarker, weil jeder Position in der Verteilungsstruktur des Sprachgebrauchs eine Position in der sozialen

Pompidou kritisiert »Sprachverfall«

Das *Haut comité pour la défense et l'expansion de la langue française* trat gestern unter Vorsitz von Premierminister Pompidou zu seiner ersten Sitzung zusammen. Seine Gründung geht auf einen Beschluss der Regierung vom Dezember zurück, die siebzehn Persönlichkeiten aus dem Kultur- und Geistesleben zu seinen Mitgliedern ernannte.

Der Premierminister wies darauf hin, dass unter den vier oder fünf Sprachen, die einen Anspruch auf eine gewisse Universalität erheben können, das Französische keine herausragende Stellung einnehme. »*Rasches und umfassenden Handeln*«, erklärte er, »*ist daher geboten.*«

Der Premierminister erläuterte sodann noch einmal die Aufgabe des Hochkomitees und erinnerte an die Gründe für seine Einberufung und die generelle Stoßrichtung seines Handelns. Die größte Bedrohung für die Zukunft des Französischen sei in erster Linie der Sprachverfall in Frankreich selbst. »*Die Nachlässigkeiten im Satzbau und der Verfall des Wortschatzes*«, so M. Pompidou, »*sind meiner Meinung nach vor allem auf ein Sinken des intellektuellen Anspruchsniveaus zurückzuführen, auf einen Geschmacksverfall und letztlich auf eine mangelnde Sensibilität für die Lächerlichkeit mancher Sprachentwicklungen. Denn was wenn nicht lächerlich ist es, wenn eine Stewardess der Air France den Reisenden bei der Ankunft in Orly empfiehlt, sich ›an unser welcome bureau‹ zu wenden. Das ist einfach nur traurig …*«

Das Hochkomitee, sagte M. Pompidou weiter, müsse »*das Übel an der Wurzel packen*« und in Zusammenarbeit mit dem Bildungsministerium und den verschiedenen Organisationen, die sich mit diesen Fragen befassen, Vorschläge zu seiner Behebung vorlegen. Auch die anderen französischsprachigen Länder sollten zur Mitarbeit aufgerufen werden.

Wladimir d'Ormesson, Mitglied der Académie française und Vorsitzender des Verwaltungsrats der O.R.T.F., erinnerte seinerseits daran, dass am 22. März 1634 Kardinal Richelieu die junge Académie française in einer Ansprache beschworen habe, die französische Sprache »*von den Verunreinigungen*« zu befreien, »*die sich an ihr festgesetzt haben*«.

Auch Maurice Genevoix, Ständiger Sekretär der Académie française, kritisierte fehlerhaftes Sprechen, Pleonasmen, wilde Satzkonstruktionen, die Verwirrung, zu der es beim Gebrauch mancher Wörter komme, und die neuesten Auswüchse des »*franglais*«.

Struktur entspricht: Das wussten schon die Alten, als sie im »Vergilischen Rad« (*rota Virgilii*) jeden Stil – niedrig, mittel oder hoch – einer sozialen Klasse samt ihren Technologien, Objekten, Interessen usw. zuordneten. Im ganzen System der mit dem sprachlichen Ausdruck verknüpften Unterscheidungsmerkmale spricht die (von der wissenschaftlichen Stilistik lediglich »rationalisierte«) Spontanstilistik durchweg von sozialen, durch ihren Sprachgebrauch unterschiedenen Klassen. Die Tatsache jedoch, dass sich die Beziehung zwischen sprachlichen Merkmalen und sozialer Stellung nur über die Homologie zwischen der Struktur der Formen des Sprachgebrauchs und der Struktur der Klassen- und Klassenfraktionen erschließt, dürfte der Ursprung des *Verkennens* (als eines verweigerten Erkennens) der sozialen Wahrheit dieser Merkmale wie auch der substantialistischen Illusion sein, die dem Gefühl zugrunde liegt, es mit einer naturgegebenen Gewöhnlichkeit beziehungsweise Distinguiertheit zu tun zu haben.

Da nach der spezifischen Logik des sprachlichen Felds die Auswahl, die ein Akteur objektiv trifft, Ausdruck der Position ist, die er in der sozialen Struktur einnimmt, überlagern sich in seiner Sprachproduktion all die homologen Eigenschaften, die konstitutiv für sein Ausdruckssystem sind und es ebenso abbilden und verstärken, wie sie ihrerseits von ihm abgebildet und verstärkt werden. So werden der Diskurs eines »Avantgarde«-Malers und der Diskurs eines »bürgerlichen« Malers gewöhnlich einen ebensolchen Gegensatz bilden wie ihre Kleidung, die Einrichtung ihrer Häuser usw., und diese beiden Ausdruckssysteme, bestimmt durch die Position, die sie im Feld der zu beziehenden stilistischen Positionen (ein anderer Name für Ausdruckssysteme) einnehmen, das selber homolog zum Feld der sozialen Positionen ist, werden ihrerseits einen Komplex von gemeinsamen Merkmalen aufweisen, der ausreicht, um beide Künstler von einem Pariser Unternehmer oder einem Landarzt zu unterscheiden.

Das Sprachkapital wirft wie jede andere Art von kulturellem Kapital, ob vom Bildungssystem beglaubigt oder nicht, materielle und symbolische Profite ab, die nicht ausschließlich die *Ausbildungskosten* der Sprecher widerspiegeln, das heißt den Kosten der Produktion der entsprechenden Arbeitskraft, sondern zum Teil dem *Distinktionseffekt* geschuldet sind, das heißt dem Seltenheitswert, der den Sprachprodukten (und den entsprechenden Produktionskompetenzen) aufgrund ihrer Position in der Struktur der Distribution der Produkte (und Kompetenzen) sowohl auf dem Arbeitsmarkt als auch auf dem Markt der symbolischen Güter zuerkannt wird.

»Ausbildungskosten« ist kein einfacher, sozial neutraler Begriff. In wechselnder Zusammensetzung, je nach Bildungstradition, Epoche und Disziplin, umfasst er Ausgaben, die weit über das Minimum dessen hinausgehen können, was »fachlich« für die Vermittlung der entsprechenden Kompetenz erforderlich ist (sofern es überhaupt möglich ist, die für eine bestimmte Tätigkeit erforderliche und ausreichende Ausbildung sowie diese Tätigkeit selber strikt fachbezogen zu definieren, vor allem wenn man weiß, dass die sogenannte »Rollendistanz«, das heißt hier: die Distanz zur Tätigkeit, umso mehr ein Teil der Definition der Tätigkeit selbst wird, je weiter man in der Hierarchie der Tätigkeiten nach oben kommt): Sei es, dass hier die Dauer des Schul- und Hochschulbesuchs (ein gutes Maß für die ökonomischen Kosten der Ausbildung) an sich schon gern höher bewertet wird, unabhängig vom Ergebnis (was dazu führt, dass die »Elite-Hochschulen« einander gelegentlich bei der Verlängerung der Studiengänge zu überbieten versuchen); sei es – was einander im Übrigen nicht ausschließt –, dass der soziale Rang der erworbenen Qualifikation, der an den symbolischen Details der Praktiken, das heißt an der *Art und Weise* abzulesen ist, wie fachliche Vorgänge erledigt und Qualifikationen eingesetzt werden, als etwas erscheint, das nicht vom *langsamen* Erwerb dieser Qualifikation zu trennen ist, da bei kurzen oder verkürzten Studiengängen immer der Verdacht besteht, sie könnten bei ihren Absolventen Spuren des forcierten Tempos oder Stigmata des Aufholenmüssens hinterlassen. Dieser demonstrative Konsum von Lernen (das heißt von Zeit), fachlich scheinbar Vergeudung, sozial jedoch Legitimationsfunktionen erfüllend, geht in den Wert ein, der einer gesellschaftlich abgesicherten (das heißt heute: vom Bildungssystem »beglaubigten«) Qualifikation gesellschaftlich zuerkannt wird.

Da sich dieser *Distinktionsprofit* aus der Tatsache ergibt, dass das Angebot an Sprechern mit einem bestimmten sprachlichen (oder sonstigen) Qualifikationsniveau geringer ist, als es wäre, wenn alle Sprecher die gleichen Chancen auf Zugang zu den Bedingungen für den Erwerb der legitimen Kompetenz hätten wie die Besitzer der seltensten Kompetenz (oder, anders formuliert, wenn alle Eltern ökonomisch und kulturell über die Mittel verfügten, ihren Kindern eine ebenso lange Schul- und sonstige Ausbildung zu sichern wie die der Kinder von kulturell wohlhabenderen Eltern), verteilt er sich logischerweise in Abhängigkeit von der Position in der so-

Offizielle Sprache und feierliche Anlässe

Die Liste der Reden oder Briefe, die als Vorlagen in der Ratgeberliteratur für »Die Kunst, vor Publikum zu sprechen« oder in »Briefstellern« abgedruckt werden (deren Leser großenteils in den Mittelklassen zu finden sind, wie man an der Struktur der Leserschaft von Zeitschriften wie zum Beispiel *Science et vie*, *Historia* usw. sehen kann, in denen für Werke dieser Art geworben wird), eignet sich auch für eine Bestandsaufnahme der offiziellen und sonstigen förmlichen Anlässe, bei denen in Rede oder Schrift der offizielle Sprachgebrauch verlangt wird. In ihrer Zwischenstellung zwischen Untergebenen und Vorgesetzten (das heißt zwischen den Klassen), oft tätig in Positionen mit »Weisungsbefugnis«, zu denen sie durch innerbetrieblichen Aufstieg gelangt sind, ohne die entsprechenden Bildungsabschlüsse zu besitzen, oder in Ämtern von lokaler Bedeutung (Kommunalverwaltung, Vereine usw.), können die Kleinbürger die Kluft zwischen der von der Position (zumindest in ihrer Wahrnehmung dieser Position) geforderten sprachlichen oder kulturellen *Performanz* und der *Kompetenz*, über die sie tatsächlich verfügen, nur überbrücken, indem sie, meist verschämt (»Diskretion garantiert«), auf speziell für sie vorgesehene Hilfsmittel zurückgreifen (von Ratgebern zur

INHALTSVERZEICHNIS

Lebensart bis zu populärwissenschaftlichen Zeitschriften) und permanent autodidaktisch an sich arbeiten.

Rede eines Freundes der Familie bei der Hochzeit einer jungen Frau, die ihrem Mann auf seinen Posten ins Ausland folgt	376
Toast eines Gastes oder eines Verwandten beim Essen zur Erstkommunion eines Jungen	422
Toast eines Onkels zum erfolgreich bestandenen Examen seines Neffen	429
Toast bei einem Bankett zu Ehren des Siegers eines Radrennens (oder in einem anderen Sport)	430
Toast eines jungen Mannes bei einem Festessen für Wehrpflichtige vor der Abreise zum Regiment	442

A. Dariac, G. Dujarric, *Toasts, allocutions et discours modèles*,
Paris: Albin Michel, 1972.

zialen Struktur.[15] Anders gesagt, bei den Ausdrucksweisen, denen der höchste soziale Wert zugesprochen wird, ist die Ungleichverteilung – und also der Distinktionseffekt und die Seltenheit – am größten, weil die (Lern-)Bedingungen ihrer Möglichkeit nicht nur kostspielig, sondern auch ungleich verteilt und nur unter bestimmten sozialen Bedingungen alle erfüllt sind, nämlich denjenigen, über die sich die Zugehörigkeit zur herrschenden Klasse definiert.

Jede Art von Kultur verdankt ihren Wert ganz oder teilweise (je nachdem, ob es zum Beispiel um »distinguierte« Manieren oder um wissenschaftliche Bildung geht) – einen Teil jedoch immer – dem mit ihrer Position in der Verteilungsstruktur verbundenen Distinktionseffekt. Wie jeder Gebrauch des Körpers im engeren Sinne oder jede andere »klassifizierende«, das heißt distinktiven Variationen unterliegende Praxis wirft auch der Sprachgebrauch immer symbolische Profite ab, die die Gesamtheit des erzielten Profits ausmachen können (etwa beim sogenannten »nicht zweckgebundenen«, »in-

15 Die Hypothese zur Chancengleichheit beim Zugang zu den Bedingungen des Erwerbs der legitimen Sprachkompetenz hat selbstverständlich nichts mit einem Bekenntnis zur Gleichmacherei zu tun, sondern ist ein *Gedankenexperiment*, das auf die *strukturellen Effekte* der Ungleichheit aufmerksam machen soll.

teresselosen« Sprachgebrauch) oder aber nur als Dreingabe erzielt werden, als eine zu den direkten Profiten hinzukommende Sekundärgratifikation (wie es bei den meisten distinktiven und distinguierten Praktiken der Fall ist, vom Gebrauch der legitimen Sprache über Golfspielen oder Reiten bis hin zum Verzehr von Gänseleberpastete oder Kaviar).

Diese Funktionen bleiben deshalb meist unbemerkt, weil sie in gewisser Weise im Widerspruch zur Kommunikationsfunktion oder zumindest zu den ideologischen Repräsentationen stehen, deren Prinzip die ausschließliche Konzentration auf diese Funktion ist: Infolge ihrer exklusiven Aneignung ist die Sprache als Kommunikationswerkzeug und objektive Voraussetzung des Konsensus – in der ursprünglichen Bedeutung einer Übereinkunft über den Sinn – immer auch ein Werkzeug zur Aneignung von materiellen und symbolischen Profiten, ein Prinzip der Generierung von Unterschieden und ein Prinzip der Legitimierung dieser Unterschiede. Um die für Diskussionen über die Funktionen von symbolischen Systemen so typische Verwirrung zu verstehen, braucht man sich nur vor Augen zu halten, dass der Gegensatz, der normalerweise bei allen Dingen zwischen der Sach- und der Kommunikationsfunktion gemacht wird (beim »Blaumann« oder beim »Anzug« zum Beispiel zwischen dem Bedecken des Körpers und dem Anzeigen der sozialen Stellung), hier die Form eines Gegensatzes zwischen zwei der Kommunikation zugewiesenen, antagonistischen Funktionen annimmt. In Wirklichkeit gibt es keinen Sprachgebrauch, der nicht immer zugleich (und mehr oder weniger ökonomisch) eine Kommunikationsfunktion und eine (positive oder negative) Distinktionsfunktion erfüllt: Der vulgäre oder der distinguierte Sprachgebrauch können ihre primäre symbolische Funktion, nämlich zu kommunizieren und symbolisch zu *einen*, nur erfüllen, indem sie eine sekundäre (was nicht heißt zweitrangige) symbolische Funktion erfüllen, nämlich symbolisch zu trennen.

Auch der Markt der symbolischen Güter hat seine Monopole. Keine Konkurrenz ist reiner und vollkommener als die zwischen Sprechern mit sehr ungleichem Sprachkapital, das heißt mit ungleichem Vermögen, den impliziten Anforderungen des Marktes zu genügen oder sie sogar zu ihren Gunsten zu verändern. Damit ist man, trotz gewisser äußerer Ähnlichkeiten, so weit wie irgend möglich von Saussures Modell des *homo linguisticus* entfernt, der in seiner Sprachpraxis genötigt ist, mit den Sanktionen des Marktes zu rechnen, auf dem er seine Rede anbietet. Wie das ökonomische Subjekt in der Walrasschen Tradition, das formal frei ist, seine Preise zu bestimmen, aber auf dem Markt doch nur verkaufen und also bestehen kann, wenn es den Regeln des Marktes gehorcht, so ist das sprechende Subjekt, wie Saussure es begreift, bei seinen verbalen Produktionen formal frei (zum Beispiel frei, wie die Kinder *papo* statt *chapeau* zu sagen), kann aber nur dann verstanden werden, sich austauschen, kommunizieren, wenn es sich den Regeln des allgemeinen Codes unterwirft. Dieser Markt, der nur die reine, vollkommene Konkurrenz zwischen Akteuren kennt – austauschbar wie die Produkte, die sie tauschen, und die »Verhältnisse«, in denen sie tauschen, und alle gleichermaßen dem Prinzip der Maximierung des Informationsprofits unterworfen (wie anderweitig der Maximierung des Nutzwertes) –, ist, wie in der Folge zu zeigen sein wird, vom wirklichen Sprachmarkt ebenso weit entfernt wie der »reine« Markt vom wirklichen ökonomischen Markt mit seinen Monopolen und Oligopolen.

Das literarische Feld

Obwohl die mit der Vereinheitlichung des Marktes einhergehende symbolische Herrschaft die politische und/oder ökonomische Einigung voraussetzt, zu der sie ihrerseits durch die zusätzliche Wirkung ihrer spezifischen Macht beiträgt, sollte man keinesfalls die symbolische Herrschaft auf einen direkten Effekt der politischen Herrschaft oder des rechtlichen Zwangs reduzieren: Die Ausübung der sprachlichen Herrschaft erfolgt mittelbar über einen ganzen Komplex von spezifischen Mechanismen, von denen die Sprachpolitik im eigentlichen Sinne und selbst die ausdrücklichen Interventionen von organisierten *pressure groups* nur den alleroberflächlichsten Aspekt darstellen. In Wirklichkeit vollzieht sich die Vereinheitlichung des sprachlichen Marktes, die mit allen dazugehörigen Effekten erst nach und nach alle Formen des Sprachgebrauchs – und nicht nur den offiziellen – erfasst, nur in dem Maße, wie sich die vom individuellen Wollen und Bewusstsein unabhängigen Mechanismen einspielen, die allein zu ihrer Durchsetzung in der Lage sind.

Die synchrone Analyse von Struktur und Funktionsweise der für das sprachliche Feld grundlegenden Mechanismen kann natürlich eine strukturale Geschichte der verschiedenen Phasen ihrer Entwicklung und Funktionsweise nicht ersetzen. Aber sie kann zumindest vor dem finalistischen Voluntarismus warnen, zu dem die Metapher vom »Apparat« verleitet und der geradezu naiv wird – am offenkundigsten in seiner optimistischen Variante –, wenn er die Form eines *Worst-case*-Funktionalismus annimmt. Identifiziert man die Ideologie mit der Wirkung der speziell mit der Produktion von ideologischen Diskursen betrauten »Apparate«, vergisst man, dass die sozialen Mechanismen, die für die Reproduktion der ökonomischen und sozialen Strukturen sorgen, schon allein dadurch einen ideologischen Überschuss erzeugen, dass ihre Funktionsweise und ihre Funktion unbemerkt bleiben. So wie sich die Bildungsideologie nicht auf die mystifizierten und mystifizierenden Diskurse über das Bildungssystem beschränkt, sondern alle Verkennungseffekte umfasst, die das Bildungssystem so lange durch sein bloßes Funktionieren produziert, wie man seinen Beitrag zur Reproduktion der Struktur der Verteilung des kulturellen Kapitals und damit zur Reproduktion der sozialen Struktur ignoriert, so ist auch die Sprachideologie (die Verabsolutierung der herrschenden Sprache und all ihre Folgen) etwas, was das sprachliche Feld so lange produziert, wie man die sozialen Bedingungen der Produktion und Reproduktion der legitimen Sprache und Sprachkompetenz außer Acht lässt (was natürlich nicht heißt, dass man sie nur aufzudecken brauchte, um diesen ideologischen Effekt zu neutralisieren). Die »Apparate« der Ideologieproduktion könnten – wie in Krisenzeiten gut zu sehen ist – gar nichts ausrichten, wenn nicht die Mechanismen dafür sorgten, dass es Adressaten gibt, die zumindest teilweise bereits auf sie eingestellt sind. Die Ideologen, die, das darf man nicht vergessen, erst tätig werden, wenn es durch die Krise und die damit einhergehende Kritik bereits ganz oder teilweise zur Aufdeckung der Mechanismen gekommen ist, dürften einen Teil ihrer Überzeugungskraft der Kraft ihrer Überzeugung verdanken, sind sie doch diejenigen, die das größte Interesse an der praktischen Wirksamkeit der Reproduktionsmechanismen haben, und damit naturgemäß die ersten Opfer der von diesen ausgehenden Ideologieeffekte.

Mit der Sprachideologie brechen – die sich im speziellen Fall in Gestalt einer Wissenschaft von der Sprache als autonomem Objekt präsentiert – heißt zuallererst, die Mechanismen zu beschreiben, die konstitutiv für das *literarische Feld* als Feld einer eingeschränkten Produktion sind, das seine Grundeigenschaften der Tatsache verdankt, dass dort Produzenten für andere Produzenten produzieren und dass dieser Prozess einer zirkulären Zirkulation – Ursprung des Sprachfetischismus – darüber hinaus noch den Glauben an den Wert der auf diese Weise produzierten literarischen Sprache hervorbringt; es heißt auch, die für das *sprachliche Feld* insgesamt konstitutiven Mechanismen zu beschreiben, die die Struktur der Verteilung des Sprachkapitals reproduzieren und damit auch die mit dem Besitz von Sprachkapital einhergehenden materiellen und symbolischen Profite und die Anerkennung der Legitimität dieses Privilegs und seiner Verteilung.

Wie die Kunst, die Wissenschaft oder die Philosophie ist auch das, was man die Sprache nennt, also die legitime Sprache, das Produkt einer relativ autonomen Geschichte, nämlich der Geschichte des Kampfes, in dem sich die Sprach»autoritäten« als Konkurrenten um das Monopol auf die Durchsetzung der legitimen Definition des Stils gegenüberstehen, erst (das heißt bis Ende des 17. Jahrhunderts) innerhalb der herrschenden Klasse, dann innerhalb eines immer größere Autonomie gewinnenden literarischen Felds: In diesem Kampf um die Macht über das Feld der literarischen Produktion insgesamt prallen aufeinander: die revolutionären Strategien der Avantgarde-Schriftsteller, die versuchen, die Macht zur Veränderung der »Marktlage« an sich zu reißen, indem sie die bestehenden Normen praktisch verändern und einen neuen Sprachgebrauch durchsetzen, den die anderen Produzenten, das heißt ihre Konkurrenten, anerkennen müssen; die Strategien der Grammatiker, eventuell verbündet mit manchen sanktionierten Autoren und Akademiemitgliedern, die für sich die Macht beanspruchen, Normen per Dekret zu verkünden und durchzusetzen, eine ganz bestimmte Form des Sprachgebrauchs zu sanktionieren und den Wert, den die verschiedenen sprachlichen Produktionen bekommen, auf diese Weise zu verändern; und schließlich die Strategien der Lehrer, die statusbedingt über die Macht verfügen, mit rechtlich abgesicherter Autorität in einem mehr oder weniger großen Zuständigkeitsbereich die Normen der Sprachproduktion in den Köpfen zu verankern, ihren Erwerb zu kontrollieren und durch Bildungsabschlüsse zu sanktionieren und in die bestehenden Machtverhältnisse im Feld einzugreifen, indem sie einen der auf dem literarischen Markt konkurrierenden Stile zur Produktionsnorm für den sprachlichen Habitus künftiger Produzenten oder Konsumenten von literarischen Produkten erheben. Doch da die verschiedenen Formen von Autorität, die im literarischen Feld ständig miteinander konfrontiert sind, auf ganz unterschiedlichen Legitimationsprinzipien beruhen, verläuft der latent immer vorhandene Antagonismus in den geordneten Bahnen einer relativ stabilen, nach Zuständigkeitsbereichen geregelten *Arbeitsteilung*: Die Varianten, die im Zusammenhang mit den unterschiedlichen historischen Konstellationen des Kräfteverhältnisses zwischen den jeweils beteiligten »Autoritäten« entstehen, sollten nämlich nicht über die strukturellen *Invarianten* hinwegtäuschen, die die Protagonisten in verschiedenen Epochen zu gleichen Strategien und Argumenten greifen lässt, um ihren Anspruch als Gesetzgeber der Sprache zu legitimieren und den Anspruch ihrer Konkurrenten zurückzuweisen. So berufen sich die Grammatiker von Vaugelas bis Chomsky gegenüber der »Schönrednerei« der Leute von Welt und der Anmaßung der zeitgenössischen Schriftsteller, die meinen, die Weisheit des rechten Sprachgebrauchs für sich gepachtet zu haben, immer wieder auf den *vernunftgemäßen Gebrauch der Sprache*, das heißt auf das »Sprachgefühl«, das der Grammatiker dank der Kenntnis der für die Grammatik konstitutiven Prinzipien von Vernunft und Geschmack entwickelt. Die Schriftsteller wiederum, die diesen Anspruch vor allem seit der Romantik selber erheben, berufen sich auf das Genie und gegen die Regel und denken nicht daran, auf die Ordnungsrufe derjenigen zu hören, die Victor Hugo herablassend »Grammatiklehrer« genannt hat.[16]

Bekanntlich ist es eine der ganz allgemeinen Eigenschaften von Feldern, dass der Kampf um das, was in ihnen jeweils auf dem Spiel steht, den Blick auf das objektive geheime Einverständnis über die Prinzipien dieses Spiels verstellt; und dass, genauer gesagt, der Kampf ständig tendenziell – und in erster Linie, aber nicht nur, bei denen, die in ihn verwickelt sind – den *kollektiven Glauben* an die

16 Statt endloser Zitate von Schriftstellern und Grammatikern, deren volle Bedeutung sich nur mit einer regelrechten historischen Analyse des Zustands des Feldes erschließen ließe, in dem sie jeweils produziert werden, sei hier – für diejenigen, die sich eine konkrete Vorstellung von dieser permanenten Auseinandersetzung machen möchten – nur verwiesen auf B. Quemada, *Les dictionnaires du français moderne, 1539-1863*, Paris: Didier, 1968, S. 193, 204, 207, 210, 216, 226, 228, 229, 230, Nr. 1, 231, 233, 237, 239, 241, 242, und F. Brunot, *Histoire de la langue française,* insbesondere Bd. 11-13. Auch bei den von Haugen beschriebenen Auseinandersetzungen um die Kontrolle der Sprachplanung des Norwegischen ist eine ähnliche Aufteilung von Rollen und Strategien zwischen Schriftstellern und Grammatikern zu beobachten (siehe E. Haugen, *Language Conflict and Language Planning: The Case of Modern Norwegian,* Cambridge: Harvard University Press, 1966, besonders S. 296 ff.).

Wichtigkeit des Spiels und an den Wert dessen, was auf dem Spiel steht, also den Glauben, der für die Anerkennung der Legitimität charakteristisch ist, produziert und reproduziert. Was nämlich würde geschehen, wenn man einmal nicht darüber streiten wollte, was der Stil dieses oder jenes Autors wert ist, sondern darüber, was der Streit über den Stil wert ist? Sobald man sich zu fragen beginnt, ob das Spiel überhaupt der Mühe wert ist, hat es ausgespielt. Denn tatsächlich sind in diesen Dingen Krisen immer Vertrauenskrisen im Zusammenhang mit Krisen der für die Aufrechterhaltung des Glaubens zuständigen Mechanismen. Die im eigentlichen Sinne sprachliche Autorität, über die die »Autoritäten« verfügen, verdankt ihre spezifische, also genuin symbolische Wirksamkeit der Tatsache, dass sie die Legitimität, die sie für sich beansprucht, zwar feldexternen Mächten verdankt, aber von ihrem ganzen Charakter her den Anschein erweckt, als verdanke sie sie nur sich selbst (oder als sei sie, wenn man so will, eine »Grundnorm« im Sinne Kelsens und als solche die geeignete Grundlage einer »reinen Lehre«): Die Akteure und Institutionen eines solchen Felds erfüllen ihre symbolischen Herrschaftsfunktionen nur deshalb so perfekt, weil die Funktionen, die ihnen durch ihre Position im relativ autonomen Feld und durch die mit dieser Position verknüpften spezifischen Interessen objektiv zufallen, stets über die externen Funktionen hinwegtäuschen, deren Erfüllung in und mit der Erfüllung der internen Funktionen erfolgt, die die einzig anerkannten sind und damit auch die einzigen, zu denen man stehen kann. So sollte man zum Beispiel darüber, dass es in Sachen Sprache mitunter zu einer Interessengemeinschaft zwischen bestimmten Schriftstellern und den beherrschten Klassen kommt (wie Hugos »dem Wörterbuch die Jakobinermütze aufsetzen«), nicht vergessen, dass die Kämpfe zwischen denen, die hier Ansprüche stellen dürfen – also in erster Linie die Kämpfe zwischen Schriftstellern um die legitime Schreibkunst –, durch ihre bloße Existenz dazu beitragen, sowohl die legitime, durch ihren Abstand zur »Gemein«sprache definierte Sprache als auch den Glauben an die Legitimität dieser Sprache zu produzieren oder, anders formuliert: Man sollte nicht vergessen, dass die Gemeinsprache schon durch die bloße Existenz einer literarischen Sprache und die entsprechende Anerkennung der eigenen Unwürdigkeit objektiv entwertet wird.[17]

17 Die strukturelle Homologie zwischen dem literarischen Feld und dem Feld der Fraktionen der herrschenden Klasse, die dazu führt, dass »literarischer Avantgar-

Die Eigenschaften der legitimen Sprache lassen sich mit den beiden Wörtern *Distinktion* und *Korrektheit* zusammenfassen, in denen auch, und nicht zufällig, Operationen anklingen, die vom literarischen Feld vorgenommen werden: wobei Distinktion eher Sache der Schriftsteller und Korrektheit eher Sache der Grammatiker und der Lehrer ist. Die Stilarbeit, die die Künstler in ihrem Kampf miteinander vorantreiben und deren Grenzfall der künstlerische Stil ist – Produkt der obligatorischen Ablehnung aller »umgangssprachlichen« Merkmale (»triviale Ausdrücke« oder »Gemeinplätze«, wie es bei Flaubert heißt) –, ist mit zunehmender Autonomie des Felds auch immer stärker von der ausdrücklichen Absicht getragen, sich von jedem gemeinen – im Sinne von »allen gemeinsamen«, aber auch von »vulgären« und »groben« – Sprachgebrauch zu unterscheiden: So wird über eine Reihe von Ableitungen, die alle dem Prinzip der *Abweichung* vom normalen Sprachgebrauch folgen, eine scheinbar ganz eigene Sprache produziert. Damit ist die literarische Arbeit nur der Grenzfall – und zugleich die Wahrheit und das Modell – der Stilarbeit, die ununterbrochen und auf allen Stufen der sozialen Hierarchie in diesem Klassenkampf der besonderen Art betrieben wird, in dem alle Güter und alle Praktiken, die sich als objektive Merkmale (Stil an sich) oder bewusst gehandhabte Merkmale (Stil für sich) zur Herstellung von Distinktion eignen, zugleich der Anlass und das Objekt des Kampfes sind.[18] Und auch der literarische Stil ist nichts als der – noch dazu nur rein

dismus« und »politischer Avantgardismus« oft zusammengehen, darf nicht über die eigentliche Wahrheit dieser Verbindung hinwegtäuschen, die sofort zutage tritt, wenn zum Beispiel ausgerechnet ein Céline (ganz zu schweigen von Hugo selbst ...) eine Ausdrucksweise durchsetzt, die einen Bruch mit dem traditionellen Stil darstellt, indem er das Argot und das Obszöne in einen *an die gesprochene Sprache angelehnten Schreibstil* zurückholt, der seither in den Stand einer literarischen Konvention aufgerückt ist.

18 Man kann einen *Stil an sich*, objektives Produkt einer unbewussten oder sogar erzwungenen »Wahl« (so erzwungen wie die objektiv ästhetische, aber durch ökonomische Notwendigkeit erzwungene »Wahl« eines Möbel- oder Kleidungsstücks), einem *Stil für sich* gegenüberstellen, Produkt einer Wahl, die, selbst wenn sie als frei und »interesselos« erlebt wird, ebenfalls determiniert ist, nun aber von den spezifischen Zwängen der Ökonomie der symbolischen Güter, etwa dem expliziten oder impliziten Bezug auf die erzwungene Wahl derer, die keine Wahl haben, denn der Luxus selbst hat einen Sinn nur im Verhältnis zur Notwendigkeit.

statistisch definierbare – Grenzfall aller Formen des distinguierten und distinktiven Sprachgebrauchs: In einem Universum, in dem man eine Wahl nur zwischen *abgestempelt werden* oder *sich selbst abstempeln* hat – und sei es auch nur, indem man sich nach Art der sogenannten »reinen« Kunst von allen Abstempelungen und allen abgestempelten Stilen absetzt –, ergibt sich der *Wert* immer aus der *bewusst gewählten Abweichung* von den *modalen Werten*, den »Gemeinplätzen«, »gewöhnlichen« Gefühlen, »trivialen« Wendungen, dem »nachlässigen« Stil. Der subjektive Eindruck von Komplexität hängt eher mit bestimmten Formen des Sprachgebrauchs oder des Gebrauchs jedes anderen Ausdrucksmittels (Malerei oder Musik zum Beispiel) zusammen, jenen Formen, die sich über den Gegensatz zu dem in einer bestimmten Zeit am weitesten verbreiteten (das heißt modalen) Sprachgebrauch definieren und daher bei einem gegebenen Stand der Verteilung der Chancen auf Zugang zu den Aneignungswerkzeugen sehr ungleich auf die sozialen Klassen verteilt sind. Bekanntlich ist die Aneignung in diesen Dingen eine Sache der *Gewöhnung*, und die Gewöhnung, also die unmittelbare Beherrschung, nimmt in der Regel zu, je häufiger man mit den entsprechenden Formen in Berührung kommt. Die mit der Abnahme der objektiven Seltenheit einhergehende Abnahme der Seltenheit der symbolischen Aneignung (des »Verstehens«) ist der Grund für jene Art Abnutzung, der der Geschmack bei allen Formen des symbolischen Konsums unterliegt und die ein alles andere als mechanischer Vorgang ist: Wie Möbel oder Kleider, also materielle Güter, die zum symbolischen Gebrauch bestimmt sind, werden auch Wörter mit zunehmender Verbreitung und also abnehmender Seltenheit banal, gewöhnlich, vulgär – *Allerweltswörter*. Sobald man sie sich leicht aneignen kann, schwindet mit dem Interesse, dem ihre Aneignung diente, auch die Neigung zu dieser Aneignung, und jede Verschiebung in ihrer Verteilung zieht eine Abnahme ihres Distinktionsvermögens nach sich: Man denke nur an das Werk von Vivaldi, das nicht einmal eine Generation brauchte, um den Weg vom Geheimtipp unter Musikwissenschaftlern zur »Allgemein«bildung zurückzulegen, vom Schicksal des *Adagio* von Albinoni ganz zu schweigen. Wer seine Distinktion aufrechterhalten will, kann entweder die deklassierten Wörter oder Güter zugunsten anderer Wörter oder Güter mit mehr »Klasse« fallenlassen oder schlichtweg die Bedingungen und den Kontext ihres

Gebrauchs verändern oder, wie die Intellektuellen, die eigene Distinktion und die eigene Macht, über die sprachliche Legitimität zu befinden, doppelt behaupten, indem er den natürlichsten Wortgebrauch mit den gesuchtesten Wendungen und der seltensten umgangssprachlichen Wortwahl kombiniert und so den besonders abgenutzten Wörtern neuen Glanz verleiht.

Die Dialektik der Distinktion führt zu endlosen Überbietungen, bei denen ein Für jederzeit in ein Wider umschlagen kann, was nach der Logik der doppelten Verneinung zu unverhofften Begegnungen zwischen Avantgardekünstlern und »Bürgern« oder sogar zwischen Avantgardekünstlern und den unteren Klassen führt. So kommen Künstler zu Strategien, die sie grundsätzlich den diametralen Gegensatz ansteuern lassen, etwa zum Kitsch, aber natürlich kombiniert mit den distinktiven Merkmalen des verfeinerten Geschmacks, ob Avantgardekunst oder alte Kunst. So wäre auch zur Erklärung der neuesten Sprechweise der Intellektuellen – des Zögerns, Stotterns, Fragens (»nicht?«), Abbrechens usw., das in den USA ebenso zu beobachten ist wie in Frankreich – die gesamte *Struktur des Sprachgebrauchs* heranzuziehen, von der sich dieser neue Sprachgebrauch als »anders« absetzt: vom einstigen oberlehrerhaften, mit einem entwerteten Bild von der Lehrerrolle verknüpften Sprachgebrauch (mit seinen Satzperioden – *nicht nur, sondern auch, zwar, aber* –, seinem Konjunktiv II usw.) über die neuen Formen des kleinbürgerlichen Sprachgebrauchs, die das Produkt einer größeren Verbreitung des im Bildungssystem vermittelten Sprachgebrauchs sind, und den freieren Gebrauch, den man in Studentendiskussionen erwirbt, einer Mischung aus Anspannung (Begleiterscheinung des Streberhaften) und Sichgehenlassen, bis hin zur Hyperkorrektheit einer allzu lupenreinen, durch ihre allzu offensichtliche Beflissenheit sofort entwerteten Rede. Nimmt das Bewusstsein überhand, dass alle Wörter schon besetzt und alle Formen des Sprachgebrauchs schon abgestempelt sind, ist die abbrechende Rede in einer Reihe von nicht mehr bis zum Ende ausführbaren Redeabsichten, Grenzfall der Flaubertschen Verweigerung der »Gemeinplätze«, die einzig übrig bleibende Ausdrucksform (außer der Analyse der anderen Redeformen, das heißt der Rede der anderen).

Immer besteht die Gefahr, dass man den Kampf um das *arbitrium et jus et norma loquendi*, wie Horaz sagte, zu wichtig oder nicht wichtig genug nimmt: Zwar ist es einigen »Auserwählten« vorbehalten, betrifft aber doch die Gesamtheit aller Sprecher einer Sprache, denn es entscheidet über den Wert, den ihre Sprachprodukte (und bei »Kleinaktionären« sogar ihr gesamtes Sprachkapital) auf den verschiedenen Märkten bekommen können, insbesondere auf solchen, die wie das Bildungssystem ganz direkt der Kontrolle der Sprach»autoritäten« unterliegen. Eines der Objekte, die im Kampf dieser »Autoritäten« um die Durchsetzung derjenigen Definition des rechten Sprachgebrauchs, die ihren Interessen am meisten entgegenkommt, auf dem Spiel stehen, ist die Eingrenzung des Felds der akzeptablen Aussprachen, Wörter oder Wendungen, das heißt das Ausmaß der *Zensur*, der solche Formen des Sprachgebrauchs unterliegen, die entweder *neu* sind oder mit den *unteren Klassen* in Verbindung gebracht werden.[19] Die objektive Enteignung der beherrschten Klassen (die sich unter anderem darin äußert, dass sie in allen Situationen, in denen der legitime Sprachgebrauch gefordert ist, die Hilfe von Personen in Anspruch nehmen müssen, die als ihre Sprecher fungieren) ist also nicht etwa unabhängig von der Existenz der ganzen Zunft derer, die von Berufs wegen objektiv das Monopol des legitimen Gebrauchs der legitimen Sprache innehaben und für ihren eigenen Gebrauch, das heißt für die Bedürfnisse ihrer internen Kämpfe, eine Spezialsprache produzieren, die schon im Hinblick auf Distinktion geschaffen wird und als solche von vornherein geeignet ist, eine Distinktionsfunktion zu erfüllen, nun aber in den Beziehungen zwischen den Klassen.

Formen des Sprachgebrauchs lassen sich wie soziale Klassen nur relational definieren: einerseits die »gesuchte«, »gewählte«, »vornehme«, »gehobene«, »gepflegte«, »gereinigte«, »feine« Sprache, andererseits die »gemeinsprachliche«, »umgangssprachliche«, »gewöhnliche«, »einfache«, »gesprochene« Sprache und, noch weiter gehend, die Sprache der »unteren Klassen«, der »Vorstädte«, die »derbe«, »grobe«, »nachlässige«, »freie«, »triviale«, »vulgäre« Sprache, ganz zu schweigen von so unsäglichen Dingen wie »Kauderwelsch«, »Radebrechen«, »Jargon« oder, ganz am unteren Ende, »Negersprache« oder »Pidgin«. In dieser Skala, die sich in der Sprache selbst niedergeschlagen hat, steckt mehr Soziologie als in sämtlichen Typologien der »Soziolinguisten«. All diese Gegensätze

19 Die Diskussionen um den Aufbau von Wörterbüchern zeigen in aller Deutlichkeit, dass die Sprache, geht man von den erfassten Sprachformen aus, durch *Ausschluss* des Sprachgebrauchs der unteren Klassen und insbesondere seiner jeweils neuesten Formen produziert wird, denn das Bemühen um eine »Festschreibung der Sprache« ist vom Wunsch nach ihrer »Reinigung« nicht zu trennen.

sind, da sie der legitimen Sprache entnommen wurden, aus dem Blickwinkel der Herrschenden konstruiert und lassen sich letztlich auf zwei Prinzipien zurückführen:[20] einerseits den Gegensatz zwischen distinguiert und vulgär, andererseits, und sich teilweise mit ihm überschneidend, den Gegensatz zwischen »korrekt« – oder, wie es so schön heißt, »gepflegt« – und »nachlässig« oder »frei«. Als wäre das hierarchische Prinzip der Klassensprachen nichts anderes als der Grad der *Anspannung*, Beklemmung, Kontrolle oder, wenn man so will, nichts anderes als die Fähigkeit, die Diskursproduktion bewusst anhand der expliziten, über ihre *Korrektheit* befindenden Normen zu kontrollieren. Als bedürfte die legitime Sprache, jetzt diachron gesehen, unentwegt der individuellen wie kollektiven »Stützung« durch ein permanentes Streben nach Korrektheit, dessen Ziel es ist, gegen jegliche Neigung zu »Nachlässigkeiten« anzukämpfen (die in den auf sprachliche »Schwierigkeiten« spezialisierten Wörterbüchern angeprangert werden) oder, um es mit einem neutraleren und treffenderen Wort zu sagen, gegen die Neigung zu jener Anstrengungs- und Anspannungsvermeidung, die der »natürlichen« Neigung nicht der Alltagssprache, aber der Alltagssprecher entspricht.

Die legitime Sprache muss, wie man sieht, gestützt werden wie eine schwächelnde Währung. Und in dieser Hinsicht kann man sich nicht allein auf die einzelnen Sprecher verlassen (was die Rechtschreibung der Adligen taugte, selbst in den Zeiten, in denen ihre Konversation das Maß aller Dinge war, ist bekannt). Deshalb

20 Eine weitere Eigenschaft, die die legitime Sprache ihren sozialen Produktionsbedingungen verdankt, ist die Tatsache, dass sich in ihr, zum Beispiel in Form von *Bezeichnungssystemen*, die sich schon von ihrem Charakter her für den Gebrauch als praktische Taxonomien im ethischen, ästhetischen oder politischen Urteil eignen, eine Ideologie auskristallisiert hat, die als Produkt der herrschenden Klasse von vornherein geeignet ist, die Interessen dieser Klasse auszudrücken. Die unmittelbare, tiefgründige Übereinstimmung zwischen den in die Sprache eingegangenen ideologischen Strukturen (zum Beispiel den Gegensätzen zwischen einmalig beziehungsweise distinguiert und gewöhnlich beziehungsweise vulgär oder auch zwischen brillant und glanzlos usw.) und den mit ihr ausgedrückten Inhalten dürfte eine der Grundlagen für die Selbstverständlichkeit sein, mit der sich die Strukturen des herrschenden Denkens über die Grenzen der herrschenden Klasse hinaus durchsetzen (vgl. P. Bourdieu, M. de Saint-Martin, Les catégories de l'entendement professoral, *Actes de la recherche en sciences sociales*, 3, Mai 1975, S. 68-93.

auch haben die legitime Sprache und das Bildungssystem gemeinsame Interessen. Es gibt in der Tat keine wirklich sachgerechte Definition der legitimen Sprache (oder jeder anderen Dimension der herrschenden Kultur) als die der wechselseitigen Abhängigkeit, die sie mit dem Bildungssystem verbindet: So wie statistisch gesehen die verschiedenen kulturellen Praktiken umso enger mit dem Bildungsniveau korrelieren, je größer ihre sozial anerkannte Legitimität ist, so kann man auch, ohne Widerspruch fürchten zu müssen, die These vertreten, dass die verschiedenen Sprachniveaus, die man – gemessen an der hypothetischen (und zumindest im Bildungssystem auch tatsächlichen) Norm, also am herrschenden Sprachgebrauch – unterscheiden kann, sehr genau bestimmten Bildungsniveaus entsprechen.

Sieht man einmal vom Legitimitätseffekt ab, ist der Sprach- (oder überhaupt Kultur-)Gebrauch der beherrschten Klassen ziemlich unabhängig vom Bildungssystem, sodass manche Sprachwissenschaftler die Sprachen der beherrschten Klassen und ganz allgemein aller Gesellschaften, die über keine solche Institution des *Spracherhalts* verfügen, gern mit Begriffen wie »natürliche Neigung zur Vereinfachung« beschreiben. Die Sprache des Bildungssystems verdankt ihren (relativ) überzeitlichen Charakter der Tatsache, dass sie durch die ständige Arbeit, die mit der Durchsetzung der *Norm* und dem Bestehen auf ihrer Einhaltung verbunden ist, vor den immanenten Gesetzen geschützt wird, die zur Vereinfachung durch analog gebildete Formen tendieren (*vous faisez* statt *vous faites* oder *vous disez* statt *vous dites*). Der herrschende Sprachgebrauch ist ein Kunstprodukt, über dessen Erhalt nicht so eifersüchtig gewacht würde, wenn es nicht selber Erhaltungsfunktionen hätte (oder, genauer gesagt, Funktionen der Legitimierung durch Distinktion).

Die Grammatik, ohnehin immer implizit normativ, ist die Verwirklichung jener Grundfunktion aller Ideologie, die in der Verabsolutierung des Relativen und der Legalisierung des Willkürlichen besteht. Keine noch so ostentativ wissenschaftliche Grammatik ist hiervon ausgenommen, wenn sie vergisst, dass die Sprache Mittel und Objekt eines Klassenkampfs ist, in dem gewöhnlich die Inhaber des Monopols auf die Aneignungsinstrumente den maximalen symbolischen Profit aus ihrem distinktiven Gebrauch dieses »Gemeinguts« ziehen. Nicht zufällig findet sich in der Chomskyschen Sprachwissenschaft ebenso wenig eine Untersuchung der sozialen Bedingungen der Produktion von »Sprachgefühl« und »richtigem Sprachgebrauch«, mit denen sie sich in Gestalt der »*Grammatikalität*« beschäftigt, wie in der traditionellen Ästhetik eine Untersuchung der Bedingungen des »guten Geschmacks«. Bei Chomsky wie bei Habermas stehen nebeneinander eine Theorie der »Sprachkompetenz« als »idealer kommunikativer Kenntnis« (*ideal communicative knowledge*) der Grammatik und eine Reihe von expliziten, aber davon unabhängigen politischen Aussagen, die im Widerspruch zu den Implikationen dieser Theorie stehen: In einem Werk, in dem Chomsky die Grundlagen seiner Weltsicht erläutert, werden die Formulierung der philosophischen Voraussetzungen seiner Sprachtheorie und die Darlegung seiner politischen Positionen in zwei separaten und voneinander völlig unabhängigen Kapiteln abgehandelt, von denen das erste der Interpretation der Welt (»On Interpreting the World«), das zweite ihrer Veränderung (»On Changing the World«) gewidmet ist (N. Chomsky, *Problems of Knowledge and Freedom*, London: William Collins sons, 1972). Habermas nimmt eine ebensolche Zweiteilung vor und krönt eine von Grund auf idealistische Beschreibung der Kommunikationssituation mit einer Absichtserklärung zum Grad der Unterdrückung und zum Entwicklungsstand der Produktivkräfte (J. Habermas, Toward a Theory of Communicative Competence, in: H. P. Dreitzel, *Recent Sociology, 2* [*Patterns of Communicative Behavior*, New York: Macmillan], 1970, S. 114-150). Die von Habermas vertretene reine Theorie der »Kommunikationsfähigkeit« ist ein perfektes Beispiel für jene Arbeit der »philosophischen« Universalisierung, die Marx unter dem Namen »deutscher Sozialismus oder *wahrer* Sozialismus« beschrieben hat (vgl. Konzepte wie »mastery of dialogue constitutive universals« oder »speech situation, which is determined by pure subjectivity«). Nun könnte man sagen, dies sei eine vorläufige und methodische Idealisierung, um die Untersuchung der von den Machtverhältnissen erzwungenen »Deformationen der reinen Intersubjektivität zu ermöglichen«; ihr Effekt aber ist, wie die Übernahme von Begriffen wie »illocutionary force« zeigt (mit denen die Macht der Wörter tendenziell in die Wörter selbst verlegt wird), die praktische Ausklammerung der Machtverhältnisse aus den Kommunikationsverhältnissen, in denen sie zum Ausdruck kommen.

In Wirklichkeit läuft alles so ab, als produzierte das Bildungssystem mittels seiner Grammatiker, die als *Sprachrechtsprofis* den Sprachgebrauch fixieren und kodifizieren und den *Code* (im doppelten Sinne von *Code* und *Gesetzbuch*) produzieren, der die – mit der korrekten, das heißt korrigierten Sprache identifizierte – Schriftsprache regelt, den Bedarf an seinen Dienstleistungen und Produkten, an Korrekturarbeit und Korrekturwerkzeugen, im Grunde selber. Und damit nicht genug: Der »korrekte« Ausdruck dürfte seine allerwichtigsten Eigenschaften der Tatsache verdanken, dass er nur von Akteuren produziert werden kann, die über die praktische (und mitunter bereits unbewusste) Beherrschung der durch Objektivierungsarbeit explizit aufgestellten und durch Erziehungsarbeit ausdrücklich eingepaukten *Regeln des gehobenen Sprachgebrauchs* verfügen. Die perfekte »Grammatikalität« ist das Produkt einer Kompetenz, die *inkorporierte Grammatik* ist; Grammatik hier verstanden in ihrem eigentlichen Sinne als ein System von expliziten, der ausgeführten Rede entnommenen und zur ausdrücklichen Norm für die auszuführende Rede erklärten Regeln.[21] Daraus folgt, dass die Wahrheit der »korrekten« Sprache in den sozialen Produktionsbedingungen der Grammatik und in deren Durchsetzung als Produktionsprinzip des Sprechens – der Bildung einer autonomen, die *Grammatik* des herrschenden Sprachgebrauchs als Norm durchsetzenden Zunft – und in den sozialen Bedingungen des Erwerbs einer Sprachbeherrschung zu finden ist, die man grammatiklehrerhaft nennen könnte, in einem bestimmten Typ von Bedingungen ihres Erwerbs und Gebrauchs, der die Ablösung der Struktur von der Funktion erlaubt, das heißt von der Anpassung an die objektiven Bedingungen, die Sprechsituation.

Aus dem Vorrang, den die Sprachtheorie mit Chomsky der internen Kohärenz der Rede (der »Grammatikalität«) auf Kosten ihrer Anpassung an die Situation einräumt, ergibt sich eine weitere Haupteigenschaft der legitimen Sprache, nämlich die schon in den Produktionsbedingungen der Grammatik und den Bedingungen des Erwerbs der Grammatikerdisposition angelegte *Unabhängigkeit von der Situation und den praktischen Funktionen*. Das neutralisierte und neutralisierende, entwirklichte und entwirklichende Verhältnis zur »Situation«, zum Gegenstand der Rede oder zum Gesprächspartner, das wohl das charakteristischste Merkmal des gesprochenen Gebrauchs der »geschriebenen Sprache« (wie Saus-

21 Es ließe sich zeigen, wie die Illusion der Grammatikalität (Sonderfall der für das Rechtsdenken charakteristischen Illusion der Regel) in dem im Bildungssystem vermittelten Sprachgebrauch als Zweck an sich bereits angelegt ist, als Gegenstand von Analysen oder Übungen und nicht als praktisches Werkzeug (vgl. weiter unten).

sure sagt) ist und implizit in allen Situationen vorausgesetzt wird, die aufgrund ihres offiziellen Charakters einen kontrollierten und gehobenen Sprachgebrauch erfordern (offizielle Reden, Prüfungen, Kolloquien, Debatten, Interviews usw.), wird unter Bedingungen erworben, bei denen es bereits objektiv in der Situation angelegt ist – nämlich in Gestalt von Freiheiten, die man sich nehmen darf, Hilfsmitteln, über die man verfügt, vor allem aber in Gestalt von *freier Zeit*, in der der Druck der ökonomischen Notwendigkeit neutralisiert ist – und zur vollen Entfaltung auch nur in den und durch die Übungen im Umgang mit der Sprache kommen kann, die ein Selbstzweck sind und vom Bildungssystem in einem von Dringlichkeit und Notwendigkeit freigehaltenen Universum veranstaltet werden. Der gleichsam schriftsprachliche Gebrauch der Sprache setzt ebenjene Disposition zur abhandelnden Rede voraus, die man bei einem Schreiben erwirbt, das ein Schreiben um des Schreibens und Schreibenlernens willen ist, und die voraussetzt, dass man es versteht, auch dann zu sprechen, wenn keine andere Notwendigkeit besteht als jene *fiktive Dringlichkeit*, die in allen Stücken in dem Spiel aufgebaut wird, das man im Bildungssystem spielt.

Die Disposition zu einem solchen Verhältnis zur Sprache ist ein Aspekt einer allgemeinen Disposition zu einem bestimmten Verhältnis zur Welt, zu der als ein weiterer Aspekt auch die an anderer Stelle analysierte ästhetische Disposition gehört. Indem das Interesse an der Form entwickelt wird, am Stil, das heißt am Werkzeug Sprache selbst, fördern die im Bildungssystem betriebenen Übungen eine Disposition zum Formalismus, zu der auch der »interesselose« Geschmack gehört und die durch den expliziten Unterricht in Grammatik, Rechtschreibung und Rhetorik nur verstärkt werden kann.

In ihrer praktischen Anwendung ist die Sprache »eine Waffe, die jeder Sprecher handlungsbezogen handhabt, um seine eigenen Ansichten durchzusetzen«:[22] Es geht ihm um praktische und mit der Situation unmittelbar gegebene Zwecke – eine Beziehung herstellen, auf einen Gegenstand hinweisen oder einen Einfluss ausüben –, und er bedient sich einer praktischen Rhetorik, um mögliche Widerstände zu überwinden, Aufmerksamkeit zu erregen und wachzuhalten, Wohlwollen zu erlangen oder Feindseligkeit

22 Ch. Bally, *La langue et la vie*, Genf: Droz, 1966, S. 21.

abzubauen. Der gleichsam schriftsprachliche Gebrauch dagegen reduziert den Kampf auf ein Spiel, in dem der Gebrauch der Wörter zwar kein Selbstzweck ist wie im Grenzfall der schriftstellerischen Arbeit, dem künstlerischen Schreiben, jedoch immer eine Distanz zur Situation voraussetzt, die schon im Akt des Schreibens selbst angelegt ist. Im Gespräch, vor allem unter Menschen, die sich gut kennen, ist die »Situation« gegeben: Man hat die Dinge, von denen man spricht, vor Augen, und um etwas zu schildern, auf das man nicht mit dem Finger zeigen kann, steht einem das ganze Repertoire von Intonation, Gestik und Mimik zur Verfügung. Wer schreibt, muss diese Situation erst selber herstellen oder ihr fiktives Äquivalent heraufbeschwören. Ebenso muss in Situationen, die ihrer sozialen Definition nach einen gleichsam schriftsprachlichen Sprachgebrauch erfordern, der Sprecher in der Lage sein, eine allgemein interessierende, das eigene Erleben wie jedes direkte Betroffensein ausklammernde Rede zu produzieren – »Themen von allgemeinem Interesse« anzusprechen, wie das dann heißt –, also eine *Als-ob*-Rede oder, im Extremfall, einen *flatus vocis*, der keine anderen Zwänge anerkennt als die der »Grammatikalität«.

Es ist unmittelbar einsichtig, dass nicht alle materiellen Existenzbedingungen diese beiden Formen des möglichen Verhältnisses zur Sprache – und des Verhältnisses zur ökonomischen und sozialen Welt, von dem das Verhältnis zur Sprache einen Aspekt darstellt – in gleichem Maße gestatten und begünstigen. Zwar haben die Angehörigen der herrschenden Klasse so etwas wie ein faktisches Monopol auf diesen gleichsam schriftsprachlichen Gebrauch der Sprache, doch ist er auch den Angehörigen der beherrschten Klassen mit dem niedrigsten Bildungsniveau nicht schon seiner Natur nach verwehrt: Theoretisch sind die verschiedenen Formen, die Welt wahrzunehmen und auszudrücken – praktisch, magisch, wissenschaftlich usw. –, immer allen sozialen Klassen zugänglich, nur dass die dazugehörigen Fähigkeiten entsprechend den sich ihnen bietenden Chancen zur sekundären Verstärkung durch Gewöhnung (*Arrow*-Effekt) und/oder Ausübung sich entweder entwickeln können oder, im Gegenteil, ungenutzt oder verdrängt bleiben.

Chomskys Sprachtheorie kann als unbewusste Verallgemeinerung der besonderen Fälle verstanden werden, die den verschiedenen Formen des im Bildungssystem vermittelten Sprachgebrauchs entsprechen, dem *literarischen* Gebrauch, der darin besteht, von einer irrealen und imaginären Situation oder von abstrakten Problemen zu sprechen, oder dem *philologischen* Gebrauch, der sich mit der Rede als Analyseobjekt befasst, als toter Buchstabe, tote Sprache, die gewissermaßen zum *Dechiffrieren* gemacht ist und nur dazu (von daher auch all die Metaphern von Code und Chiffre). Indem Chomsky jede Beziehung zwischen den Funktionen und den strukturellen Eigenschaften des sprachlichen Ausdrucks ausschließt (zumindest soweit er sie für sprachrelevant hält) und die formalen Eigenschaften der Grammatik auf Kosten der funktionalen Zwänge betont, die Struktur auf Kosten des Gebrauchs, die interne Kohärenz der Rede, die so lange als rezipierbar gilt, wie sie nicht absurd – also nach dieser rein *formalistischen* Logik »nicht grammatikalisch« – ist, auf Kosten der Anpassung an die Situation, ohne die noch die kohärenteste Rede ins Absurde abstürzen kann, erliegt er der ewigen Illusion des Grammatikers, der vergisst, dass die Sprache zum Sprechen gemacht ist und dass es eine Rede immer nur für jemanden und in einer Situation gibt: Das Einzige, was er (zumindest implizit) kennt und anerkennt, ist die zweckfreie und für alle Zwecke geeignete Rede und die unerschöpfliche Kompetenz, die genügt, um sie zu ermöglichen, eine Rede, die wie die geschriebene Sprache real keiner Situation angepasst und deshalb für alle Situationen gut ist, eine Rede, die ohne bewussten oder unbewussten Bezug zu den objektiven Bedingungen produziert wird und dazu da ist, aus sich heraus, in ihrer inneren Logik, verstanden zu werden. Darin, und nicht in der größeren Komplexität ihrer Produkte, liegt die Besonderheit der legitimen Kompetenz, die man in den neutralen und neutralisierenden Situationen erwirbt, die das Universum des Bildungssystems ausmachen, einer Kompetenz, die durch die Fähigkeit definiert ist, zu sprechen, ohne sich direkt auf irgendeine praktische Situation zu beziehen, *auch dann* zu sprechen, wenn die Sprache von allen Funktionen befreit ist, die sie in ihrem praktischen Gebrauch erfüllt.

Selbst in dieser noch ganz unzureichenden Form hat man mit dieser Analyse der sozialen Produktions- und Reproduktionsbedingungen der legitimen Sprache und ihrer Eigenschaften der »Korrektheit« und »Distinktion« bereits alles an der Hand, um zu begreifen, dass eine Sprache, die das Produkt einer fast immer vom Streben nach Distinktion geleiteten, historischen Arbeit ist, sich von vornherein dazu eignet, eine soziale Funktion zu erfüllen, die darin besteht, Klassenunterschiede kenntlich zu machen; und dass, nur leicht modifiziert, eine solche Sprache, die ihre Entstehung der Schreibarbeit von Profis mit außergewöhnlich hoher Sprachbeherrschung verdankt und in Lernprozessen erworben wird, in denen man den Umgang mit der Rede als Selbstzweck und unabhängig von allen praktischen Funktionen betreibt, sich zugleich – und das ist nur scheinbar ein Paradox – auch von vornherein dazu eignet, die Funktionen eines wirklich autonomen und autarken »universellen« Codes zu erfüllen, imstande, unabhängig von allen situationsbedingten Einschränkungen oder Hilfen zu funktionieren, und geeignet, bei Abwesenheit der Sprecher sich selbst zu genügen und von jedem beliebigen, vom Sender nichts wissenden Empfänger dechiffriert zu werden. Die Unterschiede zwischen der Verwaltungs- und der Geschäftssprache, der Sprache des Rechts und der Sprache der Medizin sind trotz des Bildes, das die literarische Tradition von ihnen vermittelt, nichts im Vergleich zu dem, was ihnen allen gemeinsam ist und ihren Gegensatz zu den Regionalsprachen oder zum Sprachgebrauch der unteren Klassen ausmacht: Im rein mündlichen Sprachgebrauch zwischen Gesprächspartnern, die zumindest partiell gleiche Interessen verfolgen und denselben *praktischen Gruppen* angehören, also in vielerlei Hinsicht vergleichbar sind, kann sich das genuin sprachliche Element der Interaktion einerseits auf die Masse der Antizipationen und Vorannahmen stützen, deren Grundlage die bei beiden Gesprächspartnern vorhandene Vorkenntnis des jeweils anderen ist, und andererseits auf Mimik, Gestik und die gesamte Situation. Die Standardsprache, dieses Produkt der *Objektivierung* (und der mit ihr möglich werdenden *Standardisierung*) der unendlich vielfältigen Produktionen der sprachlichen Habitus, so unpersönlich und anonym wie der offizielle Sprachgebrauch, dem sie dienen soll, wird erst dann unentbehrlich, wenn mit der Bildung jener völlig abstrakten sozialen Gruppe, jener juristisch institutionalisierten und verewigten Gruppe für sich, nämlich der Nation, Formen und Funktionen des Sprachgebrauchs auftreten, die es vorher nicht gab.

LERNEN SIE ZU HAUSE, IN IHRER FREIZEIT, PER KORRESPONDENZ, MIT SCHRIFTSTELLERN und entdecken Sie die wunderbare

LUST AM SCHREIBEN

Mit Worten **verführen**: Das ist das ganze Geheimnis von Tausenden von Menschen, die es im Leben zu etwas gebracht haben. Worte können alles. Wenn Sie sie beherrschen, können auch Sie alles.
Sie wünschen sich sehnlichst, zu den Menschen zu gehören, deren Freunde ihre Briefe »wunderbar« finden.
Sie spüren, dass Sie voller Bilder und Gefühle sind, aber können sie nur schwer ausdrücken.
Mit einem Wort, Sie spüren in sich die Gabe des Schreibens, haben aber das Gefühl, dass Sie durch Ihre mangelnde Sprachgewandtheit behindert werden.
Jetzt können Sie in wenigen Wochen lernen, fehlerfrei, ausführlich und in Ihrem ganz persönlichen Stil zu schreiben.
– Keine besondere Schulbildung erforderlich

LERNEN SIE TANZEN!
Virtuose in wenigen Stunden, alle Tänze, sensationelle, völlig neue Methode nach Skizzen. Sie lernen für sich, zu Hause, heimlich, ohne Musik, aber im Takt. Keine Schüchternheit mehr. Kurzbeschreibung gegen adressierten Freiumschlag.

Dynamische Kurse für die moderne Jugend
Versand in neutralem, geschlossenem Umschlag.

H. Fontenay, La bonne correspondance, Paris: Nathan, 1966.

Schreiben Sie nicht…	*…sondern schreiben Sie*
Votre dame	Votre femme
Votre demoiselle	Votre fille
Votre jeune fille	Votre fille
Votre jeune homme	Votre fils
J'y vais en bicyclette	J'y vais à bicyclette
Il s'est en allé	Il s'en est allé
Monter en haut	Monter
Il reste à côté	Il demeure à côté
Je lui en causerai	Je lui en parlerai
Je vais au docteur	Je vais chez le médecin
Solutionner	Résoudre
Émotionner	Émouvoir
Concluer	Conclure

5. *Einen guten Eindruck machen.* – Gut sprechen heißt, an sich zu arbeiten, nicht einfach draufloszureden, stets peinlich genau auf eine korrekte Ausdrucksweise zu achten, sich stets der Tragweite der benutzten Wörter bewusst zu sein. All das wirkt sich positiv auch auf die äußere Haltung aus, insbesondere auf Gesichtsausdruck und Blick, und ist Teil eines »guten Eindrucks«. Die ersten Worte, die wir an unser Gegenüber richten, entscheiden sofort und ganz direkt über seine Einstellung zu uns. Wie ungünstig gestimmt jemand auch sein mag, eine sichere und gepflegte Sprache kann ihren Eindruck auf ihn nicht verfehlen. Ich übertreibe nicht, wenn ich sage, dass eine solche Sprache bei Ihren Gesprächspartnern unweigerlich Vertrauen erweckt, Achtung und sogar Wohlwollen. Bei der Erfüllung Ihrer Führungsaufgaben verschafft Ihnen ein gepflegter Umgangston bei Ihren Untergebenen das nötige Ansehen, sodass sich Ihre Angestellten gern Ihrer Führung überlassen. Wo immer Sie tätig sind, wird Ihnen Sprachbeherrschung helfen, Ihre individuellen Möglichkeiten zur vollen Entfaltung zu bringen. Zudem eröffnet Ihnen diese Qualifikation den Zugang zu manchen lukrativen freien Berufen …

MAN BEURTEILT SIE NACH IHRER KONVERSATION

Sind Sie sich Ihrer Rolle als Gesprächspartner in Gesellschaft, mit Ihren Freunden, Ihren Geschäftspartnern, Ihren Mitarbeitern, immer sicher? Können Sie zu den unterschiedlichsten Themen etwas sagen? Sind Sie zum Beispiel in der Lage, sich fundiert zur politischen Ökonomie, zur Philosophie, zum Film oder zu juristischen Fragen zu äußern? Wie viele Menschen können nur über nichts anderes reden als ihren Beruf!

Es ist nicht zu spät, um diese Mängel zu beheben, die so peinlich sind – gerade bei uns, wo das gesellschaftliche Leben noch so lebendig ist und wo Erfolg oft eine Frage von Beziehungen ist. Unabhängig von Ihrem Alter, Ihrer Beschäftigung, Ihrer sozialen Stellung und Ihrem Wohnsitz können Sie sich jetzt dank einer speziell für diesen Zweck entwickelten Methode in wenigen Monaten mühelos einen Bestand an Kenntnissen aneignen, der sorgfältig auf die Anforderungen der heutigen Konversation abgestimmt ist.

MAN BEURTEILT SIE NACH IHRER BILDUNG

Frankreich, das Land, in dem Sie leben, gilt in der ganzen Welt als eines der Länder, in denen es sich am angenehmsten lebt und die persönliche Bildung nach wie vor höchste Wertschätzung genießt.

Nirgends sonst steht das gesellschaftliche Leben (Beziehungen, Sitzungen, Freundschaften, Gespräche, Theaterbesuche und dergleichen) in so hoher Blüte. Daher wird man Sie im gesellschaftlichen Leben, aber sehr oft auch im Berufs- und Geschäftsleben und vielleicht sogar in Ihrem Gefühlsleben nach Ihrer Bildung und Ihrer Konversation beurteilen.

Sich präsentieren: Angst und Korrektur

Dank der machiavellistischen Naivität ihrer Argumente offenbaren die Unternehmen, deren Geschäftsgrundlage die rationelle Ausbeutung des von den Kleinbürgern gebildeten potentiellen Marktes für legitime Sprachprodukte ist, in den großen Anzeigen, die sie in den von den Mittelklassen konsumierten populärwissenschaftlichen Zeitschriften (*Science et vie* usw.) veröffentlichen, oder auch in der Ratgeberliteratur, mit der sie Gewandtheit im Sprechen, Schreiben oder Leben versprechen, die eigentliche Wahrheit über die sozialen Anwendungen des *bon usage*, des als Standard definierten Sprachgebrauchs. Der Nachdruck, mit dem dort, ganz im Sinne Austins, die Macht der Sprache gepriesen wird, unterstellt, dass die Beherrschung der Ausdrucksmittel gleich der Fähigkeit ist, andere »für sich einzunehmen«, und macht aus dem sozialen Leben ein allgemeines Verführungsunternehmen.

In dem magischen Universum, zu dem die sprachliche Virtuosität Zutritt verschafft, gibt es keine körperliche oder sprachliche Verlegenheit mehr (»keine Schüchternheit mehr«): Der wortgewandte Herr im Taschenspieler-Habit, der Plauderer im Kreise von Frauen, die an seinen Lippen hängen (Abb. unten), ist auch ein »hervorragender« Chef, dessen Untergebene sich »gern seiner Führung überlassen« (Abb. oben), und ein »gebildeter« Schöngeist, der am »gesellschaftlichen Leben«, seinen Beziehungen und seiner Protektion teilhat.

Die philologische Illusion

Als gewissermaßen neutraler Ort, an dem die Wörter der Gemeinsprache wie in einem Museum oder einer Bibliothek eines neben dem anderen liegen, abgeschnitten von ihrem Gebrauch und ihren Funktionen, das heißt von den Gruppen, von denen sie – oft als Waffen, immer als Kennzeichen – benutzt werden, ist das Wörterbuch das Produkt einer wissenschaftlichen Spracherfassung, die alle möglichen Anwendungen eines Wortes oder alle möglichen gleichbedeutenden Ausdrücke zusammenpackt und dadurch Formen des Wortgebrauchs zusammenbringt, die sich sozial fremd, ja nicht miteinander vereinbar sind (wobei nur Wörter, die ganz aus dem Rahmen fallen, mit einem ausgrenzenden Zusatz wie veraltet oder pop. versehen werden). Damit vermittelt es ein gar nicht so unangemessenes Bild von der Sprache im Sinne Saussures, einer durch die Arbeit des Registrierens auf den Stand einer toten Sprache heruntergebrachten und ihrer wesentlichsten Eigenschaften beraubten Sprache, nicht unähnlich den Werkzeugen, die in ethnographischen Museen ausgestellt werden und, falls ihre Funktion nicht offenkundig ist, nur noch absurd wirken oder – sinnwidrig – ästhetisch gewürdigt werden können.

GUEULE. *n. f.* (Xe s. *gole, goule* ; du lat. *gula*, « gosier, bouche des animaux »).

I. Se dit de la bouche* de certains animaux, surtout carnassiers. *Le lion ouvre une gueule énorme* (Cf. Enflammer, cit. 23). *La gueule d'un chien, d'un loup, d'un renard, d'un furet... — La gueule d'un poisson carnassier* (brochet, perche, requin...). — *La gueule d'un reptile* (Cf. Aspic, cit. 2 ; fasciner, cit. 4), *d'un boa, d'un crocodile... Gueule ouverte, béante* (Cf. Curée, cit. [illegible], cit.). *Happer* d'un coup de gueule.* — *Spécial* (Vén.). *Chien qui chasse de gueule*, qui aboie en suivant [illegible] du gibier.

— Loc. prov. *Se jeter, se précipiter, précipiter quelqu'un dans* [illegible] *du loup*, dans un danger certain, et de façon imprudente. — *Il fait noir comme dans la gueule d'un loup.*

« L'enfer semble une gueule effroyable qui mord. »
HUGO, L'année terrible, Octobre, III

II. Pop. Se dit du visage ou de la bouche des personnes. *Avoir* [illegible] *gueule fendue comme une grenouille, comme une tirelire* : avoir une grande bouche.

— *Spécialt.* ‖ 1° La bouche considérée comme servant à parler ou crier : *Vas-tu fermer, boucler ta gueule !* V. **Boîte.** Ellipt. *Ta gueule !* Tais-toi ! *Crever* (cit. 26) *la gueule ouverte*, en appelant au secours. *Donner, pousser un coup de gueule* : crier, gronder ou chanter très fort. *Un fort en gueule, une grande gueule* : un homme bavard et grossier (V. **Braillard,** cit. 1 ; **gueulard**) ou encore un homme qui est plus fort en paroles qu'en actes, qui parle beaucoup mais n'agit guère. *Il n'a que de la gueule.* — (Vx) *Gueule ferrée*, personne qui parle grossièrement. *Mots de gueule* : paroles brutales et grossières.

‖ 3° *Par ext.* (Pop.). V. **Face, figure, tête, visage.** *Il a une bonne gueule, une gueule sympathique, une sale gueule. Une gueule de voyou. Une gueule de vache. Cette gueule-là ne me revient pas* (Cf. Antipathique). *Tu en fais une gueule ! C'est bien fait pour ta gueule ! Faire une gueule d'enterrement*. Il est venu, la gueule enfarinée** (cit. 3). *Faire la gueule, faire sa gueule.* V. **Bouder ; tête** (faire la). *Ne fais donc pas la gueule ! — Se casser la gueule.* V. **Tomber.** *Casser* la gueule à quelqu'un* (Cf. Flirter, cit.). *Foutre* (cit. 4) *son poing sur la gueule.* V. **Battre.** *Soldat qui va se faire casser* (cit. 9) *la gueule.* V. **Tuer.** — [illegible] milit.) *Une gueule cassée*, un mutilé de guerre blessé [illegible] visage. — (Arg. du Nord) *Gueules noires*, surnom des mineurs.

Kenntnis und Anerkenntnis

Nach dieser Erinnerung an die sozialen Produktionsbedingungen der legitimen Sprache, denen sie ihre ganz speziellen Eigenschaften und Effekte verdankt, sind nun noch die sozialen Mechanismen zu erfassen, die zu ebendiesen Effekten beitragen, indem sie für die Reproduktion der Struktur der Verteilung von Kenntnis und Anerkenntnis der legitimen Sprache auf die Klassen sorgen und damit zugleich für die Reproduktion des Marktes, auf dem die legitimen

Sprachprodukte ihren ganzen Wert bekommen, wie auch für die Reproduktion des Bedarfs an diesen – geschriebenen oder gesprochenen – Produkten beziehungsweise an ihren Produzenten, den selbst (öffentlich oder privat) Schreibenden oder den Sprechern, die stellvertretend für andere sprechen.[23]

Um die Sprachwissenschaft und selbst die Soziolinguistik der Irrealität zu entreißen, zu der sie sich selbst verurteilen, wenn sie meinen die Variationen der Sprachpraxis ohne Einbeziehung der Mechanismen analysieren zu können, die diese Variationen tendenziell produzieren und reproduzieren, muss man nur die aus ihnen ausgeschlossene Kenntnis der Mechanismen wieder einbringen, die tendenziell für die legitime Weitergabe des sprachlichen Erbes (als einer besonderen Art von kulturellem Kapital) sorgen, und vor allem die Kenntnis derjenigen Mechanismen, die sich in der Beziehung zwischen der *Familie* – mit dem von ihr weitergegebenen sprachlichen Erbe – und dem *Bildungssystem* – mit seiner zentralen Funktion im Prozess der Reproduktion des legitimen Sprachgebrauchs – verbergen. Das Bildungssystem, dessen Aufgabe es ist, die legitime Ausdrucksweise einzuüben und ebendadurch zu sanktionieren, trägt zur Reproduktion des durch diesen privilegierten Sprachgebrauch vereinheitlichten Marktes bei, indem es die entsprechenden Sprachnutzer – Sender wie Empfänger – produziert, das heißt Sprecher, die zugleich disponiert und in der Lage sind, den für den legitimen Sprachgebrauch konstitutiven Normen zu entsprechen. Indem es seinen Auftrag erfüllt, häretische Produkte im Namen der legitimen Grammatik abzustrafen und die explizite Norm, durch die die Wirkung der Gesetze der Sprachentwicklung (zum Beispiel das Gesetz der Analogiebildung) unterdrückt wird, in den Köpfen zu verankern, trägt das Bildungssystem erheblich dazu bei, die Formen des beherrschten Sprachgebrauchs als solche festzuschreiben und den herrschenden Sprachgebrauch (das »gute« Französisch, Deutsch usw.) schon dadurch – und mitunter sogar juristisch – zu sanktionieren, dass es ihn als den einzig legitimen einübt und durchsetzt, und dies selbst in den Augen derer, die keinen Zugang zu ihm haben.

23 Für den, der da nichts als leeres Gerede sieht, eine konkrete Beobachtung: Gefragt nach den Gründen, warum er nach seiner Wahl in den Stadtrat den Posten des Bürgermeisters einem nicht aus der Gegend stammenden Volksschullehrer überlassen habe, antwortete ein Bauer: »Siehst du mich vielleicht eine Rede halten?«

Der wichtigste Beitrag des Bildungssystems zur Reproduktion und Legitimierung der Struktur der Reproduktion des Sprachkapitals besteht nämlich darin, dass es als ein sprachlicher Markt der besonderen Art fungiert. Da dieser Bildungsmarkt streng den Verdikten der Hüter der legitimen Sprache und Kultur unterworfen ist – das heißt der Lehrer, deren sozialer Auftrag darin besteht, den Produktionen des Bildungssystems ihren *gerechten Preis* zuzuweisen, also im Großen und Ganzen den (immer teilweise auch vom durch Bildungsabschluss beglaubigten Bildungswert ihres Urhebers abhängigen) Preis, den sie auf dem Arbeitsmarkt erzielen würden (und erzielen werden) –, wird er strikt von den Sprachprodukten der herrschenden Klasse beherrscht. Und da auf ihm die sprachlichen Produktionen von Sprechern aus unterschiedlichen sozialen Klassen zum Objekt expliziter Sanktionen gemacht werden, die in Gestalt von qualitativen (Beurteilungen) oder quantitativen Bewertungen (Noten) objektiviert und durch *Abschlüsse* mit rechtlich verbindlichem Wert beglaubigt werden, ist der Bildungsmarkt so etwas wie ein für die Beobachtung fertig aufbereitetes Modell des sprachlichen Felds.[24]

24 Ohne hier im Detail einen bereits an anderer Stelle vorgelegten Nachweis noch einmal zu führen, sei nur daran erinnert, dass der Wert, den die Sprachprodukte der verschiedenen Klassen auf dem Bildungsmarkt bekommen, umso geringer ist, je weiter die sozialen Produktionsbedingungen für die Kompetenz, deren Produkt sie sind, ihrerseits von den Bedingungen entfernt sind, die die Voraussetzung für die Produktion der legitimen Kompetenz bilden. Dank eines jener so oft zu beobachtenden kreisförmigen Verstärkungsprozesse, die dafür sorgen, dass Kapital zu Kapital kommt, wird die Neigung, in das im Bildungssystem vonstatten gehende Erlernen der (legitimen) Sprache zu investieren, von dem (wahrscheinlichen) Wert bestimmt, den die in der Familie und der Herkunftsklasse gesprochene Sprache auf dem Bildungsmarkt hat. Der geballte Effekt eines geringen sprachlichen (und kulturellen) Kapitals und der damit einhergehenden geringen Neigung, es durch Bildungsinvestitionen zu vermehren, lässt die Klassen mit dem geringsten Sprachkapital unweigerlich den negativen Sanktionen des Bildungsmarkts anheimfallen, das heißt dem vorzeitigen, sich aus dem geringen Schulerfolg ergebenden Ausschluss beziehungsweise Selbstausschluss. Die anfänglichen Abstände werden also reproduziert, weil die Dauer der Einübung in der Regel mit ihrem Ertrag variiert, wobei diejenigen, die am wenigsten geneigt und in der Lage sind, die Sprache des Bildungssystems anzunehmen, auch weniger lange mit dieser Sprache in Berührung kommen und weniger lange der Kontrolle und den Verdikten der Hüter der legitimen Sprache ausgesetzt sind (P. Bourdieu, J.-C. Passeron, M. de Saint-Martin, *Rapport pédagogique et communi-*

Die Illusion des Sprachkommunismus

Am Ende einer Analyse, in der er Eigentum und Sprache miteinander vergleicht - die seiner Meinung nach gemeinsam haben, dass sie die Akkumulation und den Erhalt von materiellem oder symbolischem Reichtum erleichtern -, gibt Auguste Comte besonders exemplarisch der Illusion des Sprachkommunismus Ausdruck, die der Ursprung der Illusion von der »Sprachgemeinschaft« ist: »*Entgegen solchen Reichtümern, die gleichzeitigen Besitz erlauben, ohne irgendeine Veränderung zu erfahren,* stiftet die Sprache natürlicherweise eine vollkommene *Gemeinschaft,* in der alle durch den freien Gebrauch, den sie von dem allgemeinen Schatz machen, ganz von selbst zu seiner Erhaltung beitragen« (A. Comte, *Système de politique positive*, Bd. II, Statique sociale, 5. Aufl., Paris: Siège de la société positiviste, 1929, S.254 - Hervorhebungen P. B. Zur Illusion des Kulturkommunismus und seiner Formulierung bei Durkheim siehe P. Bourdieu, Les fractions de la classe dominante et les modes d'appropriation de l'œuvre d'art, *Information sur les sciences sociales*, 13, 3, Juni 1974, S.7-32). Indem er die *symbolische Aneignung* als eine Art mystischer Teilhabe beschreibt, allgemein und gleich zugäng-

Bei gegebenem Stand der Struktur der Macht über die Definition der legitimen Sprache, also beim gegebenen Stand dieser Definition, lassen sich die Variationen der Macht über die Sprache, verstanden als die Macht, sich die sozial als einzig aneignungswürdig anerkannte Sprache anzueignen, auf die Macht über die Mechanismen der Weitergabe des Sprachkapitals und insbesondere über das Bildungssystem reduzieren, eine Macht, die selbst zu einem bedeutenden Teil von diesem Sprachkapital abhängt. Am Schluss dieser Analysen ist klar, dass dem Bildungssystem in diesen Mechanismen ein entscheidendes Gewicht zukommt: Da es über die delegierte Macht verfügt, die nötig ist, um eine *dauerhafte* Einübung in Sachen Sprache universell durchzusetzen, und andererseits objektiv dazu tendiert, die Vermittlung der Sprache nach dem ererbten Sprachkapital zu bemessen, ist es für die Produktion und Reproduktion eines *strukturellen* Abstands zwischen der – sehr ungleich verteilten – Kenntnis der legitimen Sprache und ihrer – nahezu

cation, Paris, Den Haag: Mouton, 1965, bes. S.37-57, Coll. Cahiers du Centre de sociologie européenne; P. Bourdieu, J.-C. Passeron, *La reproduction: éléments pour une théorie du système d'enseignement*, Paris: Minuit, 1970, insbes. S.89-129).

lich und damit jede Enteignung ausschließend, formuliert Auguste Comte nur in aller Klarheit die Voraussetzung, die die Sprachwissenschaft stillschweigend akzeptiert, wenn sie es unterlässt, die Frage nach der Beziehung zwischen dem »allgemeinen Schatz« und den privaten Schätzen zu stellen. Bei Saussure wird die Frage der ökonomischen und sozialen Bedingungen der legitimen Kompetenz, ohne je gestellt zu werden, durch die semantischen Verschiebungen gelöst, denen die an das Bankenwesen erinnernde und auf die »Gemeinschaft« wie auf das Individuum anwendbare Schatz-Metapher Vorschub leistet: Saussure spricht unterschiedslos vom »inneren Schatz« (*Cours*, S.277) oder der »Summe der *individuellen* Sprach*schätze*« (R. Godel, *Les sources manuscrites du Cours de linguistique générale de Ferdinand de Saussure*, Genf: Droz, 1957, S.266); vom »Schatz, den die Praxis des Sprechens in den Personen, die der gleichen Sprachgemeinschaft angehören, hinterlegt hat« (*Cours*, S.280), oder von der »Summe der in jedem Gehirn aufgespeicherten Eindrücke« (ebd., S.38). Auch bei Trubetzkoy findet sich das sprachwissenschaftliche Gegenstück jener Verwechslungen von objektiv und subjektiv, die Kenner der kulturanthropologischen Literatur schon gewohnt sind: »[D]amit der Angesprochene den Sprecher versteht, müssen beide dieselbe Sprache beherrschen, und das Vorhandensein einer *im Bewusstsein der Mitglieder der Sprachgemeinschaft* leben-

universell verbreiteten, wenn auch nach Modalität und Intensität variierenden (und ihr Maximum im Kleinbürgertum erreichenden) – Anerkenntnis verantwortlich.

Das Streben nach Distinktion, jene Anerkennung der Distinktion, die sich gerade durch den Versuch verrät, sie durch Aneignung zu negieren, und deren Basis die Diskrepanz zwischen Kenntnis und Anerkenntnis ist, zwischen den »Anforderungen« und den Mitteln, ihnen zu genügen, erzeugt einen ständigen Druck, der bei den hierdurch in ihrem Sein selbst bedrohten Inhabern der Distinktion nur zur Entwicklung immer neuer Strategien führen kann, usw. *ad infinitum*. Labov hat sicher recht, wenn er in der Überkorrektheit der Kleinbürger einen Faktor des sprachlichen Wandels sieht: aber nur dann, wenn man sich auch klarmacht, dass die Anspannung und die Wachsamkeit, die sich die Kleinbürger in ihrem Bemühen auferlegen, sich von den unteren Klassen zu unterscheiden und sich zugleich mit der herrschenden Klasse zu identifizieren (beziehungsweise sich aus der Sicht der Herrschenden von den unteren Klassen zu unterscheiden), ein – nur besser sichtbarer – Effekt derselben

den Sprache ist die Vorbedingung jedes Sprechakts. [...] Das Sprachgebilde besteht im *Bewusstsein aller* Mitglieder der gegebenen Sprachgemeinschaft« (N. S. Troubetzkoy, *Principes de phonologie*, Paris: Klincksieck, [1949] S. 1).

Chomsky schreibt immerhin dem sprechenden Subjekt in seiner Universalität eine Kompetenz explizit zu, die ihm in der Tradition Saussures nur stillschweigend zugestanden wurde, nämlich in Form einer mysteriösen Teilhabe an der Sprache. Ähnlich den »Kulturologen«, die die Kultur, als sie es schließlich leid waren, nach ihrem »Sitz« zu fragen, »in« die »Individuen« hineinverlegten, schreibt er jedem sprechenden Subjekt die Fähigkeit zur Generierung von Rede zu (und verschaffte damit all denen, die angesichts der objektivistischen Zerstörung des Subjekts schon verzweifelten, eine – im Übrigen ziemlich illusorische – Befriedigung). Tatsächlich ist das die gleiche Logik, die schon so manchen Ethnologen veranlasst hat, die Kultur, verstanden als unteilbarer Besitz aller Angehörigen einer Gruppe, in die Individuen zu verlegen: Diese »verinnerlichte« Kultur blieb ebenso abstrakt wie die Chomskysche Kompetenz, auch wenn sie sich mit der Tradition des Verhältnisses von Kultur und Persönlichkeit und dem Import von psychoanalytischen Begriffen eine scheinbar empirische Basis gab (vgl. dazu P. Bourdieu, J.-C. Passeron, *La repro-*

Mechanismen sind, die auch die Distinktionsstrategien hervorbringen, zu denen dieses Bemühen um dissimilierende Assimilierung wiederum bei den Herrschenden unweigerlich führt. Alles spricht dafür, dass diese Strategien gerade eines sollen, nämlich den größtmöglichen Abstand zu dem wahren, was das ureigenste Merkmal der Mittelklassen ist, die sprachliche Anspannung und Bemühtheit, was zum Beispiel zu einer gesuchten Lässigkeit und souveränen Missachtung kleinlicher Regeln führt (Unterkorrektheit), verbunden – aber nicht immer – mit einer bewusst zur Schau getragenen Gewandtheit auf schwierigstem Terrain.[25] Es ist also kein Zufall, dass – wie Trubetzkoy bemerkt – eine »nachlässige Artikulation« eine der nahezu universell anzutreffenden Formen ist, Distinktion

25 Das Bildungssystem produziert noch einen weiteren wichtigen Effekt, indem es den Inhabern der von ihm vergebenen Bildungsabschlüsse eine statusbedingte Distinktion verleiht, die es ihnen erspart, ihre Sachkenntnis unter Beweis zu stellen, und ihnen sogar gestattet, den sprachlichen Diskrepanzen, die sie sich – wie der Aristokrat, der mal den Stallburschen spielt – gefahrlos erlauben können, zusätzliche Effekte abzugewinnen.

duction, éléments pour une théorie du système d'enseignement, Paris: Minuit, 1970, S. 25, und P. Bourdieu, *Esquisse d'une théorie de la pratique*, Paris, Genf: Droz, 1972, S. 251).

Die Chomskysche Sprachwissenschaft vollzieht keineswegs den *Bruch* mit *der Ideologie der Sprache als Gemeingut*; vielmehr erliegt sie wie die Ökonomie dem objektivistischen Trugschluss in seiner paradigmatischen Form, die darin besteht, die Praktiken durch ein theoretisches, von der Wissenschaft konstruiertes Modell zu erklären, das sich als eine anthropologische Beschreibung des diese Praktiken generierenden Prinzips ausgibt: Die Sprachkompetenz ist nur ein abstraktes generatives Modell der sich aus der Analyse der Sprachprodukte ergebenden Möglichkeiten, das sich praktisch als eine anthropologische Theorie der realen, die Praxis der Akteure bestimmenden Prinzipien präsentiert. Diese anthropomorphe Verdinglichung der Abstraktionen wird in der Ökonomie ebenso stillschweigend vollzogen wie in der Sprachwissenschaft: Genau wie die Ökonomen, die meinen den *homo oeconomicus* begraben zu haben, haben auch die Sprachwissenschaftler alle äußeren Anzeichen für sich, wenn sie beteuern, eine anthropologische Theorie der Sprachpraxis sei niemals ihre Absicht gewesen. Daher kann auch Chomsky als Beleg für die von ihm vorgeschlagene Unterscheidung zwischen (1) »the description of intrinsic competence provided by the grammar«, (2) »an account of actual perfomance« und (3) »an account of potential performance« kaum mehr anführen als das, was ohnehin offensichtlich ist. Und auch die Anmerkung, in der er Quine im Namen der »je nach Persönlichkeit, Überzeugungen und noch

zu zeigen.[26] Denn *Ungezwungenheit* unter Ausschluss aller Zeichen von Anspannung und Bemühtheit gehört bekanntlich zu den Statusmerkmalen aller herrschenden Klassen, und ostentative Zeitverschwendung, das Gegenteil von Hast und gieriger Übereilung, ist ein Grundprinzip der meisten Distinktionsstrategien dieser Klassen. Dieser besonderen Form von Klassenkampf, die in der Struktur des Felds selbst angelegt ist und ständig Distinktionsanspruch und Distinktion, Titelinhaber und Titelprätendenten, Reiche und Neureiche, Aristokraten und Bürgerliche, etabliertes Bürgertum und Parvenüs oder Bürger und Kleinbürger gegeneinander ausspielt, verdankt das sprachliche Feld seine ureigenste Dynamik: Der Wandel hat seinen Ursprung überall – im objektiven Verhältnis

26 N. S. Troubetzkoy, *Principes de phonologie*, Paris: Klincksieck, 1957, S. 22.

so manchen anderen außersprachlichen Faktoren [variierenden] Dispositionen zur verbalen Reaktion« entgegenhält, dass »sich die Kenntnis der eigenen Sprache nicht direkt in den Sprachgewohnheiten und -dispositionen widerspiegelt« (»knowledge of one's language is not reflected directly in linguistic habits and dispositions«), trägt nichts zur Erhellung dieser dunklen und von offenkundiger Verlegenheit geprägten Ausführungen bei (N. Chomsky, *Current Issues in Linguistic Theory*, London, Den Haag: Mouton, 1964, S.19).

Max Webers systematische Formulierung der Theorie des rationalen ökonomischen Handelns in Rahmen seiner Analyse des »richtig« am »objektiv Gültigen«, das heißt am »(für den Forscher selbst) ›Gültigen‹«, orientierten Handelns (vgl. M. Weber, *Gesammelte Aufsätze zur Wissenschaftslehre*, Tübingen: Mohr, 1922, S.409), ist auch eine Formulierung der Wahrheit der sprachwissenschaftlichen Kompetenztheorie: Wie der *homo oeconomicus* hat der *homo linguisticus* die Funktion, die Frage nach den ökonomischen und sozialen Bedingungen der Möglichkeit des bei einem gegebenen Stand des Marktes als rezipierbar, das heißt als rational oder *legitim*, ausgewiesenen Sprachverhaltens und damit zugleich die Frage nach den ökonomischen und sozialen Voraussetzungen des Funktionierens dieses Marktes, auf dem die Vorstellung von rezipierbar oder rational definiert wird, gar nicht erst aufkommen zu lassen. So bringt denn auch die folgende Definition des ureigensten Objekts der Sprachwissenschaft die Beschreibung des *homo linguisticus* auf den Punkt: »Linguistic theory is concerned primarily with an *ideal speaker-listener*, in a *completely ho-*

von Künstlern und »Bürgern«, im Verhältnis von Bürgern und »gewöhnlichem Volk«, im Verhältnis von Kleinbürgern und unteren Klassen – und nirgends, denn er liegt in der Gesamtheit der objektiven Verhältnisse, in denen die Distinktionsprofite erwirtschaftet und einbehalten werden, und der Strategien, die sich aus diesen Verhältnissen ergeben.

Indem sie sich die Macht über die legitime Sprache sichert, nämlich als *Macht, die legitime Sprache zu definieren*, und als *Macht, sich die dergestalt definierte Sprache anzueignen*, das heißt als Monopol nicht auf die Sprache (was in sich widersprüchlich wäre, da die Erfordernisse der Produktion und selbst der Herrschaft ein Minimum an Kommunikation zwischen den Klassen, also den Zugang auch der am stärksten Benachteiligten zu so etwas wie einem sprachlichen Existenzminimum, zwingend voraussetzen), sondern auf den

mogeneous speech-community*, who *knows its language perfectly* and is unaffected by such *grammatically* irrelevant conditions as memory limitations, distractions, shifts of attention and interest, and errors (random or characteric) in applying his knowledge of the language in actual performance. This seems to me to have been the position of the founders of modern general linguistic, and no cogent reason for modifying it has been offered« (N. Chomsky, *Aspects of the Theory of Syntax*, Cambridge: MIT Press, 1965, S.3; vgl. auch N. Chomsky und M. Halle, *Principes de Phonologie générative*, Paris: Seuil, 1973, S.25 [*The Sound Pattern of English*, New York: Harper & Row, 1968]. Kurz, Chomskys Kompetenz ist nur ein anderer Name für Saussures *langue* (eine Gleichsetzung, die Chomsky selber explizit vornimmt, zumindest insoweit, als sie »Kenntnis der Grammatik« - Chomsky/Halle, *Principes de Phonologie générative* - oder »generative grammar internalized« - N. Chomsky, *Current Issues in Linguistic Theory*, London, Den Haag: Mouton, 1964, S.10 - ist; und dies, obwohl er die generative Grammatik als »system of generative processes« oft in einen Gegensatz zur Saussureschen *langue* als »systematic inventory of items« - Chomsky, *Aspects of the Theory of Syntax*, S.4, und *Current Issues*, S.10 - bringt). Der Sprache als unteilbarem Besitz der ganzen Gruppe entspricht die Sprachkompetenz als »Niederlegung« dieses »Schatzes« in jedem Individuum oder als Teilhabe jedes Mitglieds der »Sprachgemeinschaft« an diesem *Gemeingut*. Aber hinter der anderen Wortwahl, die einen falschen Eindruck vermitteln kann, verbirgt sich in Wahrheit die *fictio juris*, mit der Chomsky, die immanenten Gesetze der legitimen Rede in universale Normen der normgetreuen Sprachpraxis umdeutend, über die Frage nach den sozialen Bedingungen der Möglichkeit zum Erwerb der legitimen Kompetenz und der Durchsetzung der Anerkennung der Legitimität dieser willkürlichen Kompetenz hinweggeht.

legitimen Gebrauch der Sprache, der damit zum Kennzeichen von Zugehörigkeit und Ausschluss wird; und indem sie alle Formen des »gewöhnlichen« Sprachgebrauchs, insbesondere diejenigen, die ausschließlich durch ihre praktischen Funktionen bestimmt sind, den anderen Klassen überlässt, gewährt sich die herrschende Klasse sämtliche mit diesen distinktiven, ja exklusiven Eigenschaften verbundenen materiellen und symbolischen Profite, zu deren Vorzügen nicht zuletzt die Tatsache gehört, dass sie darüber hinaus geradeso vollkommen legitim erscheinen wie die Eigenschaften, denen sie sich verdanken.

Sehr verehrter Herr Direktor ...

In Sammlungen von Musterreden oder in Briefstellern tritt der Effekt *des Schreibens* in exemplarischer Form zutage: Diese *geborgte Sprache* ist eine einzige Karikatur der Sprache, die die von der Primarschule übermittelte Tradition des populistischen Romans dem »Volk« in den Mund legt. Um das Ausmaß der Zensur zu erkennen, der die Ausdrucksmittel der unteren Klassen durch den Korrektheitszwang des Bildungssystems unterliegen, braucht man nur die genormten Produkte, die in Gestalt der neueren Briefsteller auf den Sprachmarkt geworfen werden, mit der Aufzeichnung einer echten Rede zu vergleichen (vgl. Y. Delsaut, *L'économie du langage populaire*).

Antwortbrief eines jungen Mannes auf eine Heiratsannonce

Ort, Datum

Sehr geehrtes Fräulein X,
mit Bezug auf Ihre Annonce vom (*Datum*) in (*Name der Zeitung oder Zeitschrift*) würde ich gerne mit Ihnen im Hinblick auf eine eventuelle Heirat Verbindung aufnehmen.

Zwischen erwachsenen Menschen sollte, wie ich meine, die Wahrheit an oberster Stelle stehen. Daher hier einige Angaben zu meiner Person, für deren Richtigkeit ich mit meinem Ehrenwort einstehe.

Ich bin siebenundzwanzig Jahre alt, habe braunes Haar und bin mittelgroß (1 m 70). Ich bin kräftig und bei guter Gesundheit, trinke nicht und bin seit fünf Jahren bei Firma ... in Dauerstellung als Fahrer im Lieferdienst beschäftigt. Ich beziehe ein Monatsgehalt von ... Francs und verfüge über Ersparnisse in Höhe von rund 4000 Francs sowie über ein kleines Anwesen in der Normandie, das ich von meinen Eltern geerbt habe (beide verstorben).

Ich bin eher zurückhaltend und ich habe wenig Kontakte. Ich gehe kaum aus und ziehe es vor, meine Freizeit zu Hause mit handwerklichen Tätigkeiten zu verbringen. Ich liebe Musik, lese gern, gehe gern spazieren, liebe die Gartenarbeit. Ich lebe schon lange allein und würde gern eine Gefährtin kennenlernen, die wie ich die einfachen Freuden liebt, bei guter Gesundheit ist, gern arbeitet und sparsam ist. All diese Eigenschaften sind meiner Meinung nach eine notwendige Grundlage für ein zufriedenes Heim und ein dauerhaftes Glück. Ich bin kinderlieb und wünsche mir, dass auch meine Frau kinderlieb ist.

Nach Ihrer Annonce habe ich den Eindruck, dass ich Sie sehr gern kennenlernen möchte, und glaube, dass wir uns gut verstehen werden, wenn wir erst näher miteinander bekannt geworden sind.

Eine Photographie von mir lege ich bei. Wie Sie sehen, bin ich kein besonders schöner Mann. Ich bin aber auch in keiner Weise entstellt oder behindert.

In Erwartung Ihrer Antwort verbleibe ich
Mit vorzüglicher Hochachtung,

Fontenay, *La bonne correspondance.*

Toast eines Arbeiters zum Geburtstag seines Chefs

Sehr verehrter Herr Direktor,

heute sind wir hier um Sie versammelt, nicht, weil es sich so gehört, und schon gar nicht, weil es eine Feier wie viele andere wäre, sondern mit dem Gefühl tiefer Dankbarkeit.
Wie könnten wir all das vergessen, womit Sie sich jeden Anspruch auf unseren Respekt und unsere Zuneigung erworben haben?
An die Ermutigungen aller Art, mit denen Sie uns in unserer täglichen Arbeit unterstützen, an Ihren Sinn für Gerechtigkeit und Fairness, von denen jeder von uns Zeugnis ablegen kann; an das wohlwollende Entgegenkommen, das Sie uns in Ihrem ganzen Umgang mit uns bezeigen, brauche ich wohl kaum zu erinnern.
Doch das ist nur die eine Hälfte der Aufgaben eines heutigen Unternehmensleiters, der wie Sie die eigenen Interessen niemals von denen seiner Arbeiter trennt und sich als Oberhaupt einer großen Familie betrachtet.
Heute, wo die Krise die ganze Industrie erfasst und so viele große Unternehmen in den Ruin getrieben hat, sind Sie als wachsamer Unternehmensleiter stets auf dem Posten, um erfolgreich zu kämpfen und sich gegen unsere Rivalen zu behaupten, um nie nachzulassen in dem Bemühen, alles dafür zu tun, dass erhalten bleibt, was unser auch uns teures Unternehmen vor allen anderen auszeichnet und ihm die bleibende Gunst der Öffentlichkeit einträgt.
Wir wissen, sehr verehrter Herr Direktor, dass Sie sich, solange es Ihre Gesundheit erlaubt, dieser Aufgabe stellen werden, von deren Gelingen unser täglich Brot abhängt; daher wünschen wir Ihnen von Herzen alles Gute für Ihre Beschäftigungen und Ihre Arbeit.
Wir sagen das, sehr verehrter Herr Direktor, nicht nur in unserem eigenen Interesse, sondern auch aus dankbarer Verbundenheit mit Ihrer Familie.
Wir schätzen uns glücklich, Ihnen zu Ihrem neuen Lebensjahr (*oder*: Namenstag) unsere Glückwünsche aussprechen und Ihnen sagen zu dürfen, dass wir alle fest entschlossen sind, weiter mit Ihnen zusammen durch unsere Arbeit zum Erfolg dieses großen Unternehmens (*Name des Unternehmens*) beizutragen, dem anzugehören wir stolz sind.

Dariac/Dujarric,
Toasts, allocutions et discours modèles.

Zur Ökonomie des sprachlichen Tauschs (1977)

> Aus beruflicher Gewohnheit, vielleicht oder auch aufgrund der Ruhe, die jeder Mann in bedeutender Stellung sich zulegt, der um Rat gefragt wird und der, da er ganz genau weiß, dass die Unterhaltung ihm nicht aus den Händen gleiten kann, den vor ihm Stehenden zappelnd sich bemühen und nach Belieben abrackern lässt, möglicherweise auch, um seinen Charakterkopf (den er selbst für griechisch hielt trotz der großen Koteletten) besser zur Geltung zu bringen, bewahrte Monsieur de Norpois, während man ihm etwas auseinandersetzte, eine so völlig unbewegliche Miene, dass es war, als spräche man zu einer antiken – und tauben – Büste in einer Glyptothek.
>
> Marcel Proust, *Auf der Suche nach der verlorenen Zeit*

Weshalb, so könnte man fragen, mischt sich heutzutage ein Soziologe in Fragen der Sprache und Sprachwissenschaft ein? Weil sich die Soziologie all der mehr oder weniger maskierten Formen der Dominanz der Sprachwissenschaft und ihrer Begrifflichkeit in den Sozialwissenschaften nur erwehren kann, wenn sie die Linguistik selbst zum Gegenstand nimmt, eine Art interne und gleichzeitig externe Genealogie betreibt, die sowohl die theoretischen Vorannahmen der Objektkonstruktion aufdecken will, auf denen diese Wissenschaft beruht (vgl. P. Bourdieu, *Esquisse d'une théorie de la pratique*, Paris, Genf: Droz, 1972, S. 164-170), als auch die sozialen Bedingungen der Produktion und vor allem *Zirkulation* ihrer Grundbegriffe. Welches sind die *soziologischen* Effekte, die von Konzepten der Sprache und des Sprechens – oder der Kompetenz und Performanz – ausgehen, wenn man sie auf der Ebene des Diskurses in Anschlag bringt oder, vielleicht umso mehr, jenseits dieses Bereichs – und welche soziologische Theorie der sozialen Beziehungen ist mit der Anwendung jener Konzepte impliziert? Man müsste hier eine eingehende Analyse der Gründe vornehmen,[1] wes-

1 Eine solche Analyse skizziert Bachtin mit seiner Kritik des Philologismus als »Berufskrankheit«, als mit einer besonderen Ausbildung und Spracherfahrung einhergehende Neigung der Philologen, ihren Gegenstand implizit als solchen vorauszusetzen.

halb diese *intellektualistische* Philosophie, die aus der Sprache viel eher ein *Objekt intellektueller Erkenntnis* macht als ein Instrument des *Handelns* (und der Macht), so einfach von Ethnologen und Semiologen anerkannt werden konnte. Denn was muss man der Linguistik *zubilligen*, um diese Art mechanischer *Transkriptionen* des linguistischen Kanons vornehmen zu können, wie sie tatsächlich stattgefunden haben? Eine soziale Genealogie (als Untersuchung der sozialen Möglichkeitsbedingungen) und eine intellektuelle Genealogie (als Untersuchung der logischen Möglichkeitsbedingungen) zeigen hier nur eines: Wenn diese konzeptuellen Übertragungen derart einfach waren, dann deshalb, weil man der Linguistik eine essentielle Annahme zugestand, nämlich die, dass Sprache gemacht ist, um zu kommunizieren, also verstanden, dechiffriert zu werden, und dass deshalb die soziale Welt als ein *System symbolischer Tauschakte* aufzufassen wäre (vgl. etwa in den Vereinigten Staaten Interaktionismus und Ethnomethodologie, Ergebnis einer Verbindung von Kulturanthropologie und Phänomenologie) und soziales Handeln als ein Akt der Kommunikation. Der Philologismus, eine Spielart des Intellektualismus und des Objektivismus, die in den Sozialwissenschaften herumspuken, ist eine Theorie des Sprechens, der Leute anhängen, die mit Sprache nichts anderes zu schaffen haben, als sie zu studieren.

Kurz gesagt rückt eine soziologische Kritik die linguistischen Konzepte in dreifacher Hinsicht zurecht: Sie ersetzt den Begriff der *Grammatikalität* durch den Begriff der *Akzeptabilität* oder, wenn man so will, den Begriff der Sprache durch den der legitimen Sprache; die *Kommunikationsbeziehungen* (oder symbolischen Interaktionen) durch *symbolische Machtverhältnisse* und damit gleichzeitig die Frage nach dem *Sinn* des Sprechens durch die Frage nach dem *Wert* und der *Macht* des Sprechens; und schließlich die im engeren Sinne sprachliche Kompetenz durch ein *symbolisches Kapital*, das sich von der Position des Sprechers in der sozialen Struktur nicht trennen lässt.

Die Erweiterung der Kompetenz

Die sprachliche Kompetenz durch sprachliches Kapital zu ersetzen heißt, die *Abstraktion* zurückzuweisen, die dem Konzept der Kompetenz innewohnt, also die Vorstellung von einer unabhängigen Sprachmächtigkeit im engeren Sinne. Unter Kompetenz versteht die Linguistik implizit die Fähigkeit zur unendlichen Hervorbringung grammatikalisch konformer Diskurse. In Wirklichkeit aber kann diese Kompetenz – weder faktisch noch theoretisch, weder genetisch noch struktural, weder in ihren sozialen Konstitutionsbedingungen noch in ihren sozialen Funktionsbedingungen – von einer anderen Kompetenz getrennt werden, nämlich der Fähigkeit, Sätze rechtmäßig und zur rechten Gelegenheit hervorbringen zu können (vgl. die Schwierigkeiten der Linguisten, wenn von der Syntax zu Semantik und Pragmatik übergegangen wird). Die Sprache ist eine *Praxis*: Sie ist dazu da, *um gesprochen zu werden*, also in Strategien verwendet, die alle möglichen praktischen Funktionen erfüllen und nicht nur Funktionen der Kommunikation. Und sie ist dazu da, *um angelegentlich gesprochen zu werden*. Die Kompetenz Chomskys ist eine *Abstraktion*, die eben nicht jene Kompetenz einschließt, die diese Kompetenz adäquat zu gebrauchen erlaubt (wann muss man sprechen, wann schweigen, diese oder jene Sprache sprechen usw.). Das Problem ist nicht die Möglichkeit, unendlich viele grammatikalisch kohärente Sätze zu produzieren, sondern die Möglichkeit, in kohärenter und adäquater Weise unendlich viele Sätze in unendlich vielen Situationen zu produzieren. Die praktische Beherrschung der Grammatik ist nichts ohne die Beherrschung der adäquaten Anwendungsbedingungen der durch die Grammatik ermöglichten unendlich vielen Möglichkeiten. Es ist dies das Problem des *kairos* der Sophisten, der Gelegenheit und des *angemessenen Zeitpunkts*. Und auch nur durch eine Abstraktion lässt sich zwischen Kompetenz und Situation unterscheiden, also zwischen Kompetenz und Kompetenz der Situation. Die praktische Kompetenz wird *in der Situation* erworben, in der Praxis: Was erworben wird, ist – voneinander untrennbar – die praktische Beherrschung der Sprache und die praktische Beherrschung der Situationen, die es erlauben, in einer bestimmten Situation angemessen zu sprechen.[2] Die Aus-

2 Deshalb unterscheidet sich die praktische von der wissenschaftlichen (oder schulischen) Kompetenz, weil diese in den irrealen Situationen der schulischen Aus-

drucksabsicht, die Art, sie zu realisieren, und die Bedingungen ihrer Realisierung lassen sich nicht auseinanderhalten. Daher rührt unter anderem auch die Tatsache, dass die verschiedenen Sinngehalte von Worten nicht als solche wahrgenommen werden: Nur das geschulte Bewusstsein, das die organische Beziehung zwischen Kompetenz und Feld aufbricht, lässt die Pluralität von Sinngehalten erscheinen, die in der Praxis nicht wahrnehmbar sind, weil dort die Produktion immer in das Feld der Rezeption eingelassen ist.

Die sprachlichen Produktionsverhältnisse

Es ist nur der sichtbarste Ausdruck des Philologismus, dass die Linguistik der Kompetenz den Primat über den Markt einräumt: Eine Theorie der sprachlichen Produktion, die sich auf eine Theorie des Apparats der Produktion beschränkt, klammert den Markt ein, auf dem die Produkte der sprachlichen Kompetenz angeboten werden. Die Saussuresche Frage nach den Möglichkeitsbedingungen des Verstehens (also der Sprache) muss eine strenge Wissenschaft der Sprache durch die Frage nach den sozialen Möglichkeitsbedingungen der sprachlichen Produktion und Zirkulation ersetzen. Denn immer schuldet der Diskurs seine wichtigsten Eigenschaften den sprachlichen *Produktionsverhältnissen*, unter denen er hervorgebracht wird. Das Zeichen kann nicht (oder nur abstrakt, in Wörterbüchern) jenseits eines konkreten sprachlichen Produktionsmodus existieren. Alle besonderen sprachlichen Transaktionen hängen von der Struktur des sprachlichen Feldes ab, das seinerseits ein je bestimmter Ausdruck der Struktur der Kräfteverhältnisse zwischen Gruppen ist, die über die entsprechenden Kompetenzen verfügen (etwa »gepflegte« und »vulgäre« Sprache oder, in mehrsprachigen Situationen, herrschende Sprache und beherrschte Sprache).

Verstehen heißt nicht, einen unveränderlichen Sinn zu erkennen, sondern um die Einzigartigkeit einer Form zu wissen, die nur in einem besonderen Kontext existiert. In all seinen vom Wörterbuch ausgewiesenen Verwendungen hat das Wort als ein neutrali-

bildung – in denen die Sprache als toter Buchstabe behandelt wird, als schlichter Untersuchungsgegenstand – erworben wird, jenseits einer praktischen Situation; und sich dann dem Problem des *kairos* gegenübersieht, sobald sie, wie bei den Sophisten und ihren Schülern, in realen Situationen gefordert ist.

siertes Produkt der Praxisbezüge, in denen es sich eigentlich bewegt, keine soziale Existenz: In der Praxis existiert es jedoch immer nur eingebettet in Sprechsituationen, und zwar in einem solchen Maße, dass der Bedeutungskern, der durch die Vielfalt der Märkte hindurch relativ unverändert erhalten bleibt, unbemerkt bleiben kann. Wie Vendryès bemerkt hat, wäre Sprechen, wenn die Wörter immer alle Bedeutungen auf einmal hätten, ein einziges Wortspiel; wären aber, wie bei »louer« von *locare* und »louer« von *laudare*, all ihre möglichen Bedeutungen vollkommen unabhängig voneinander, gäbe es überhaupt keine Wortspiele (und schon gar keine ideologischen).[3] Das deshalb, weil die verschiedenen Bedeutungen eines Wortes über die Beziehung seines unveränderlichen Kerns zu der spezifischen Logik der verschiedenen Märkte definiert werden. Die verschiedenen Sinngehalte des Wortes *Gruppe* zum Beispiel verweisen auf ebenso viele spezifische Felder, die ihrerseits objektiv verortet sind in Beziehung zu jenem Feld, in dem der alltägliche Sinn (Gesamtheit von am gleichen Ort versammelten Personen oder Dingen) definiert wird: 1) Feld der Malerei und Plastik: Versammlung mehrerer Personen, die in einem Kunstwerk eine organische Einheit bilden; 2) Feld der Musik: kleines Ensemble von Musikern, Trio, Quartett; 3) Literarisches Feld: Zirkel, Schule (die Gruppe Pléiade); 4) Feld der Ökonomie: Gesamtheit von Unternehmen, die über verschiedene Beziehungen verflochten sind (Finanzgruppe, Industriegruppe); 5) Feld der Biologie: Blutgruppe; 6) Feld der Mathematik: Gruppentheorie usw. Man kann von verschiedenen Wortbedeutungen nur sprechen, wenn man sich bewusst ist, dass ihre Versammlung in der Gleichzeitigkeit des gelehrten Diskurses (einer Seite des Wörterbuchs) ein wissenschaftliches Artefakt darstellt und sie in der Praxis (außer in *Wortspielen*) niemals *gleichzeitig* existieren. Wenn man, um ein anderes Beispiel von Vendryès zu bemühen, von einem Kind, einem Hund oder einem Stück Land sagen kann, dass sie entweder petzen, Wild beibringen oder einträglich sind, dann deshalb, weil es in der Praxis ebenso viele Bedeutungen von *rapporter* gibt wie Kontexte ihrer Verwendung, und weil der durch den Kontext (also die Logik des Feldes) effektiv aktualisierte Sinn alle anderen zurücktreten lässt.[4]

3 J. Vendryes, *Le langage. Introduction linguistique à l'Histoire*, Paris: Albin Michel, 1950, S. 208.

4 An der Fähigkeit, die verschiedenen Bedeutungen eines Wortes gleichzeitig zu erfassen (die oft mit den sogenannten Intelligenztests gemessen wird), und erst

Die autorisierte Sprache

Die Struktur des sprachlichen Produktionsverhältnisses ist abhängig vom symbolischen Kräfteverhältnis zwischen zwei Sprechern, das heißt vom Gewicht ihres Kapitals an Autorität (das nicht auf das eigentliche sprachliche Kapital reduzierbar ist) – Kompetenz ist also auch die Fähigkeit, *sich Gehör zu verschaffen.* Die Sprache ist nicht nur ein Mittel der Verständigung oder auch nur Träger des Bewusstseins, sondern ein Machtinstrument. Man will nicht nur verstanden werden, sondern es soll einem geglaubt, gehorcht, Achtung entgegengebracht, Bedeutung zuerkannt werden. Daher auch die vollständige Definition der Kompetenz als *Recht auf Rede,* auf legitime Sprache als autorisierte Sprache, als Sprache der Autorität. Kompetenz beinhaltet die Macht, ihre Rezeption zu bestimmen. Und wieder sieht man hier, wie abstrakt die linguistische Definition der Kompetenz ist: Der Sprachwissenschaftler nimmt das als bereits gegeben an, was in Situationen des realen Lebens das Wesentliche bildet, nämlich die *Bedingungen der Grundlegung der Kommunikation.* Er vergisst das Wichtigste, nämlich dass die Leute sprechen und miteinander sprechen (sich in *speaking terms* befinden), dass also jene, die sprechen, jene, die zuhören, als würdig empfinden zuzuhören und jene, die zuhören, jene die sprechen, als würdig empfinden zu sprechen.

recht an der Fähigkeit, sie praktisch zu handhaben (zum Beispiel durch die bei den Philosophen so beliebte Reaktivierung der ursprünglichen Bedeutung alltäglicher Wörter), lässt sich gut jene typische gehobene Sprachfähigkeit messen, die von der Situation absehen und den praktischen Bezug aufbrechen kann, der ein Wort mit einem praktischen Kontext verbindet, und es so auf eine seiner Bedeutungen festlegt, um das Wort an sich und für sich zu betrachten, das heißt als geometrischen Ort aller möglichen Beziehungen zu Situationen, die auf diese Weise als ebenso viele »Sonderfälle des Möglichen« behandelt werden. Diese Fähigkeit, verschiedene sprachliche Varianten sukzessiv und vor allem gleichzeitig spielen zu lassen, gehört wahrscheinlich deshalb zu den besonders ungleich verteilten Fähigkeiten, weil die Beherrschung der verschiedenen sprachlichen Varianten und vor allem das Verhältnis zur Sprache, das ihre Voraussetzung ist, nur unter bestimmten Existenzbedingungen erworben werden kann, in denen ein distanziertes und spielerisches Verhältnis zur Sprache überhaupt möglich ist (vgl. die Analyse der je nach sozialer Herkunft variierenden *Bandbreite des sprachlichen Registers*, das heißt des Grades der Beherrschung der unterschiedlichen sprachlichen Varianten, in P. Bourdieu, J.-C. Passeron, *Rapport pédagogique et communication*, ParisDen Haag: Mouton, 1966).

Eine angemessene Wissenschaft des Diskurses muss also diejenigen Gesetze herausarbeiten, nach denen festgelegt wird, wer (tatsächlich und mit Befugnis) sprechen kann und zu wem und wie (beispielsweise ist in einem Seminar die Wahrscheinlichkeit, das Wort zu ergreifen, bei jungen Frauen unendlich viel kleiner als bei jungen Männern). Zu den einschneidendsten, häufigsten und am wenigsten versteckten Zensuren zählen solche, die bestimmte Individuen von der Kommunikation ausschließen (etwa indem man sie nicht an Orte einlädt, an denen mit Autorität gesprochen wird, oder sie dorthin verbannt, wo nicht gesprochen werden darf). Man spricht nicht zu den Novizen, die Novizen ergreifen nicht das Wort. Der Diskurs setzt einen legitimen Sender voraus, der sich an einen legitimen, anerkannten und anerkennenden Empfänger wendet. Indem er den Tatbestand der Kommunikation als gegeben nimmt, verschweigt der Sprachwissenschaftler jene sozialen Möglichkeitsbedingungen der Einsetzung der Kommunikation, an die beispielsweise die prophetische Rede erinnert – im Gegensatz zur institutionalisierten Rede, zu Unterricht oder Predigt, die pädagogische oder religiöse Autorität voraussetzt und sich *nur an die Konvertiten* wendet.

Die Linguistik reduziert auf die intellektuelle Operation der Chiffrierung und Dechiffrierung ein in Wahrheit *symbolisches Kräfteverhältnis*, das heißt ein Verhältnis der Chiffrierung und Dechiffrierung, das auf dem Verhältnis von *Autorität und Glauben* beruht. Zuhören heißt glauben. Wie man klar am Beispiel von Anordnungen (im Sinne von Befehlen) oder, noch besser, von *Losungen* sieht, ist die Macht der Worte nie etwas anderes als die Macht zur Mobilisierung der in einem Feld akkumulierten Autorität (eine Macht, die selbstverständlich eine sprachliche Kompetenz voraussetzt, etwa die Beherrschung der Liturgie). Die Wissenschaft des Sprechens muss die Bedingungen der Einsetzung der Kommunikation in Rechnung stellen, weil die erwarteten Rezeptionsbedingungen Teil der Produktionsbedingungen sind. Die Produktion wird bestimmt von der Struktur des Marktes oder, genauer, von einer Kompetenz (im vollen Wortsinn) in ihrem Verhältnis zu einem bestimmten Markt, also von der sprachlichen Autorität als Macht, die ihr eine andere Form von Macht über die sprachlichen Produktionsverhältnisse verleiht. Diese Macht ist beim homerischen Redner durch das *skeptron* symbolisiert, das daran erinnert, es mit einer Rede zu tun zu haben, die es verdient, geglaubt und befolgt zu werden. In anderen Fällen – und das macht die Schwierigkeit aus – kann sie durch die Sprache selbst symbolisiert werden, das *skeptron* des Redners also in seiner Sprachmächtigkeit bestehen: Die Kompetenz im beschränkten Sinne der Linguistik wird Bedingung und Zeichen der Kompetenz im Sinne des Rechts auf Rede, des Rechts auf Macht durch Rede. Ein wesentlicher Teil der autoritativen Sprache hat keine andere Funktion, als an diese Autorität zu erinnern und an den Glauben, den sie einfordert. Und in diesem Fall wäre die Stilistik der Sprache ein Element des »Apparats« (im Sinne Pascals), der den Glauben an die Sprache wecken oder erhalten soll. Die autoritative Sprache schuldet einen sehr bedeutenden Teil ihrer Eigenschaften dem Umstand, dass sie zu ihrer eigenen Glaubwürdigkeit beitragen muss – wie der »Stil« der Schriftsteller, die Fußnoten und kritischen Apparate der Gelehrten, die Statistiken der Soziologen usw.

Dieser ureigene Effekt der Autorität (besser noch *auctoritas*), notwendiger Bestandteil eines jeden Kommunikationsverhältnisses, zeigt sich nirgends so deutlich wie in extremen und deshalb quasi-experimentellen Situationen, in denen die Zuhörer der Rede (Vorlesung, Predigt, politischen Erklärung usw.) hinreichende Legitimität zubilligen, um sie zu hören, selbst wenn sie sie nicht verstehen (vgl. die Rezeption einer Hauptvorlesung, wie sie in *Rapport pédagogique et communication* und *La Reproduction*, 2. Teil, untersucht wird). Die Analyse der Krise der liturgischen Sprache (vgl. Le langage autorisé, *Actes de la recherche*, 1, 5/6) lässt erkennen, dass eine rituelle Sprache nur funktionieren kann, solange die sozialen Bedingungen der Produktion legitimer Sender und Empfänger gesichert sind; und dass diese Sprache zerfällt, wenn die Gesamtheit der Mechanismen, die das Funktionieren und die Reproduktion des religiösen Feldes sichern, aufhören zu greifen. Die Wahrheit des Kommunikationsverhältnisses liegt niemals völlig in der Rede selbst noch allein im Kommunikationsverhältnis – eine echte Wissenschaft vom Sprechen muss sie in der Rede, aber auch außerhalb der Rede suchen, in den sozialen Produktions- und Reproduktionsbedingungen der Produzenten und Rezipienten und ihres Verhältnisses zueinander (damit etwa die *Bedeutsamkeitssprache* der Philosophie anerkannt wird, müssen alle Bedingungen vorhanden sein, die sie in die Lage versetzen, jene Bedeutung zugestanden zu bekommen, die sie sich selbst zugesteht).

Zu den *Voraussetzungen* der sprachlichen Kommunikation, die den Linguisten völlig entgehen, gehören ebendie Bedingungen ihrer Einsetzung, der soziale Kontext, in dem sie sich vollzieht, und insbesondere die Struktur der Gruppe, in der dies vonstattengeht. Um eine Rede verstehen zu können, muss man die konstitutiven Bedingungen der Gruppe kennen, in der sie funktioniert: Eine Wissenschaft des Diskurses muss nicht nur die symbolischen Kräfteverhältnisse in Rechnung stellen, die in der fraglichen Gruppe vorhanden sind und bewirken, dass sich bestimmte Mitglieder (zum Beispiel Frauen) *nicht im Stand der Rede* befinden oder aber ihr Publikum erst *erobern* müssen, während andere sich schon auf erobertem Gelände wissen, sondern auch die Gesetze der Gruppenbildung selbst, die etwa zur Folge haben, dass bestimmte Mitglieder abwesend sind (oder nur durch einen Wortführer repräsentiert werden). Diese versteckten Voraussetzungen sind entscheidend, wenn man verstehen will, was in einer Gruppe sagbar ist und was nicht.

Und so lassen sich die Merkmale benennen, die die legitime Rede besitzen muss, die stillschweigenden Voraussetzungen ihrer Wirksamkeit: Sie wird von einem legitimen Sprecher gehalten, also von einer Person, der sie – im Gegensatz zum Hochstapler – auch angemessen ist (religiöse Sprache und Priester, Poesie und Dichter usw.); sie wird in einer legitimen Situation vorgebracht, also auf einem Markt, der ihr angemessen ist (im Gegensatz zu einer irren Rede, wie einem surrealistischen Gedicht, das an der Börse vorgetragen wird), und vor legitimen Adressaten; sie wird in phonologisch und syntaktisch legitimen Formen ausgedrückt (dem, was die Sprachwissenschaftler Grammatikalität nennen), außer wenn sie der legitimen Definition eines legitimen Produzenten entspricht, der diese Normen überschreitet. Die Suche nach diesen Voraussetzungen, auf die sich heute scharfsinnigere Linguisten begeben, führt unvermeidlich auf ein Gebiet jenseits der herkömmlichen Sprachwissenschaft. Logisch weiter gedacht, müsste sie der gesamten sozialen Welt dort wieder Einlass gewähren, angefangen mit der Schule, in der die legitimen Formen des Sprechens durchgesetzt werden und der Gedanke, dass es nur dann und ausschließlich dann anerkannt werden darf, wenn es mit diesen legitimen Formen übereinstimmt, oder dem literarischen Feld, dem Produktionsort und Zirkulationsgebiet der legitimen Sprache schlechthin, usw.

Und derart ist man auch in der Lage, jenem Begriff der »Akzeptabilität« einen wirklich umfassenden Sinn zu geben, den die Linguisten bisweilen verwenden, um die Abstraktheit des Begriffs der »Grammatikalität« zu umgehen:[5] Die Wissenschaft von der Sprache hat als Untersuchungsgegenstand die Bedingungen der Produktion eines nicht nur grammatikalisch konformen und nicht nur der Situation angepassten, sondern auch und vor allem annehmbaren, zulässigen, glaubwürdigen, wirksamen oder ganz einfach gehörten Diskurses – zu einem gegebenen Stand der Produktions- und Zirkulationsverhältnisse (das heißt dem Verhältnis zwischen einer bestimmten Kompetenz und einem bestimmten Markt). Es gibt ebenso viele »Akzeptabilitäten« wie Formen der Beziehungen zwischen Kompetenz (im vollen Sinne) und Feld (oder Markt), und die Aufgabe ist es also, jene Gesetze zu ermitteln, welche die sozialen Bedingungen der Akzeptabilität festlegen, also die Gesetze der Kompatibilität und Inkompatibilität zwischen bestimmten Diskursen und bestimmten Situationen: die sozialen Gesetze des Sagbaren (in denen die linguistischen Gesetze des Grammatischen einbegriffen sind).

Der Diskurs ist ein Kompromiss, der sich aus der Transaktion zwischen Ausdrucksinteresse und der den besonderen sprachlichen Produktionsverhältnissen innewohnenden Zensur (sprachliche Interaktionsstruktur oder spezialisiertes Feld der Produktion und Zirkulation) ergibt, die dadurch einem Sprecher auferlegt wird, der mit einer bestimmten Kompetenz ausgestattet ist, das heißt mit einer mehr oder weniger bedeutenden symbolischen Macht über diese Produktionsverhältnisse (vgl. L'ontologie politique de Martin Heidegger, *Actes de la recherche*, 1, 5/6). Der abstrakte Objektivismus dagegen neigt dazu, alle Kommunikationssituationen in derselben Weise abzuhandeln, und ignoriert deshalb Variationen in der Struktur sprachlicher Produktionsverhältnisse, etwa zwischen einem Sprecher und einem Zuhörer, die von der Position der Gesprächspartner in der Struktur der symbolischen Kräfteverhältnisse

5 Die Unterscheidung, die Chomsky zwischen »Grammatikalität« und »Akzeptabilität« vornimmt (besonders in N. Chomsky, *Aspects of the Theory of Syntax*, S. 11, wo es heißt, dass die »Grammatikalität nur einer von vielen Faktoren ist, die zur Akzeptabilität beitragen«) hat praktisch *keinerlei* theoretische oder empirische *Konsequenzen* (selbst wenn sie heutzutage bestimmten Forschungen in der Nachfolge Chomskys, wie etwa bei Fauconnier oder Lakoff, eine retrospektive Legitimität verleiht).

abhängen. Die spezifischen Merkmale der Spracherzeugung hängen vom sprachlichen Produktionsverhältnis in dem Maße ab, in dem es objektive Kräfteverhältnisse (e.g. Klassenverhältnisse) zwischen den Sprechenden (oder den Gruppen, denen sie angehören) aktualisiert.[6]

Kapital und Markt

Sprechen ist ein symbolisches Gut, das je nach dem Markt, auf dem es platziert wird, sehr unterschiedliche Wertfestlegungen erfahren kann. Die Sprachkompetenz funktioniert (genau wie jede andere kulturelle Kompetenz) als sprachliches Kapital nur in Beziehung zu einem bestimmten Markt: Das beweisen die Effekte der Entwertung von Sprache, die manchmal brutal (als Folge einer politischen Revolution) oder kaum wahrnehmbar sein können (aufgrund einer allmählichen Umschichtung der materiellen und symbolischen Kräfteverhältnisse, wie etwa bei der zunehmenden Entwertung des Französischen gegenüber dem Englischen auf dem internationalen Markt). Wenn jene, die ein bedrohtes Kapital verteidigen, ob es sich nun um das Lateinische oder irgendeinen anderen Bestand der traditionellen humanistischen Bildung handelt, zum bedingungslosen Kampf verurteilt sind (wie in einem anderen Bereich die katholischen Integralisten), dann deshalb, weil man die Kompetenz nicht retten kann, ohne den Markt zu retten, das heißt die Gesamtheit der sozialen Produktions- und Reproduktionsbedingungen der Produzenten und Konsumenten. Die Bewahrer tun so, als ob die Sprache etwas anderes jenseits ihres Marktes in Wert setzen könne, als ob sie intrinsische Tugenden besäße (geistige Übung, logische Bildung), praktisch aber verteidigen sie die Herrschaft über die Mittel der Reproduktion von Kompetenz, also den Markt.[7] Analoge Phänomene lassen sich in ehemals kolonisierten

6 Gegen jeden interaktionistischen Reduktionismus ist hier daran zu erinnern, dass die Sprecher sämtliche ihrer Eigenschaften in die Interaktion einbringen und es deshalb nur die Position in der sozialen Struktur (oder in einem bestimmten Feld) sein kann, welche die Position in der Interaktion festlegt (vgl. Bourdieu, *Esquisse*, S. 244 f.).

7 Die legitime Sprache schuldet einen Teil ihrer symbolischen Macht dem Umstand, dass ihre Beziehung zu einem Markt verkannt bleibt, und insofern gehört

Ländern beobachten: Die Zukunft der Sprache wird bestimmt von der Zukunft, die den Instrumenten der Reproduktion sprachlichen Kapitals widerfahren wird (zum Beispiel dem Französischen und dem Arabischen), das heißt unter anderem vom Schulwesen. Das Bildungswesen ist deshalb ein so wichtiger Streitgegenstand, weil es über das Monopol auf die massenhafte Produktion von Produzenten und Konsumenten gebietet, also auf die Reproduktion des Marktes, von dem der Wert der Sprachkompetenz und ihre Fähigkeit abhängen, als sprachliches Kapital zu funktionieren.[8]

Aus einer erweiterten Definition der Kompetenz ergibt sich, dass eine Sprache das wert ist, was diejenigen wert sind, die sie sprechen, folgt also der Macht und Autorität in den ökonomischen und kulturellen Kräfteverhältnissen der Inhaber der entsprechenden Kompetenzen. (Die Debatten um den relativen Wert von Sprachen können aus linguistischer Sicht nicht entschieden werden: Hier sagen die Sprachwissenschaftler zu Recht, dass alle Sprachen linguistisch gleichwertig seien; aber sie irren sich, wenn sie alle als sozial gleichwertig annehmen.) Der soziale Effekt des autorisierten oder häretischen Sprachgebrauchs setzt Sprecher voraus, denen die Anerkennung des autorisierten Gebrauchs gemeinsam ist, die aber über ungleiche Kenntnisse dieses Gebrauchs verfügen (Das sieht man gut in Situationen der Mehrsprachigkeit: Krise und Revolution der Sprache verlaufen über politische Krisen und politische Revolutionen). Damit sich eine Form der Sprache unter anderen (eine Sprache im Bilinguismus, ein Sprachgebrauch in der Klassengesellschaft) als einzig legitime durchsetzt, damit sich ein anerkannter Herrschaftseffekt einstellen kann, muss der Sprachmarkt vereinheitlicht sein und müssen die verschiedenen Klassendialekte oder regionalen Idiome praktisch an der legitimen Sprache gemessen werden. Die Einbindung hierarchisierter Gruppen mit verschiedenen Interessen in dieselbe »Sprachgemeinschaft« (ausgestattet mit allen notwendigen Zwangsmitteln, um die universelle Anerkennung der herrschenden Sprache durchzusetzen: Schule,

zu einer vollständigen Definition der legitimen Sprache die Verkennung ihrer objektiven Wahrheit als Prinzip der symbolischen Gewalt, die sie dadurch ausübt.

8 Die tote Sprache ist ein Grenzfall der gelehrten Sprache, weil das Bildungswesen sich hier die Vermittlungsarbeit nicht mit der Familie teilt, sondern allein der schulische Markt den Wert einer Kompetenz sichern kann, deren Gebrauch einer Funktion im Alltagsleben völlig entbehrt.

Grammatiker usw.) ist Bedingung der Einsetzung sprachlicher Herrschaftsverhältnisse. Wenn eine Sprache den Markt beherrscht, definieren sich im Verhältnis zu ihr als Norm alle Preise, die für andere Ausdrucksformen festgelegt werden, und gleichzeitig die Werte der unterschiedlichen Kompetenzen. Die Sprache der Grammatiker ist ein Artefakt, das aber, universell durchgesetzt mithilfe der Instanzen sprachlichen Zwangs, eine soziale Wirkung in dem Maße zeitigt, wie sie als Norm funktioniert, über die sich die Herrschaft jener Gruppen ausübt, die über die Mittel verfügen, sie als legitim durchzusetzen, und gleichzeitig über das Monopol auf die Mittel, sie sich anzueignen.

Ebenso wie auf der Ebene der Gesamtheit sozialer Gruppen eine Sprache das wert ist, was diejenigen wert sind, die sie sprechen, schuldet der Diskurs auf der Ebene der Interaktionen zwischen Individuen immer einen ganz bedeutenden Teil seines Werts dem Wert desjenigen, der ihn führt (vgl. das »Kauderwelsch« der Guermantes bei Proust, das Autorität verschafft, zumindest im Hinblick auf die Betonung vornehmer Namen). Die Struktur der symbolischen Kräfteverhältnisse *bestimmt sich zu keiner Zeit durch die bloße Struktur der vorhandenen sprachlichen Kompetenzen im engeren Sinne*, und die eigentlich sprachliche Dimension sprachlicher Produkte lässt sich nie gesondert verstehen. Es ist eine Illusion des Grammatikers, der selbst die herrschende Definition der Sprache gehorcht, wenn er glauben machen will, dass man »seine Sprache beherrschen« möchte, um sprachlich zu herrschen: Zu sagen, die herrschende Sprache sei die Sprache der Herrschenden (wie der herrschende Geschmack usw.), heißt nicht, dass die Herrschenden die Sprache in dem Sinn beherrschen, wie ihn die Linguisten verstehen.[9] Man kann die Sprache von den sozialen Eigenschaften des Sprechers schlicht nicht trennen: Eine Bewertung der Kompetenz stellt die Beziehung zwischen

9 Wie auch immer die eigentlich sprachliche Kompetenz beschaffen ist: Die soziale Kompetenz – verstanden als Fähigkeit, die größtmögliche Anzahl unterschiedlicher Gebrauchsweisen von Zeichen legitim zu handhaben, also ihre Rezeption nach dem Modus von Anerkennung und Glauben durchzusetzen – wächst mit der Stellung in der sozialen Hierarchie. Das Nachlassen der Spannung lässt sich bei allen Sprechern (mit entsprechenden Variationen) beobachten, aber – wer das Schwerste kann, kann auch das Leichteste – die Mitglieder der herrschenden Klasse können die Spannung leichter senken (beispielsweise um sich »verständlich auszudrücken«, sich »einfach« zu geben usw.), als Mitglieder der beherrschten Klassen sie erhöhen können.

den sozialen Eigenschaften des Sprechers und den sprachlichen Eigenschaften seiner Rede in Rechnung, das heißt die Übereinstimmung oder fehlende Übereinstimmung von Sprache und Sprecher (die sehr verschiedenen Sinn annehmen kann, je nachdem, ob es sich um eine illegale Ausübung der legitimen Sprache handelt – ein Diener, der die Sprache des Herrn spricht, ein Krankenpfleger die des Arztes – oder um eine strategische Unterkorrektheit jener, die »sich verständlich machen« und damit einen zusätzlichen Profit aus der Distanz zur strikten Korrektheit ziehen).[10] Die Herrschenden können einen freien und bisweilen nachlässigen Gebrauch der Sprache wählen, ohne dass ihre Rede jemals denselben sozialen *Wert* zugerechnet bekäme wie die Sprache der Beherrschten. Es ist nicht die Sprache, die spricht, der Diskurs, sondern die ganze soziale Person (das vergessen jene, die die »illokutionäre« Macht des Diskurses im Diskurs selbst suchen).

Die Sozialpsychologie erinnert uns an all die Zeichen, die, wie ein *skeptron*, den sozialen Wert des sprachlichen Produkts beeinflussen, das seinerseits zur Bestimmung des sozialen Werts des Sprechers beiträgt: Man weiß, dass Merkmale wie die »Position« (*setting*) der Stimme (Nasalisierung, Pharyngalisierung) oder die Betonung (»Akzent«) – besser als die Syntax – die soziale Klasse des Sprechers erkennen lassen; und man lernt auch, dass die Wirkung eines Diskurses, seine Überzeugungskraft, von der Autorität desjenigen abhängt, der ihn führt, oder, was auf dasselbe hinausläuft, von der »Aussprache« als Indiz für Autorität. Und so ist die gesamte soziale Struktur in der Interaktion präsent: Die materiellen Existenzbedingungen bestimmen den Diskurs, vermittelt über *sprachliche Produktionsverhältnisse*, die sie ermöglichen und strukturieren. Und sie bestimmen tatsächlich nicht nur Ort und Zeit (nämlich die Wahrscheinlichkeit des Aufeinandertreffens und Gesprächs mit ihren sozialen Mechanismen der Eliminierung und Selektion), sondern auch die Form der Kommunikation (Verteilung von Autorität zwischen den Sprechern, von spezifischer Kompetenz usw.), die es bestimmten Leuten gestattet, ihren eigenen Sprachgebrauch durchzusetzen und andere auszuschließen.

10 Pierre Encrevé hat mich darauf aufmerksam gemacht, dass das Nachlassen der Spannung nur in Ausnahmefällen auf das phonetische Niveau ausgreift. Die wahre, wenn auch geleugnete Distanz zeigt sich weiterhin in der Betonung.

Preisbildung und Vorwegnahme der Profite

Wenn man die Mechanismen der Preisbildung für unterschiedliche Diskurse auf verschiedenen Märkten untersucht, lässt sich auch eine der wichtigsten Determinanten der Sprachproduktion verstehen: die Vorwegnahme der Profite, die als (unbewusste) Anpassung an den objektiven Wert des Diskurses dauerhaft in den sprachlichen Habitus eingeschrieben ist.

Der soziale Wert sprachlicher Produkte wird ihnen nur in Bezug auf einen Markt zugeschrieben, das heißt in und durch die objektive Konkurrenzbeziehung, in der sie zu allen anderen Produkten stehen (und nicht nur zu jenen Produkten, mit denen sie im konkreten Verkehr konfrontiert werden) und in der sich ihr *distinktiver Wert* bestimmt: Der soziale Wert – wie auch der linguistische Wert nach Saussure – ist verbunden mit der Variation, dem distinktiven Abstand, der Position der fraglichen Variante im System der Varianten. Dennoch werfen die Produkte gewisser Kompetenzen einen *Distinktionsprofit* nur ab, weil wir es – aufgrund der Beziehung, die das System der sprachlichen Differenzen und das System der ökonomischen und sozialen Differenzen verbindet[11] – nicht mit einem Universum relativer und einander relativierender Differenzen zu tun haben, sondern mit einem hierarchisierten Universum von Abständen im Verhältnis zu einer Form des Sprechens, die als legitim anerkannt ist. Anders gesagt, funktioniert die herrschende Kompetenz als sprachliches Kapital, das einen Distinktionsprofit im Verhältnis zu anderen Kompetenzen sichert (vgl. »Le fétichisme de la langue«, *Actes*, 1, 4), nur in dem Maße, in dem die Gruppen, die darüber verfügen, fähig sind, es als einzig legitimes auf den legitimen Sprachmärkten (Bildungswesen, Verwaltung, gesellschaftlicher Verkehr) durchzusetzen. Die objektiven Chancen auf Sprachprofite hängen ab: vom Grad der Vereinheitlichung des sprachlichen Marktes, mithin vom Grad, in dem die Kompetenz der Herrschenden als legitim, als Eichmaß

11 Wie das System der Geschmäcker und Lebensstile reproduziert das System der sprachlichen Fähigkeiten und Äußerungen nach seiner spezifischen Logik, in Form eines Systems von Unterschieden, die in die Natur der Sprecher eingeschrieben scheinen (die Ideologie der Distinktion), ökonomische und soziale Unterschiede.

des Werts sprachlicher Produkte, anerkannt wird; und von den unterschiedlichen Chancen des Zugangs zu den Produktionsmitteln der legitimen Kompetenz (also den Chancen, das objektivierte sprachliche Kapital zu verinnerlichen) und den legitimen Orten sprachlichen Ausdrucks.[12]

Die Situationen, in denen sprachliche Produkte ausdrücklich bewertet und bestätigt werden, Einstellungsgespräche oder schulische Examen, erinnern an die Existenz von Mechanismen der Preisbildung des Diskurses, die in jeder sprachlichen Interaktion am Werk sind, in der Beziehung Patient – Arzt oder Klient – Anwalt, in sämtlichen sozialen Beziehungen.[13] Daraus folgt, dass die Akteure, kontinuierlich den Sanktionen des Marktes unterworfen, der als System positiver oder negativer Verstärkungen funktioniert, dauerhafte Dispositionen erwerben, die Grundlage ihrer Wahrnehmung und Bewertung eines bestimmten Zustandes des sprachlichen Marktes und damit auch ihrer Ausdrucksstrategien sind.

Wonach sich die Strategien des Sprechers (Spannung oder Lockerung, Vorsicht oder Herablassung usw.) richten, sind nicht so sehr die Chancen, verstanden oder missverstanden zu werden (kommunikativer Ertrag oder Kommunikationschancen), sondern die Chancen, gehört zu werden und Glaube und Gehorsam zu erwirken (politischer Ertrag oder Herrschafts- und Profitchancen), und sei es auch um den Preis eines Missverständnisses.[14] Und es

12 Sogenannte Sprachkonflikte treten auf, wenn die Inhaber einer beherrschten Kompetenz sich weigern, die herrschende Sprache – also das Monopol der sprachlichen Legitimität, das ihre Inhaber in Anspruch nehmen – anzuerkennen, und für ihre eigene Sprache jene materiellen und symbolischen Profite einfordern, die der herrschenden Sprache vorbehalten sind.

13 Eine Vielzahl von Untersuchungen hat gezeigt, dass sprachliche Merkmale einen sehr starken Einfluss auf Arbeitsplatzchancen und Berufsaussichten haben, auf den schulischen Erfolg, die Haltung von Ärzten gegenüber den Patienten und ganz allgemein die Neigung der Empfänger, mit dem Sender zu kooperieren, ihm zu helfen oder seinen Informationen zu vertrauen.

14 Kommunikationsbeziehungen, die auf eine Maximierung der Kommunikationserträge zielen, sind ein Sonderfall (und eine Ausnahme). Es gibt ebenso viele Ökonomien sprachlicher Ressourcen wie Funktionen sprachlicher Akte: Was in einem bestimmten Feld aufgrund bestimmter Funktionen ökonomisch ist, wird in einem anderen Fall zur Verschwendung. Der linguistische Ökonomismus kennt nichts als den Einsatz sprachlicher Ressourcen entsprechend dem Streben nach Maximierung des Kommunikationsprofits, bei dem Sender und Empfänger ausschließlich von ihrer Kommunikation her charakterisiert werden, also als

sind nicht die durchschnittlichen Profitchancen (etwa die Wahrscheinlichkeit, einen bestimmten Preis in einem bestimmten Augenblick für eine altertümlich professorale Sprache mit Konjunktiv Imperfekt, Perioden usw. zu erzielen), sondern die Profitchancen für ihn, den je besonderen Sprecher, der eine je besondere Position in der Verteilungsstruktur des Kapitals innehat: Weil sich die Kompetenz nicht auf die eigentlich sprachliche Fähigkeit beschränkt, einen bestimmten Diskurs zu erzeugen, sondern die Gesamtheit der konstitutiven Eigenschaften der sozialen Persönlichkeit des Sprechers einschließt (insbesondere aller Formen von Kapital, über das er verfügt), können dieselben sprachlichen Produkte je nach Sender radikal unterschiedliche Profite einbringen (Beispiel: bewusste Nachlässigkeit). Es sind keine Profitchancen, die einem bestimmten Sprecher zu eigen wären, sondern jene Chancen, die von einem bestimmten Habitus eingeschätzt werden, einem Habitus, der die Wahrnehmung und Bewertung der objektiven – durchschnittlichen oder außergewöhnlichen – Chancen bestimmt. Ganz konkret ist es die praktische Erwartung (die man kaum subjektiv nennen kann, weil sie Ergebnis der Inbezugsetzung einer Objektivität, objektiver Chancen, und einer inkorporierten Objektivität ist, nämlich der Disposition, diese Chancen einzuschätzen), einen hohen oder aber niedrigen Preis für seinen Sprachgebrauch zu erzielen, eine Erwartung, die geradewegs zur Sicherheit, einer certitudo sui, führen kann oder aber zum Verzicht, zur Gewissheit, die »Selbstsicherheit« begründet, oder zu »Unsicherheit« und »Befangenheit«.[15] Und so ist, ganz konkret, die Wirkung spezifischer Manifestationen der objektiven Wahrheit des Produktionsverhältnisses – etwa die mehr oder weniger ausgeprägte Haltung des Empfängers, seine Mimik, aufmerksam oder gleichgültig, hochmütig oder zwanglos, die Ermutigung oder Missbilligung durch Stimme oder Geste – umso größer, je größer die Sensibilität für die Zeichen der Rezeption ausfällt, was bedeutet, dass die konjunkturelle Konfiguration des sprachlichen Produktionsverhältnisses, vermittelt

reine Sender und Empfänger von Zeichen (daher auch jener Technokratismus, der glaubt, Kommunikationserträge messen zu können).

15 In Verallgemeinerung der Untersuchungen, die gezeigt haben, dass Mediziner Patienten aus dem Bürgertum und ihren Äußerungen mehr Aufmerksamkeit schenken (und etwa weniger pessimistische Diagnosen stellen), lässt sich annehmen, dass hier expliziter und auch kontrollierter gesprochen wird.

über die Dispositionen des Habitus, in die Praxis verändernd eingreift.[16]

Man sollte sich allerdings davor hüten, diese Vorwegnahme der Chancen auf ein schlichtes und bewusstes Kalkül zu verkürzen und zu denken, die Ausdrucksstrategien (die von der Formgebung bis zum freimütigen Sprechen reichen können) seien von einer bewussten, unmittelbar in der wahrgenommenen Situation wirksamen Chancenabwägung bestimmt: In Wahrheit bildet der sprachliche Habitus die Grundlage der Strategien, also eine permanente Disposition gegenüber der Sprache und den Interaktionssituationen, die objektiv an ein gegebenes Niveau der Akzeptabilität angepasst ist. Der Habitus integriert Dispositionen, die eine erweiterte Kompetenz bilden, und definiert dabei für einen bestimmten Akteur eine sprachliche Strategie, die auf seine besonderen Profitchancen bei gegebener Kompetenz und Autorität abgestimmt ist.[17] Als Prinzip der Zensuren ist es der Sinn für das Akzeptable, eine Dimension des Gespürs für Grenzen, der verinnerlichten Klasse, der es erlaubt, den Grad der Offizialität von Situationen einzuschätzen und zu entscheiden, ob und wie es angebracht ist, anlässlich einer bestimmten sozialen Gelegenheit und an einem bestimmten Punkt

16 Verschiedene sozialpsychologische Experimente haben nachgewiesen, dass Sprechgeschwindigkeit, Redeumfang, Vokabular, Komplexität der Syntax usw. nach der jeweiligen Haltung des Experimentators variieren (i. e. nach Strategien der selektiven Verstärkung, die er einsetzt).

17 Die Produktionsgesetze des Diskurses sind ein besonderer Fall der Produktionsgesetze der Praktiken: Immer dort, wo die Dispositionen (hier die mit dem Reden effektiv verbundenen Erwartungen) an die objektiven Chancen angepasst sind (das heißt im Feld für jeden Inhaber einer bestimmten Position in dieses Feld objektiv eingeschrieben), ist die Anpassung von Ausdrucksprätentionen und Ausdruckschancen ebenso unmittelbar wie unbewusst und muss die Zensur als solche nicht erscheinen. Sobald also die objektiven Strukturen, denen er sich gegenübersieht, mit jenen zusammenfallen, deren Produkt er ist, eilt der (zum Beispiel universitäre) Habitus den objektiven Erwartungen des Feldes in der Weise voraus, dass eine Unterwerfung unter die sprachliche Ordnung, die das *obsequium* als *Respekt der Formen* ausweist, wie ihre freie Erfüllung von all jenen erlebt werden kann, die das Produkt derselben Bedingungen sind. Eben auf dieser Grundlage vollzieht sich die subtilste und häufigste Form der Zensur, diejenige, die darin besteht, jenen Sprechern die mit implizitem Rederecht ausgestatteten Positionen zuzuweisen, deren Ausdrucksdispositionen vollständig mit den in die Position eingeschriebenen Erfordernissen (oder Ausdrucksinteressen) übereinstimmen.

auf der Skala der Offizialität zu sprechen. Wir haben nicht hier Grammatik gelernt und dort die Kunst der rechten Gelegenheit: Das System der selektiven Verstärkungen hat in jedem von uns eine Art Sinn für die Gebrauchsweisen der Sprache gebildet, das den Grad des Zwangs definiert, den ein bestimmtes Feld auf dem Sprechen lasten lässt (und beispielsweise bewirkt, dass sich in einer bestimmten Situation die einen zum Schweigen verurteilt sehen, die anderen zu einer überkontrollierten Sprache, während sich wieder andere zu einer freien und zwanglosen Sprache berechtigt fühlen). Nicht die Situation definiert die Akzeptabilität, sondern das Verhältnis zwischen einer Situation und einem Habitus, der selbst Produkt der gesamten Geschichte des Verhältnisses zu einem spezifischen System selektiver Verstärkungen ist. Die Disposition, die einen dazu nötigt, sich selbst zu »überwachen«, sich zu »verbessern«, »Korrektheit« durch permanente Berichtigungen anzustreben, ist nichts anderes als das Ergebnis der Verinnerlichung einer ständigen Selbstbeaufsichtigung und Selbstberichtigung, die, wenn nicht die Kenntnis, so doch die Anerkennung der sprachlichen Norm einschärfen. Über diese beständige Disposition, die in manchen Fällen Ursprung einer Art permanenter Sprachunsicherheit sein kann, wirken Kontrolle und Zensuren der herrschenden Sprache kontinuierlich auf jene ein, die sie weniger kennen als anerkennen. Indem sie sich »beaufsichtigen«, erkennen die Beherrschten sei es auch nicht die Aufsicht der Herrschenden (selbst wenn sie sich nie derart »überwachen« wie in ihrer Gegenwart), so doch zumindest die Legitimität der herrschenden Sprache an. Diese Einstellung gegenüber der Sprache ist in jedem Fall eine der Vermittlungen, über die sich die Macht der herrschenden Sprache entfaltet.

Zensur und Formgebung

Die Sprache schuldet also einen Teil ihrer Eigenschaften der praktischen Vorwegnahme der wahrscheinlichen Reaktion, die sie zeitigt, einer Reaktion, die vom Diskurs selbst abhängt und von der ganzen sozialen Person, die ihn führt. Die Form und der Inhalt dessen, was gesagt werden kann und was gesagt wird, hängen ab vom Verhältnis zwischen einem sprachlichen Habitus, der sich in Beziehung zu einem Feld mit einem bestimmten Niveau der Akzeptabilität (das heißt einem System objektiver Chancen positiver oder negativer Sanktionen für die sprachliche Performanz) gebildet hat, und einem sprachlichen Markt, der definiert ist durch ein mehr oder weniger gehobenes Niveau der Akzeptabilität, also einen mehr oder weniger großen Zwang zur Korrektur (die »offiziellen« Situationen verlangen einen »offiziellen« Sprachgebrauch, *formal*, »in aller Form«; allgemeiner gesagt sind die Ausdrucksformen in die Form der sprachlichen Produktionsverhältnisse eingeschrieben, die sie aufruft).

Über die praktische Einschätzung der Profitchancen übt das Feld auf die Produktion einen Effekt selektiver Verstärkung aus, der als Zensur oder Statthaftigkeit, gar Anreiz wirkt und die sprachlichen Investitionen der Akteure bestimmt: So findet das Streben nach sprachlicher Korrektheit, Kennzeichen des Kleinbürgertums, seine Grundlage im Wert des herrschenden Sprachgebrauchs, namentlich auf dem schulischen Markt. Und der Hang, den herrschenden Sprachgebrauch zu erwerben, steht in Abhängigkeit von den Zugangschancen zu Märkten, auf denen dieser Gebrauch Wert und Erfolgschancen hat. Aber darüber hinaus beherrschen die sprachlichen Produktionsverhältnisse Inhalt und Form der Produktion, indem sie ein mehr oder weniger gehobenes Niveau der sprachlichen Spannung und Zügelung auferlegen oder, wenn man das vorzieht, ein mehr oder weniger gehobenes Niveau der Zensur, die mehr oder weniger gebieterisch Formgebung verlangt (im Gegensatz zur freimütigen Rede): Es ist die besondere Form der sprachlichen Produktionsverhältnisse, die den besonderen Inhalt und die besondere Form des Ausdrucks bestimmen, »zwanglos« oder »korrekt«, »frei« oder »offiziell« (*formal*), die Abmilderungen, Euphemismen und Vorsicht gebietet, die die Redezeit verteilt und gleichzeitig den Rhythmus und das Ausmaß des ganzen Sprechens.

In mehrsprachigen Gesellschaften lässt sich gleichsam experimentell beobachten, wie Sprachvarianten in Abhängigkeit vom Verhältnis der Gesprächspartner angewendet werden. So redet in einer Interaktionsfolge dieselbe Person (eine ältere Frau aus den Weilern) erst in patoisgefärbtem Französisch mit einer jungen Frau des Marktfleckens im Béarn, die selbst aus einem anderen, großen Marktflecken stammt und dort mit einem Händler verheiratet ist (und also »städtischer« ist und vielleicht kein Béarnesisch spricht oder doch so tut, als könnte sie es nicht), einen Augenblick später

Béarnesisch mit einer Frau aus dem Marktort, die aber auch aus den Weilern kommt und etwa gleichaltrig ist, dann ein sehr bemühtes Französisch mit einem kleinen Beamten aus dem Ort und schließlich wieder Béarnesisch mit einem aus den Weilern stammenden, etwa fünfzigjährigen Straßenarbeiter des Ortes. Man sieht, dass die Rede nicht durch das scheinbar konkrete Verhältnis zwischen einer idealen Kompetenz und irgendeiner Situation bestimmt wird, sondern durch eine objektive, jedes Mal unterschiedliche Beziehung zwischen einer Kompetenz und einem Markt, die sich praktisch durch die Vermittlung jener spontanen Semiologie aktualisiert, welche die praktische Beherrschung der sozialen Qualität der Interaktion ermöglicht. Die Sprecher wechseln das sprachliche Register – mit einem umso größeren Freiheitsgrad, je vollständiger ihre Beherrschung der sprachlichen Ressourcen ist – in Abhängigkeit vom objektiven Verhältnis zwischen ihrer Position und jener der Gesprächspartner in der Verteilungsstruktur des sprachlichen Kapitals und dann vor allem auch anderer Kapitalsorten.

Was unter bestimmten Gegebenheiten gesagt werden kann und wie es gesagt wird, hängt also von der Struktur des objektiven Verhältnisses zwischen den Positionen von Sender und Empfänger ab, die sie in der Verteilungsstruktur des sprachlichen Kapitals und anderer Kapitalsorten einnehmen. Jeder verbale Ausdruck, ob es sich um einen Schwatz unter Freunden, die Rede eines »autorisierten« Wortführers oder einen wissenschaftlichen Bericht handelt, trägt in Inhalt wie Form das Zeichen der Bedingungen, die das betreffende Feld jenem vergewissert, der ihn in Abhängigkeit von der dort eingenommenen Position hervorbringt. Die Existenzberechtigung eines Diskurses beruht niemals vollständig auf der eigentlichen sprachlichen Kompetenz des Sprechers; sie beruht auf dem sozial definierten Ort, von dem aus er geführt wird, das heißt auf den relevanten Eigenschaften einer Position im Feld der Klassenbeziehungen oder in einem bestimmten Feld wie dem intellektuellen oder dem wissenschaftlichen. Durch positive oder negative Sanktionen, die es über die Inhaber bestimmter Positionen verhängt, durch die Autorität, die es ihrer Rede zugesteht oder verweigert, zieht jedes Feld die Grenze zwischen dem Sagbaren und dem Unsagbaren (oder Unbeschreiblichen), jene Grenze, die es eigentlich festlegt. Das heißt, dass die Form und der Inhalt des Sprechens von der Fähigkeit abhängen, die mit einer bestimmten Position innerhalb der Grenzen der Zwänge der Zensur verbundenen Ausdrucksinteressen zu Gehör zu bringen, also in den *erforderlichen Formen*, die sie dem Inhaber ebendieser Position auferlegt.[18]

Das Prinzip der Variationen der Form (das heißt der Variationen des »Spannungsmaßes« des Diskurses) liegt in der Struktur der sozialen Beziehung zwischen den Gesprächspartnern begründet (die nicht von der Struktur der objektiven Beziehungen zwischen den Sprachen oder den betreffenden Gebrauchsweisen und ihren Trägern getrennt werden kann, herrschende und beherrschte Gruppe im Fall kolonialer Mehrsprachigkeit, herrschende Klasse und beherrschte Klasse im Fall einer Klassengesellschaft) und ebenso in der Fähigkeit des Sprechers, die Situation einzuschätzen und auf ein hohes Maß an Spannung mit einem angemessen euphemisierten Ausdruck zu antworten.[19]

18 Eben weil sie als Arbeitsmärkte und Märkte sprachlicher Arbeit funktionieren, die positiv oder negativ die Produkte unterschiedlicher Sprecher gemäß ihrer Distanz zur legitimen Sprache sanktionieren, üben spezialisierte Felder (philosophisches Feld, religiöses Feld usw.) einen Zensureffekt aus. Ihre relative Autonomie zeigt sich in der Macht, einem bestimmten Sprachgebrauch Wert zuzuschreiben und umgekehrt andere mögliche, aber mit den Normen des Feldes nicht konforme Gebrauchsweisen zu entwerten (zum Beispiel Vulgarisierung).

19 Der eindeutigste der beobachteten Unterschiede zwischen »populären« und »bürgerlichen« Gebrauchsweisen der Sprache ergibt sich aus der Tatsache, dass die praktische Beherrschung der auf dem legitimen Markt objektiv erforderlichen euphemistischen Formen in dem Maße ansteigt, in dem man sich in der sozialen Hierarchie nach oben bewegt, also in dem Maß, in dem die Häufigkeit der sozialen Gelegenheiten ansteigt, deren Anforderungen man (seit der Kindheit) unterworfen ist, in dem Maß mithin, in dem man praktisch die Mittel erwirbt, ihnen Genüge zu tun. So zeichnet sich nach Lakoff der bürgerliche Sprachgebrauch durch den Einsatz dessen aus, was er *hedges* nennt (vgl. G. Lakoff, *Interview with Herman Perret*, University of California, Vervielfältigung, Oktober 1973, S. 38), zum Beispiel *sort of, pretty much, rather, strictly speaking, loosely speaking, technically, regular, par excellence* usw., und nach Labov durch den intensiven Gebrauch von »Füllsätzen« (*filler phrases*), wie *such a thing as, some things like that, particularly* (W. Labov, *Language in the Inner City*, 1972, S. 219). Tatsächlich bilden diese Wendungen, die nach Labov für die Wortinflation (*verbosity*) des bürgerlichen Diskurses verantwortlich sind, ebenso Elemente einer Art *praktischen Metasprache*, die, selbst in Form der gesprochenen Sprache, die *neutralisierende Distanz* markieren, die ein Kennzeichen des bürgerlichen Verhältnisses zur Sprache ist: Wenn dies nach Lakoff »eine Anhebung der Mittel- und eine Absenkung der Extremwerte«, nach Labov eine »Vermeidung von Fehlern oder Übertreibungen« bewirkt, dann sind diese Wendungen und Ausdrücke produziert von Märkten und für Märkte (den der Schule insbesondere),

Man sieht, wie künstlich der Gegensatz zwischen externer und interner Linguistik ist, zwischen Analyse der *Form* der Sprache und der Analyse der *Funktion* der Sprache, die sie erfüllt: Das objektive Verhältnis zwischen Sprecher und Empfänger funktioniert als Markt, der als Zensur wirkt, indem er verschiedenen sprachlichen Produkten sehr ungleiche Werte zuschreibt. Jeder Markt definiert sich durch bestimmte Eintrittsbedingungen, und je strikter die Zensur, desto stärker müssen sich die Form und der Ausdrucksinhalt verändern.[20]

die, wie man weiß, einen neutralen und neutralisierenden Gebrauch der Sprache verlangen.

20 Tatsächlich entsprechen etwa die von Bally (Ch. Bally, *La langue et la vie*, Genf: Droz, 1966, S. 21) angeführten, scheinbar völlig beliebigen, weil auf dasselbe praktische Ergebnis gerichteten Ausdrücke ebenso vielen verschiedenen Konfigurationen der bestimmenden Faktoren des Sprechens: »Kommen Sie!«, »Kommen Sie mal her!«, »Wollen Sie nicht kommen?«, »Sie kommen doch, nicht wahr?«, »Sagen Sie, dass Sie kommen!«, »Möchten Sie nicht mal herkommen?«, »Sie sollten unbedingt kommen!«, »Kommen Sie her!«, »Hierher!«, und die sich fortsetzen ließen mit: »Werden Sie kommen?«, »Sie kommen doch«, »Ich würde mich sehr freuen, wenn Sie kommen könnten«, »Beehren Sie mich mit Ihrem Besuch«, »Seien Sie so nett und kommen Sie«, »Bitte kommen Sie!«, »Kommen Sie, ich bitte Sie«, »Ich hoffe, dass Sie kommen können«, »Ich rechne mit Ihnen« usw. *ad infinitum.* Theoretisch bedeuten diese Ausdrücke alle das Gleiche, praktisch nicht: Jeder von ihnen repräsentiert die einzig mögliche Art, das Ziel in einer sozial festgelegten Konjunktur zu erreichen. Wo »Beehren Sie mich mit Ihrem Besuch« angebracht und »wirksam« ist, wäre »Sie sollten unbedingt mal kommen!« nicht angebracht, weil es zu ungezwungen ist, und »Kommen Sie doch mal her!« geradezu »grob«. In der Form und der von ihr geformten Information verdichtet und symbolisiert sich die ganze Struktur des sozialen Verhältnisses, dem sie ihre Existenz und ihre Wirkung verdankt (die berühmte *illocutionary force*). Die Abschwächung der Aufforderung, die in »Hierher«, »Herkommen« oder »Kommen Sie her« gar nicht vorhanden ist, ist ganz ausgeprägt in »Machen Sie mir die Freude und kommen Sie«. Die Form, die zur Neutralisierung der »mangelnden Korrektheit« benutzt wird, kann eine einfache Frage sein (»Wollen Sie nicht kommen?«), die dem Gesprächspartner die Möglichkeit einer Ablehnung lässt, oder sie kann die Form eines Insistierens haben, das sich selbst verleugnet, indem es die Möglichkeit einer Ablehnung zugleich mit der Wertschätzung einer Annahme ausspricht, und zwar familiär, wie es sich unter Gleichen schickt (»Seien Sie doch so nett und kommen Sie«), oder »steif« (»Ich würde mich sehr freuen, wenn Sie kommen könnten«), wenn nicht gar »unterwürfig« (»Beehren Sie mich mit einem Besuch«), oder sie kann eine metasprachliche Frage nach der Legitimität des Vorgangs selbst sein (»Darf ich Sie um einen Besuch bitten?«, »Darf ich mir erlauben, Sie um einen Besuch zu bitten?«). Was der soziale Sinn in einer Form

Kennen und Anerkennen

Die sprachliche Situation bestimmt sich durch das Verhältnis zwischen einem (objektiven) durchschnittlichen Spannungsgrad (dem Grad der Offizialität) und einem sprachlichen Habitus, der charakterisiert ist durch einen *je eigenen Spannungsgrad*, der seinerseits abhängig ist von der Diskrepanz zwischen *Anerkennung* und *Kenntnis*, zwischen anerkannter Norm und der eigenen Produktionskapazität. Je größer die durchschnittliche objektive Spannung (Grad der Offizialität des Anlasses oder Autorität des Sprechers), desto größer sind Zurückhaltung, sprachliche Kontrolle und Zensur; je größer der Abstand von Kennen und Anerkennen, desto stärker sind Korrekturen geboten, die eine Neubewertung des sprachlichen Pro-

erspürt, die sich als eine Art symbolischer Ausdruck aller soziologisch relevanten Merkmale der Marktlage zeigt, ist genau das, woran sich der Diskurs auch schon bei seiner Produktion orientiert, also der ganze Komplex der Merkmale des sozialen Verhältnisses zwischen den Gesprächspartnern und zudem die expressiven Kapazitäten, die der Produzent des Diskurses gegebenenfalls in seine Euphemisierungsarbeit investieren kann. Im sozialen wie im magischen Formalismus gibt es für jeden Fall nur eine einzige Formel, die angemessen ist und die wirkt. Was man manchmal »Fingerspitzengefühl« nennt, könnte nichts anderes sein als die praktische Beherrschung der Schicklichkeit zwischen einer sozialen Form und einer sozialen Funktion, die es erlaubt, eine so vollständig an die Funktion angepasste Form zu »wählen«, dass sie eine Art symbolischer Ausdruck für die ganzen entscheidenden Züge der Beziehung ist. Diese Interdependenz von sprachlicher Form und Struktur des sozialen Verhältnisses, in dem und für das sie produziert wird, zeigt sich deutlich im Schwanken zwischen *Sie* und *Du*, das auftreten kann, wenn die objektive Struktur des Verhältnisses zwischen den Sprechern (zum Beispiel Ungleichheit von Alter und sozialem Status) mit dem Altvertrauten und Kontinuierlichen, also Intimen und Familiären der Interaktion in Konflikt gerät: Alles geht dann so vor sich, als würde über spontane oder berechnete Lapsus und gleitende Übergänge eine neue Anpassung der Ausdrucksweise an das soziale Verhältnis gesucht, was oft auf eine Art vertraglicher Sprachregelung zur offiziellen Einführung der neuen Ordnung des Ausdrucks hinausläuft: »Wollen wir uns nicht duzen?« Die Unterordnung der Form des Diskurses unter die Form des sozialen Verhältnisses, in dem er benutzt wird, wird jedoch in Situationen gesprengt, die eine *Stilkollision* mit sich bringen, das heißt, in denen der Sprecher mit einer sozial sehr heterogenen Zuhörerschaft konfrontiert ist oder auch nur mit zwei Gesprächspartnern, die sozial und kulturell so weit voneinander entfernt sind, dass die hierfür erforderlichen Ausdrucksweisen, die normalerweise in getrennten sozialen Räumen durch mehr oder weniger bewusste Anpassung erzeugt werden, nicht simultan produziert werden können.

dukts durch eine besonders intensive Mobilisierung sprachlicher Ressourcen sichern sollen, und desto größer sind Spannung und Zurückhaltung, die sie erfordern.

Die (subjektive) Spannung, die mit einem starken Auseinanderfallen zwischen Anerkennung und Kenntnis einhergeht, zwischen dem objektiv und subjektiv erforderlichen Sprachniveau und der Fähigkeit zu seiner Realisierung, zeigt sich in einer ausgeprägten sprachlichen Unsicherheit, die ihren Höhepunkt in offiziellen Situationen erreicht, »Fehler« durch Hyperkorrektheit – »deren welche«, ein Beispiel bei Guiraud – in den Reden auf dem Bauerntag oder dem Bankett der Freiwilligen Feuerwehr nach sich zieht, wenn nicht gar das schlichte Scheitern der beherrschten Rede.[21] In den höheren Bereichen der Volksklassen und im Kleinbürgertum erreichen die Unsicherheit und der damit zusammenhängende hohe Grad an Kontrolle und Zensur ihr Höchstmaß.[22] Tatsächlich sind die Kleinbürger – während die einfachen Schichten vor die Alternative entweder der (negativ sanktionierten) *freien Rede* oder aber des Schweigens gestellt werden und die Angehörigen der herrschenden Klasse, deren sprachlicher Habitus die *Realisierung der Norm* oder die *realisierte Norm* bedeutet, eine Zwanglosigkeit an den Tag legen können, die jene (der Unsicherheit geradewegs entgegengesetzte) *Selbstsicherheit* und jene reale Kompetenz verleihen, die oft mit ihnen in Verbindung gebracht wird – zu ängstlicher Selbstberichtigung verurteilt, die dazu verleiten kann, das Bürgertum in seiner Neigung zum Gebrauch der korrektesten und ausgesuchtesten Formen noch übertreffen zu wollen.[23]

21 Labov hat gezeigt, dass die Sprache der Beherrschten einer Befragungssituation nicht standhält und man deshalb als sprachliches Defizit zu beschreiben Gefahr läuft, was in Wirklichkeit ein Feldeffekt ist (vgl. W. Labov, *Sociolinguistique*, Paris: Minuit, 1976).

22 Im Kleinbürgertum ist das Gespür für sprachliche Korrektheit bei sich und anderen am stärksten ausgeprägt. Verschiedene sozialpsychologische Experimente haben gezeigt, dass Kleinbürger geschickter als die Angehörigen der Unterklassen sind, die Klassenzugehörigkeit an der Aussprache zu erkennen. Und allgemein bekannt ist die beklommene Wachsamkeit der Beherrschten gegenüber den Herrschenden (man denke etwa an Prousts Liftboy im Hotel de Balbec, ein geübter Beobachter, der schon im Fahrstuhl die Seelenzustände seiner Gäste errät).

23 Sprachliches Gespür und sprachliche Unsicherheit kulminieren bei den Frauen aus der Mittelklasse – tatsächlich führt die Arbeitsteilung zwischen den Ge-

Bleiben wir einen Augenblick beim Verhältnis der herrschenden Klasse zur Sprache (oder zumindest derjenigen, die aus ihr stammen). Abgesehen davon, dass ihre *certitudo sui* genügt, um ihre sprachliche »Performanz« mit jener Lässigkeit und Leichtigkeit auszustatten, die eben als Zeichen der Distinktion erkannt werden, sind sie zu etwas fähig, was als überlegene Form sprachlicher Großtaten gilt, nämlich zur Gewandtheit in der Gefahr, zur *Entspannung in der Spannung*. Weil sie den herrschenden Sprachgebrauch in früher Vertrautheit erlernt haben, die einzig in der Lage ist, jene Art des Sprechens zu vermitteln, die den am wenigsten imitierbaren Aspekt der legitimen Performanz bildet, und weil diese praktische Einübung durch eine schulische Bildung gesteigert wird, die darauf zielt, diese praktische Beherrschung in eine sich seiner selbst bewusste theoretische Beherrschung zu überführen, ihre Register verstehen zu lernen und gleichzeitig die *Verinnerlichung der gelehrten Norm* zu sichern, sind sie in der Lage, scheinbar mühelos, nicht nur im Hinblick auf die Syntax, sondern auch auf Betonung und Diktion, jene tadellose Sprache zu sprechen, die zu den sichersten Indizien jeder sozialen Ortsbestimmung gehört. Und ebendiese sind es auch, die sich im sicheren Bewusstsein, die sprachliche Norm zu verkörpern, jene Übertretungen der Norm erlauben können, die eine Art der Bekräftigung ihrer Beherrschung ebenso bedeutet wie ihrer Distanz zu denen, die sich ihr blind ergeben. Kurz gesagt: Der herrschende Sprachgebrauch ist der Sprachgebrauch der herrschenden Klasse, ebenjener, der eine Aneignung der Mittel seines Erwerbs voraussetzt, auf die diese Klasse ein Monopol besitzt. Die Kunstfertigkeit und Leichtigkeit, die das soziale Bild sprachlicher Exzellenz bestimmt, setzen eine praktische Beherrschung der Sprache voraus (die sich nur in einer vertrauten Welt erwerben lässt, in der das Verhältnis zur Sprache jenem ähnelt, das die Schule einzuschärfen versucht), die durch die sekundäre Bildung verstärkt, aber auch umgestaltet wird, weil sie (etwa mit der Grammatik) die Mittel für eine *reflexive Beherrschung* der Sprache zur Verfügung stellt. Und damit unterscheidet sich diese vollständige Beherrschung der Sprache ebenso von der reinen und schlichten Enteignung derjenigen, die nicht in den Genuss einer (primären und sekundären)

schlechtern, die Frauen einen sozialen Aufstieg vor allem aufgrund ihrer Fähigkeiten zur symbolischen Produktion erwarten lässt, ganz allgemein dazu, vor allem in den Erwerb legitimer Dispositionen zu investieren.

Ausbildung des konformen Sprachgebrauchs gekommen sind, wie von der in Feinheiten unzulänglichen Beherrschung, zu der jener rein schulische Erwerb verhilft, dessen Erwerbsbedingungen dort ihre unverkennbaren Spuren hinterlassen (dieselbe triadische Struktur findet sich auch im Bereich des Geschmacks wieder).

Das heißt, dass sich die Klassenunterschiede auf dem Gebiet der Sprache nicht auf eine Gesamtheit sozialer Marker beschränken, sondern ein System von Zeichen bilden, die sich mit jener Differenzierung oder besser Distinktion decken, deren Grundlage sich in den sozialen und sozial distinkten *Erwerbsmodi* findet. In der Art des Sprachgebrauchs – und insbesondere der unbewusstesten, jedenfalls der bewussten Kontrolle am ehesten entzogenen, wie etwa der Betonung – wird die Erinnerung an seine – manchmal geleugneten – Ursprünge aufbewahrt und angezeigt. Der biologische Träger, in dem sich die Sprache verkörpert, verleiht der sprachlichen Disposition und ihren Produkten jene allgemeinen Eigenschaften, die ihm durch sämtliche (und nicht nur die eigentlich sprachlichen) seiner Lernvorgänge eingeschrieben worden sind: Als Instrument, das seine früheren Gebrauchsweisen registriert und dabei – selbst wenn es andauernd durch sie verändert wird – den am weitesten zurückliegenden das größte Gewicht beimisst, bewahrt der Körper in Gestalt nachhaltiger Automatismen die Spur und das Gedächtnis jener sozialen Ereignisse auf, deren Produkt diese Automatismen sind. Die Wirkungen jeder neuen Erfahrung auf die Ausprägung des Habitus hängen vom Verhältnis dieser Erfahrung zu den bereits als Schemata der Klassifizierung und Generierung in den Habitus eingegangenen Erfahrungen ab, und in diesem Verhältnis, das die Form eines dialektischen Prozesses selektiver Reinterpretation annimmt, neigt der informierende Effekt (oder die Rentabilität) jeder neuen Erfahrung dazu, sich in dem Maße zu verringern, in dem die Zahl der bereits in die Struktur des Habitus eingegangenen Erfahrungen anwächst.

Das generative und einigende Prinzip aller sprachlichen Praktiken, der sprachliche Habitus (etwa das besonders gespannte Verhältnis zur objektiven Spannung, das der Überkorrektheit des Kleinbürgertums zugrunde liegt), ist eine Dimension des Klassenhabitus, Ausdruck der (synchron und diachron bestimmten) Position des Sprechers in der sozialen Struktur (was erklärt, dass die sprachlichen Dispositionen eine unmittelbar sichtbare Affinität zu

Dispositionen im Bereich der Fortpflanzung oder des Geschmacks aufweisen). Das Gespür für den Wert der eigenen sprachlichen Produkte (das sich zum Beispiel in Form eines unglücklichen Verhältnisses zu einem entwerteten Akzent bezeugt) ist eine der fundamentalen Dimensionen eines Sinns für die eigene Klassenlage: Das ursprüngliche Verhältnis zum sprachlichen Markt und die Entdeckung des für die eigenen sprachlichen Produkte ausgegebenen Preises sind, zusammen mit der Entdeckung des dem eigenen Körper zugestandenen Preises, ohne Zweifel eine der wesentlichen Vermittlungen, über die sich die praktische Repräsentation der sozialen Person bestimmt, ein *self image*, das die Verhaltensweisen der Soziabilität beherrscht (»Befangenheit«, »Ungezwungenheit«, »Selbstsicherheit« usw.) und allgemein die ganze Art und Weise, sich in der sozialen Welt zu verhalten.

Das sprachliche Kapital und der Körper

Schließlich sind noch Konsequenzen aus der Tatsache zu ziehen, dass das sprachliche Kapital ein inkorporiertes Kapital darstellt und das Erlernen der Sprache eine Dimension der Erlernung eines umfassenden Körperschemas, das seinerseits an ein System der objektiven Chancen der Akzeptabilität angepasst ist. Die Sprache ist eine Technik des Körpers, und die eigentliche sprachliche, ganz besonders die phonologische Kompetenz ist eine Dimension der körperlichen Hexis, in der sich das ganze Verhältnis zur sozialen Welt ausdrückt. Das heißt, dass die für eine Klasse charakteristische körperliche Hexis beim phonologischen Aspekt des Diskurses eine systematische Deformation erfährt, und dieses über den »artikulatorischen Stil«, wie Pierre Guiraud es nennt, eine Dimension des Körperschemas, die eine der wichtigsten Vermittlungen zwischen sozialer Klasse und Sprache bildet: So ist der artikulatorische Stil der volkstümlichen Klassen nicht zu trennen von einer ganzen Beziehung zum beherrschten Körper durch die Verweigerung von »Manieren« oder des »Chichi« und die Bewertung der Männlichkeit (Labov erklärt den Widerstand männlicher Sprecher aus der Arbeiterklasse in New York gegen den Druck der legitimen Sprache durch die Tatsache, dass sie mit ihrem Sprechen eine Idee der Männlichkeit verbinden). Die »favorisierte« Form der

Mundöffnung, also die häufigste Artikulationsstellung ist Teil eines *umfassenden Stils des Mundgebrauchs* (also der körperlichen Hexis) und konstituiert das wahre Prinzip des »Akzents« als systematische Deformation, die als solche aufgefasst werden muss.[24] Das heißt, dass man die jeder Klasse eigenen phonologischen Merkmale als ein Ganzes behandeln muss, als Produkt einer *systematischen Kenntnisnahme*, die ihr Prinzip im Habitus (und der körperlichen Hexis) findet und in der sich eine systematische Beziehung zur Welt ausdrückt. Die Klassenzugehörigkeit bestimmt das Verhältnis zur Sprache wenigstens zum Teil über das Verhältnis zum Körper, das seinerseits durch jene konkreten Formen bestimmt wird, die die Arbeitsteilung zwischen den Geschlechtern, in der Praxis und den Repräsentationen, annehmen können.

Der Gegensatz zwischen volkstümlichem und bürgerlichem Verhältnis zur Sprache verdichtet sich im Gegensatz von *Mund*, weiblich, gewählt, vornehm, und dem typisch männlichen *Maul* als Verdichtung des männlichen Körpers (»sympathische Fresse«, »widerliche Fresse«). Auf der einen Seite also bürgerliche oder, in karikaturhafter Form, kleinbürgerliche Dispositionen, hochnäsig und herablassend (»schmallippig«, »verkniffen«, »spitzmündig«, »gezwungen«), Distinktion und Prätention (»scheinheilig«, »ver-

24 Der intuitiv erfasste Zusammenhang von »artikulatorischem Stil« und Lebensstil, der den »Akzent« zu einem so aussagekräftigen Indiz für die soziale Stellung macht, hat die wenigen Sprachanalytiker wie Pierre Guiraud, bei denen er überhaupt eine Rolle spielt, zu eindeutigen Werturteilen veranlasst: »Dieser aus der Fasson geratene ›Schlappen-Akzent‹«; »der ›Ganoven-Akzent‹, bei dem der Kerl die Worte so zwischen Zigarettenstummel und Mundwinkel ausspuckt«, »diese lasche, unscharfe und in ihren niedrigsten Formen verkommene und gemeine Lautbeschaffenheit« (P. Guiraud, *Le français populaire*, Paris: PUF, 1965, S. 111-116). Wie alle Äußerungen des Habitus, dieser Natur gewordenen Geschichte, sind für die Alltagswahrnehmung die Aussprache und ganz allgemein das Verhältnis zur Sprache Offenbarungen des naturhaften Wesens einer Person: In den *inkorporierten Merkmalen* findet der Klassenrassismus die *Rechtfertigung par excellence* für seine Neigung, soziale Unterschiede zu *natürlichen* Unterschieden zu erklären. Deshalb hätte jede strenge Analyse der für verschiedene Klassen charakteristischen phonologischen Systeme gleichzeitig jene Merkmale der Artikulation und des Ethos in Rechnung zu stellen, die sich in der gesamten körperlichen Hexis ausdrücken, und die angemessensten Konzepte zur Bezeichnung der sozialen Varianten der Betonung (oder des Satzaufbaus usw.) wären zweifellos jene, die am ehesten die Dimension des Klassenhabitus fassen können, die sie in ihrer spezifischen Logik aufweist (Öffnung, Klang, Rhythmus usw.).

ächtlich« verzogener Mund); auf der anderen, männliche Dispositionen, wie sie die volkstümliche Vorstellung auffasst, mit einem Hang zur verbalen Gewalt (»Großmaul«, »Brüllaffe«, »Maulheld«, »anschnauzen«, »sich anbrüllen«) oder physischen Gewalt (»die Fresse einschlagen«, »eins aufs Maul geben«), der Freude am Feiern als Schlemmerei (»sich ungeheuer was reinschieben«, »sich ordentlich die Kehle befeuchten«) und freimütigem Witz (»lauthals lachen«). Aus Sicht der beherrschten Klassen werden die Werte einer verfeinerten Kultur als feminin wahrgenommen, und die Identifikation mit der herrschenden Klasse etwa auf dem Gebiet der Sprache setzt die Akzeptanz einer Art der Körperhaltung voraus, die als verweiblicht (»sich zieren«, »sich haben«, »gespreizt«, »gekünstelt«) und wie eine Abkehr von männlichen Werten erscheint. Das ist einer der Faktoren (mit dem besonderen Interesse der Frauen an symbolischer Produktion), die Männer und Frauen in Beziehung zu Kultur und Geschmack trennen: Frauen können sich mit der herrschenden Bildung identifizieren, ohne sich so radikal wie die Männer von ihrer Klasse loszusagen, ohne dass ihre Veränderung Gefahr läuft, als eine Art Wechsel der sozialen wie sexuellen Identität wahrgenommen zu werden.[25] Mobilität ist hier die Vergütung für Dozilität:[26] Dozilität in einer der essentiellen Dimensionen der sozialen Identität, der Beziehung zum Körper, mit dem Wunsch, die Männlichkeit in Betonung und Wortschatz zu bekräftigen (durch »grobe« und »rohe« Worte, »schmierige« und »schmutzige« Geschichten) und durch die ganze körperliche Hexis, Körperpflege und Kleidung, Selbstpräsentation und Repräsentation der Beziehung zu anderen (Kampfgeist und Lust an Raufereien usw.).[27] Die Gegensätze, über

25 Das besondere Verhältnis der Frauen zu allen kulturellen Dingen trägt ohne Zweifel dazu bei, sprachliche oder kulturelle Feinheiten als feminin einzustufen. Dazu kommt innerhalb der herrschenden Klasse noch der Gegensatz zwischen im engeren Sinne politischer und kultureller Macht, der in mehr als eines der Merkmale des Gegensatzes von maskulin und feminin hineinspielt.

26 Die Fügsamkeit gegenüber den Herrschenden bedeutet auch Illoyalität gegenüber den Beherrschten, Leugnung der »Seinen« und insbesondere seiner Angehörigen (»der ist eingebildet«), Arroganz und Prätention, eine Distanz, die sich beispielsweise zeigt, wenn die Aussprache korrigiert wird oder gar bürgerliche Züge annimmt.

27 Die Preisgabe maskuliner Werte ist gleichzeitig der Preis für sozialen Aufstieg oder wenigstens Begünstigung der Mobilität. Die Initialzündung, der anfängliche Impetus kann ebenso gut auch eine sozial qualifizierte biologische Beson-

die die herrschende Taxonomie (die von den beherrschten Klassen mit einer Umkehrung der Vorzeichen anerkannt wird) den Gegensatz der Klassen denkt, sind in ihrem Prinzip – nämlich der Opposition zwischen materieller, roher, physischer Kraft und spiritueller, sublimierter, symbolischer Kraft – praktisch völlig kongruent mit der Taxonomie, die die Trennungen der Geschlechter organisiert. Die herrschenden Merkmale stellen die Männlichkeit doppelt infrage, weil der Spracherwerb selber schon Gefügigkeit voraussetzt, eine Disposition, die der Frau schon aufgrund der Arbeitsteilung zwischen den Geschlechtern (und der Teilung der geschlechtlichen Arbeit) auferlegt ist, und weil diese Gefügigkeit zu Dispositionen führt, die selbst als unmännlich angesehen werden. Die biologischen und sozialen Determinismen, oder genauer: die sozial reinterpretierten biologischen Determinismen und die rein sozialen Determinismen wirken auf die sprachlichen (oder sexuellen) Praktiken und Repräsentationen über die Vermittlung der Struktur homologer Oppositionen, die die Repräsentationen der Geschlechter und der Klassen organisieren.

Die Gebrauchsweisen des Körpers, der Sprache und der Zeit haben gemeinsam, privilegiertes Objekt sozialer Kontrolle zu sein: Man käme zu keinem Ende bei der Aufzählung all dessen, was sich in der expliziten Erziehung – ohne von der praktischen, mimetischen Übertragung zu sprechen – auf den Gebrauch des Körpers (»halt dich gerade«, »nicht anfassen« usw.) oder der Sprache bezieht (»sag was« oder »sag so was nicht«). Über diese Vermittlung körperlicher und sprachlicher Disziplin (die oft eine zeitliche Disziplin beinhaltet) vollzieht sich die Einverleibung objektiver Strukturen

derheit oder eine soziale, also sozial qualifizierte körperliche Eigenheit sein (dick, ungeschickt, schwach), die maskuline Rollen ausschließt (Raufereien, Sport usw.) und auf fügsame Rollen verweist mit ihren Ausflüchten und Vorgeblichkeiten, also negativ definierte »feminine« Rollen – die unter Umständen aber auch positiv besetzt und bewusst gewählt sind (Berufe im Bereich des Geschmacks und der Kultur). Oder aber eine sozial favorisierte Neigung zu kulturellen und intellektuellen Dingen, die dieselben Reaktionen wie »feminine« physische Besonderheiten nach sich ziehen und einen Verstärkungseffekt bewirken. Dies alles legt nahe, dass im einfachen Volk der Prozess, der zu femininen Dispositionen führt (und dort als Homosexualität nur eine ihrer Manifestationen findet), also zu intellektuellen und bürgerlichen Einstellungen, ein Faktor des sozialen Aufstiegs ist (und dabei von einem Wandel des Geschlechtsbewusstseins begleitet wird).

und die Verinnerlichung der für eine Beziehung zur ökonomischen und sozialen Welt konstitutiven »Wahlakte« in Form dauerhafter Einstellungen, die dem Bewusstsein und bisweilen sogar dem Willen entzogen sind (Automatismen, Konditionierungen usw.) – Höflichkeit, *politesse*, schließt eine ganze Politik ein, eine praktische und unmittelbare Anerkennung sozialer Klassifikationen und Hierarchien, zwischen den Geschlechtern, den Generationen, den Klassen, und der Gebrauch von »Du« und »Sie«, wie alle stilistischen Variationen verbunden mit dem Grad objektiver Spannung (Euphemisierung von Fragesätzen zum Beispiel), setzt die im zweifachen Sinne An-Erkennung von Hierarchien voraus ebenso wie die Art der Körperhaltung in Gegenwart eines Ranghöheren oder Rangniedrigeren, Verhaltensweisen wie Selbstzurücknahme oder selbstbewusstes Auftreten usw.[28]

Schluss

Will man das Sprechen verstehen, muss man sich also für jeden einzelnen Fall zunächst den sprachlichen Habitus vergegenwärtigen, jene Fähigkeit zur Anwendung der von der Sprache zur Verfügung gestellten Möglichkeiten und zur praktischen Einschätzung der Gelegenheiten ihres Gebrauchs, die sich – entsprechend der Erfahrung eines sprachlichen Marktes mit einem bestimmten Spannungsmaß – bei konstanter objektiver Spannung durch ein mehr oder weniger hohes Maß an subjektiver Spannung auszeichnet; dann den durch ein durchschnittliches Spannungsmaß – oder, was auf dasselbe hinausläuft, durch ein bestimmtes Niveau der Akzeptabilität – charakterisierten sprachlichen Markt; und zuletzt schließlich das Ausdrucksinteresse.

Daraus folgt, dass die Sprache nach Sprecher und sprachlichem Produktionsverhältnis variiert, das heißt nach der Struktur der sprachlichen Interaktion (etwa in einem Zwiegespräch) oder nach

28 Nicht zufällig steht also im Zentrum eines Schulsystems wie des »republikanischen« – entworfen während der Revolution und eingeführt unter der Dritten Republik –, das die Habitus der unteren Klassen vollständig umformen sollte, die Einübung eines neuen Verhältnisses zur Sprache (Abschaffung der Regionalsprachen), zum Körper (Hygiene- und Konsumregeln, »Nüchternheit« usw.) und zur Zeit (»kaufmännisches« Rechnen, Sparen usw.).

der Position des Produzenten in einem betreffenden Feld (im Fall der Verschriftlichung). Die Variation ist Antwort auf den symbolischen Zwang, den das Produktionsverhältnis ausübt und der sich bei einem Gespräch durch sichtbare Zeichen (körperliche Hexis, Sprachgebrauch usw.) des Verhältnisses zeigt, das der Gesprächspartner mit der legitimen Sprache unterhält. Das, was gesagt wird, ist (wie der Wunschtraum) ein Kompromiss zwischen dem, was gesagt werden will, und dem, was gesagt werden kann, ein Kompromiss, der ganz augenscheinlich davon abhängt, was der Sprecher zu sagen hat, was er zu sagen in der Lage ist, von seiner Einschätzung der Situation und ihren Anforderungen an Euphemisierung und nicht zuletzt von der Position, die er in der Struktur des Feldes innehat, in dem er sich ausdrückt (und das im Fall eines Zwiegesprächs in der Struktur der Interaktionsbeziehung als Realisierung eines objektiven Verhältnisses zwischen Kapitalien bestehen kann).

Doch der durch das Feld ausgeübte Zwang hängt am Ende von den symbolischen Kräfteverhältnissen ab, die in einem bestimmten Augenblick herrschen: In Krisensituationen sinken die Spannung und die entsprechenden Zensuren, und es ist kein Zufall, dass politische Krisen (oder auf anderer Ebene Interaktionskrisen) eine mit der Lockerung der alltäglichen Zensuren einhergehende verbale Explosion begünstigen (vgl. die Darstellung des Verhältnisses von prophetischer Rede und Krisensituationen in »Champ religieux«).[29] Und so finden alle sprachlichen Erscheinungen ihren Ort zwischen einem hoch zensierten Diskurs (dessen extreme Form, aufgrund der immensen Distanz zwischen Ausdrucksinteresse und den Erfordernissen des Feldes, ohne Zweifel die philosophische Sprache Heideggers darstellt) mit dem Grenzfall des *Schweigens* (bei jenen, denen die Mittel zur Euphemisierung fehlen) und dem freimütigen Sprechen der revolutionären Krise oder des volkstümlichen Festes, wie es Bachtin in seinem Buch über Rabelais beschreibt. Man sieht, dass es gleichzeitig wahr und falsch ist, den Klassengegensatz auf die Opposition zwischen Distinktion – einer Natur gewordenen Zensur – und der freimütigen Rede zu reduzieren, die mit ihrem (wie Guiraud sagt) »Nachlassen der artikulatorischen Spannung« die Verbote der gemeinsamen Sprache ignoriert: die Regeln der Grammatik und der Höflichkeit, die hierarchischen Barrieren (das

29 P. Bourdieu, Genèse et structure du champ religieux, *Revue française de sociologie*, 1971, S. 330 ff.

Duzen, die Verniedlichungen, Spitznamen, Schimpfworte, neckende Beleidigungen) und alle Zensuren, die die »Wohlanständigkeit« besonders über den tabuisierten Körper verhängt, Bauch, Arsch und Geschlecht – und vielleicht vor allem über das Verhältnis zur sozialen Welt, die sie auszudrücken erlaubt, mit ihrer Umkehrung der Hierarchien oder der – Gedärme, Fressen, Scheiße – Herabsetzung des Erhabenen.[30]

30 Die Zensur der Sprache ist untrennbar verbunden mit der Zensur des Körpers: Die Domestizierung der Sprache, die »grobe« Äußerungen und »schwere« Akzente ausschließt (bei Bachtin sind die »fetten« Sprachbestandteile unumgängliche Zutaten der Feste des einfachen Volkes, der »fetten Tage«), geht einher mit einer Domestizierung des Körpers, die jede exzessive Bekundung von Sinneslust ausschließt und den Körper einer Gesamtheit von Verboten unterwirft (»nicht die Ellbogen auf den Tisch«, »nicht am Essen riechen«, »beim Essen nicht schmatzen«).

Zur Ökonomie des sprachlichen Tauschs (1982)

Die Soziologie kann sich aller auch heute noch wirksamen Formen der Herrschaft der Sprachwissenschaft und ihrer Begrifflichkeit über die Sozialwissenschaften nur dann erwehren, wenn sie die Vorgänge der Objektbildung, auf denen diese Wissenschaft beruht, und die sozialen Bedingungen der Produktion und Zirkulation ihrer Grundbegriffe aufdeckt. Das sprachwissenschaftliche Modell ließ sich deshalb so leicht in den Bereich von Ethnologie und Soziologie übertragen, weil man der Sprachwissenschaft das Wesentliche zugestand, nämlich die *intellektualistische Philosophie*, die aus der Sprache mehr ein Objekt intellektueller Erkenntnis macht als ein Instrument des Handelns und der Macht. Saussures Modell und seine Voraussetzungen zu akzeptieren heißt, die soziale Welt als ein Universum des symbolischen Tauschs zu behandeln und das Handeln auf einen Kommunikationsakt zu reduzieren, der wie Saussures Sprechen dazu bestimmt ist, mithilfe einer Chiffre oder eines Codes – Sprache oder Kultur – dechiffriert zu werden.[1]

Will man mit dieser Sozialphilosophie brechen, muss man zeigen, dass es durchaus legitim sein kann, die Sozialbeziehungen – und die Herrschaftsbeziehungen selbst – als symbolische Interaktionen zu behandeln, das heißt als Kommunikationsbeziehungen, die Kenntnis und Anerkenntnis voraussetzen; es darf dabei jedoch nicht vergessen werden, dass die Kommunikationsbeziehungen *par excellence*, nämlich der sprachliche Austausch, auch symbolische Machtbeziehungen sind, in denen sich die Machtverhältnisse zwischen den Sprechern oder ihren jeweiligen sozialen Gruppen aktualisieren. Kurz, man muss die übliche Alternative

1 Ich habe an anderer Stelle versucht, das epistemologische Unbewusste des Strukturalismus zu analysieren, das heißt die Voraussetzungen, die Saussure ganz bewusst in die Konstruktion des eigentlichen Objekts der Linguistik hineingenommen hat, die aber von den späteren Anwendern von Saussures Modell vergessen oder verdrängt worden sind (siehe P. Bourdieu, *Le sens pratique*, Paris: Minuit, 1980, S. 51 f.).

zwischen Ökonomismus und Kulturalismus überwinden, um zu versuchen, eine Ökonomie des symbolischen Tauschs zu entwickeln.

Jeder Sprechakt und allgemeiner jede Handlung ist eine bestimmte Konstellation von Umständen, ein Zusammentreffen unabhängiger Kausalreihen: auf der einen Seite die – gesellschaftlich bestimmten – Dispositionen des sprachlichen Habitus, die eine bestimmte Neigung zum Sprechen und zum Aussprechen bestimmter Dinge einschließen (das Ausdrucksstreben), und eine gewisse Sprachfähigkeit, die als sprachliche Fähigkeit zur unendlichen Erzeugung grammatisch richtiger Diskurse und, davon nicht zu trennen, als soziale Fähigkeit zur adäquaten Anwendung dieser Kompetenz in einer bestimmten Situation definiert ist; auf der anderen Seite die Strukturen des sprachlichen Marktes, die sich als ein System spezifischer Sanktionen und Zensurvorgänge durchsetzen.

Dieses einfache Modell der sprachlichen Produktion und Zirkulation als Verhältnis der sprachlichen Habitus zu den Märkten, auf denen sie ihre Produkte anbieten, soll die eigentliche sprachliche Analyse des Codes weder entwerten noch ersetzen; es macht jedoch die Irrtümer und Fehlschläge verständlich, denen die Sprachwissenschaft anheimfällt, wenn sie dem Sprechen in seiner konstellationsabhängigen Einzigartigkeit gerecht zu werden versucht, indem sie von nur einem der beteiligten Faktoren ausgeht, nämlich von der eigentlichen Sprachkompetenz, die sie abstrakt definiert, das heißt losgelöst von allem, was sie den sozialen Bedingungen ihrer Produktion schuldet. Solange sie die grundlegende Grenze ihrer Wissenschaft nicht kennen, haben die Sprachwissenschaftler nämlich keine andere Wahl, als verzweifelt in der Sprache zu suchen, was doch in die Sozialbeziehungen gehört, in denen sie ihre Funktion erfüllt, oder sich unbewusst als Soziologen zu betätigen, das heißt, das Risiko einzugehen, in der Grammatik selber etwas zu entdecken, was überhaupt erst von der Spontansoziologie der Sprachwissenschaftler unbewusst in sie hineingetragen worden ist.

Die Grammatik definiert den Sinn nur ganz partiell, und erst in der Beziehung zu einem Markt wird die Bedeutung der Rede vollständig bestimmt. Einen Teil der Bestimmungen – und nicht den geringsten –, die zur praktischen Definition des Sinns führen, erfährt die Rede automatisch und von außen. Ursprung des objektiven Sinns, der in der sprachlichen Zirkulation erzeugt wird, ist zunächst der Distinktionswert, der sich aus der Beziehung ergibt, die die Sprecher bewusst oder unbewusst zwischen dem von einem sozial bestimmten Sprecher angebotenen sprachlichen Produkt und den in einem bestimmten sozialen Raum gleichzeitig angebotenen Produkten herstellen. Dazu kommt die Tatsache, dass das sprachliche Produkt erst dann wirklich zur Mitteilung wird, wenn es als solches behandelt, das heißt dechiffriert wird, und dass die Interpretationsschemata, die die Empfänger bei der schöpferischen Aneignung des angebotenen Produkts anwenden, mehr oder weniger stark von denen abweichen können, die für die Produktion maßgebend waren. Über diese – unvermeidlichen – Effekte ist der Markt am Zustandekommen nicht nur des symbolischen Werts, sondern auch des Sinns des Diskurses beteiligt.

Auch die Frage des Stils ließe sich aus dieser Sicht neu stellen: Diese »individuelle Abweichung von der sprachlichen Norm«, diese besondere Ausformung, durch die die Rede distinktive Merkmale bekommen soll, ist etwas Wahrgenommenes, das nur in der Beziehung zu wahrnehmenden Subjekten mit ebendiesen diakritischen Dispositionen existiert, die es ihnen erlauben, *Unterschiede* zwischen verschiedenen *Sprechweisen* zu machen, zwischen distinktiven Sprechkünsten. Folglich existiert der Stil, ob es sich nun um Lyrik im Vergleich zur Prosa oder um die Diktion einer (Gesellschafts-, Geschlechts- oder Generationen-)Klasse im Vergleich zur Diktion einer anderen Klasse handelt, nur in Beziehung zu sozialen Akteuren mit ebenjenen Wahrnehmungs- und Bewertungsschemata, durch die er überhaupt erst zu einer solchen Gesamtheit synkretistisch wahrgenommener systematischer Unterschiede werden kann. Nicht »die Sprache« zirkuliert auf dem sprachlichen Markt, sondern Diskursformen, die stilistisch zugleich von Seiten der Produktion bestimmt sind, soweit sich nämlich jeder Sprecher einen Idiolekt mit der gemeinsamen Sprache schafft, als auch von Seiten der Rezeption, soweit jeder Empfänger dazu beiträgt, die Mitteilung zu *erzeugen*, die er wahrnimmt und bewertet, indem er alles in sie hineinträgt, woraus seine Erfahrung individuell und kollektiv besteht. Für jeden Diskurs gilt, was nur über den lyrischen gesagt worden ist, dessen größte Wirkung – wenn er glückt – darauf beruht, dass er bei jedem Individuum andere Erfahrungen wachruft: Gerade weil die Konnotation – im Unterschied zur Denotation, die den »Anteil des Gleichbleibenden und allen Sprechern Gemeinsamen« darstellt[2] – in einer sozial bestimmten Beziehung entsteht, in die die Empfänger die ganze Vielfalt ihres Instrumentariums der symbolischen Aneignung einbringen, spricht sie die Einzigartigkeit der individuellen Erfahrung an. Es ist das Paradox der Kommunikation, dass sie ein gemeinsames Medium voraussetzt, aber ihr Ziel nur erreicht, wenn sie – wie an dem Grenzfall gut zu sehen ist, bei dem es, wie oft bei der Lyrik, um die Vermittlung von Gefühlen geht – einmalige, das heißt sozial geprägte Erfahrungen erzeugt oder wiederaufleben lässt. In all seinen vom Wörterbuch ausgewiesenen Verwendungen hat das Wort als ein neutralisiertes Produkt der Praxisbezüge, in denen es sich eigentlich bewegt, keine soziale Existenz: In der Praxis existiert es jedoch immer nur eingebettet in Sprechsituationen, und zwar in einem solchen Maße, dass der Bedeutungskern, der durch die Vielfalt der Märkte hindurch relativ unverändert erhalten bleibt, unbemerkt bleiben kann.[3] Wie Vendryès bemerkt hat, wäre Sprechen, wenn die Wörter immer alle Bedeutungen auf einmal hätten, ein einziges Wortspiel; wären aber, wie bei Französisch »louer« von Lateinisch *locare*, mieten, und Französisch »louer« von Lateinisch *laudare*, loben, alle ihre möglichen Bedeutungen vollkommen unabhängig voneinander, gäbe es

2 Siehe G. Mounin, *La communication poétique, précédé de Avez-vous lu Char?*, Paris: Gallimard, 1969, S. 21-26.

3 An der Fähigkeit, die verschiedenen Bedeutungen eines Wortes gleichzeitig zu erfassen (die oft mit den sogenannten Intelligenztests gemessen wird), und erst recht an der Fähigkeit, sie praktisch zu handhaben (zum Beispiel durch die bei den Philosophen so beliebte Reaktivierung der ursprünglichen Bedeutung alltäglicher Wörter), lässt sich gut jene typische gehobene Sprachfähigkeit messen, die von der Situation absehen und den praktischen Bezug aufbrechen kann, der ein Wort mit einem praktischen Kontext verbindet, und es so auf eine seiner Bedeutungen festlegt, um das Wort an sich und für sich zu betrachten, das heißt als geometrischen Ort aller möglichen Beziehungen zu Situationen, die auf diese Weise als ebenso viele »Sonderfälle des Möglichen« behandelt werden. Diese Fähigkeit, verschiedene sprachliche Varianten sukzessiv und vor allem gleichzeitig spielen zu lassen, gehört wahrscheinlich deshalb zu den besonders ungleich verteilten Fähigkeiten, weil die Beherrschung der verschiedenen sprachlichen Varianten und vor allem das Verhältnis zur Sprache, das seine Voraussetzung ist, nur unter bestimmten Existenzbedingungen erworben werden kann, in denen ein distanziertes und spielerisches Verhältnis zur Sprache überhaupt erst möglich ist (siehe die Analyse der je nach sozialer Herkunft variierenden *Bandbreite des sprachlichen Registers*, das heißt des Grades der Beherrschung der unterschiedlichen sprachlichen Varianten, in: P. Bourdieu, J.-C. Passeron, *Rapport pédagogique et communication*, Paris, Den Haag: Mouton, 1965).

überhaupt keine Wortspiele (und schon gar keine ideologischen).[4] Die verschiedenen Bedeutungen eines Wortes werden über die Beziehung seines unveränderlichen Kerns zu der spezifischen Logik der verschiedenen Märkte definiert, deren eigene Stellung sich objektiv über ihr Verhältnis zu demjenigen Markt bestimmt, auf dem die allgemeinste Bedeutung definiert wird. Nur für das geschulte Bewusstsein, das sie freilegt, indem es die organische Verbindung zwischen Sprachkompetenz und Markt aufbricht, existieren sie gleichzeitig und nebeneinander.

Religion und Politik ziehen ihre größten ideologischen Effekte aus den Möglichkeiten der Polysemie, die in der sozialen Ubiquität der legitimen Sprache angelegt ist. Die Wörter, die Allgemeinbegriffe genannt werden – Arbeit, Familie, Mutter, Liebe –, bekommen, da sich Angehörige derselben »Sprachgemeinschaft« nun einmal, so gut es eben geht, derselben Sprache und nicht verschiedener Sprachen bedienen, in einer differenzierten Gesellschaft in Wirklichkeit unterschiedliche, ja antagonistische Bedeutungen – und aufgrund der Vereinheitlichung des sprachlichen Marktes entstehen sicherlich immer mehr Bedeutungen für dieselben Zeichen.[5] Bachtin erinnert daran, dass diese Allgemeinbegriffe unter revolutionären Verhältnissen entgegengesetzte Bedeutungen bekommen. Es gibt nämlich keine neutralen Wörter: Untersuchungen zeigen zum Beispiel, dass Adjektive, die üblicherweise zur Charakterisierung des Geschmacks benutzt werden, je nach Klasse unterschiedliche, manchmal sogar entgegengesetzte Bedeutungen bekommen. Das Wort »gepflegt«, von den Kleinbürgern gern benutzt, weisen die Intellektuellen von sich, denen gerade das nach Kleinbürger *aussieht*, engstirnig, kleinkariert. Die Polysemie der Sprache der Religion und ihr ideologischer Effekt der *Vereinigung der Gegensätze* oder der Leugnung von Trennungen hängen damit zusammen, dass es ihr gelingt – um den Preis der *Uminterpretationen*, zu denen es immer kommt, wenn die gemeinsame Sprache von Sprechern mit unterschiedlichen Positionen im sozialen Raum, also mit unterschied-

4 J. Vendryès, *Le langage. Introduction linguistique à l'Histoire*, Paris: Albin Michel, 1950, S. 208.

5 Die Erfordernisse der Produktion und selbst der Herrschaft erzwingen ein Minimum an Kommunikation zwischen den Klassen, also den Zugang auch der Bedürftigsten (zum Beispiel der Immigranten) zu einer Art lebensnotwendigem Minimum an Sprache.

lichen Intentionen und Interessen produziert und rezipiert wird –, zu allen sozialen Gruppen zu sprechen und von allen gesprochen zu werden, im Gegensatz zur Sprache der Mathematik, die die Eindeutigkeit des Wortes Gruppe nur wahren kann, wenn sie strikt über die Homogenität der Gruppe der Mathematiker wacht. Die sogenannten Weltreligionen sind nicht im selben Sinne und nicht zu denselben Bedingungen *universell* wie die Wissenschaft.

Der Rückgriff auf eine neutralisierte Sprache ist immer dann geboten, wenn es darum geht, zwischen Akteuren oder Gruppen von Akteuren mit ganz oder teilweise unterschiedlichen Interessen zu einer praktischen Übereinkunft zu kommen: In erster Linie heißt das natürlich im Feld der legitimen politischen Auseinandersetzungen, aber auch bei den Transaktionen und Interaktionen des täglichen Lebens. Die Kommunikation zwischen Klassen (oder zwischen ethnischen Gruppen in kolonialen oder semikolonialen Gesellschaften) ist immer kritisch für die dabei verwendete Sprache, welche es auch sei. Sie provoziert nämlich leicht einen Rückfall in die am offensten mit sozialen Konnotationen aufgeladene Bedeutung: »Wenn man in Gegenwart von einem, der frisch vom Land kommt, ›Bauer‹ sagt, weiß man nie, wie er das aufnimmt.« Damit gibt es keine unschuldigen Wörter mehr. Dieser objektive Demaskierungseffekt bricht die scheinbare Einheit der Alltagssprache auf. Jedes Wort, jede Redewendung droht antagonistische Bedeutungen zu bekommen, je nachdem, wie Sender und Empfänger sie aufnehmen. Der ständig drohende »Patzer«, durch den sich ein sorgsam über Strategien wechselseitiger Schonung aufrechterhaltener Konsens im Nu in Luft auflösen kann, gehört zur Logik der verbalen Automatismen, die unter der Hand auf den Alltagsgebrauch und alle damit verbundenen Wertungen und Vorurteile zurückführen.

Das Verständnis der symbolischen Wirkung der Sprache von Politik oder Religion wäre aber unvollkommen, wollte man sie auf den Effekt von Missverständnissen reduzieren, die völlig entgegengesetzte Individuen dazu bringen, sich in derselben Botschaft zu erkennen. Gehobene Diskurse können ihre Wirkung auch aus der verborgenen Entsprechung ziehen, die zwischen der Struktur des sozialen Raums, in dem sie erzeugt werden – des politischen, künstlerischen oder philosophischen Feldes –, und der Struktur des Feldes der sozialen Klassen bestehen, in dem sich die Empfänger befinden und auf das sie sich bei der Deutung der Botschaft beziehen. Die Homologie zwischen den grundlegenden Gegensätzen spezieller Felder und den Gegensätzen des Feldes der sozialen Klassen ist der Ursprung einer essentiellen Amphibologie, die besonders deutlich wird, wenn die esoterischen Diskurse, sobald sie sich außerhalb ihres engeren Feldes verbreiten, gewissermaßen automatisch verallgemeinert werden und damit nicht mehr nur Worte von Herrschenden und Beherrschten des einen spezifischen Feldes sind, sondern zu Worten werden, die für alle Herrschenden und alle Beherrschten gelten.

Dennoch muss die Sozialwissenschaft die Autonomie der Sprache, ihre spezifische Logik und ihre besonderen Funktionsregeln zur Kenntnis nehmen. Insbesondere die symbolischen Wirkungen der Sprache sind nicht zu verstehen, wenn man die tausendfach belegte Tatsache außer Acht lässt, dass die Sprache der größte formale Mechanismus mit unbegrenzter schöpferischer Kapazität ist. Es gibt nichts, was sich nicht sagen ließe, und das Nichts kann gesagt werden. Man kann in der Sprache, das heißt in den Grenzen der Grammatikalität, alles ausdrücken. Seit Frege ist bekannt, dass Wörter einen Sinn haben können, ohne auf irgendetwas zu verweisen. Dies besagt, dass formale Richtigkeit über *semantische Abgehobenheit* hinwegtäuschen kann. Alle religiösen Theologien und alle politischen Theodizeen haben sich die Tatsache zunutze gemacht, dass die schöpferische Kapazität der Sprache die Grenzen der Intuition oder der empirischen Verifizierbarkeit überschreiten kann, um *formal* richtige, aber semantisch leere Diskurse zu produzieren. Den Grenzfall aller Situationen des *Setzens* von Sinn stellen die Rituale dar, in denen über eine fachliche Kompetenz, die ganz unzulänglich sein kann, soziale Kompetenz geltend gemacht wird, nämlich die Kompetenz des legitimen Sprechers, der autorisiert ist, zu sprechen und mit Autorität zu sprechen; Benveniste hat darauf hingewiesen, dass die Wörter, die in den indoeuropäischen Sprachen dazu dienten, Recht (französisch »droit«) zu sprechen, mit der Wurzel »sprechen« (französisch »dire«) zusammenhängen. Das rechte, das formal richtige Sprechen erhebt von daher – und durchaus mit nennenswerten Aussichten auf Erfolg – den Anspruch, Recht zu sprechen, das heißt zu sagen, was sein soll. Wer wie Max Weber dem magischen oder charismatischen Recht des gemeinsamen Schwurs oder des Gottesurteils ein auf Berechenbarkeit und

Vorhersehbarkeit gegründetes Recht entgegensetzt, vergisst, dass auch das durch und durch rationalisierte Recht nie etwas anderes ist als ein geglückter Akt sozialer Magie.

Die Sprache des Rechts ist schöpferisches Wort, das dem, was es ausspricht, Existenz verleiht. Es ist der Grenzfall, zu dem alle performativen Aussagen tendieren, alle Segnungen, Verfluchungen, Anordnungen, Wünsche oder Beschimpfungen: Das heißt, es ist Wort Gottes und von Gottes Gnaden, das wie der *intuitus originarius*, den Kant Gott zuschrieb, dem Existenz verleiht, was es ausspricht, und damit im Gegensatz zu allen abgeleiteten, konstatierenden Aussagen steht, der simplen Wiedergabe des bereits Existierenden. Man sollte nie vergessen, dass die Sprache aufgrund ihrer unendlichen schöpferischen, aber auch *ursprünglichen* Kapazität im Sinne Kants, die von ihrer Macht herrührt, Existenz zu verleihen, indem sie die kollektiv anerkannte und somit real gewordene Repräsentation der Existenz erzeugt, wohl das Medium *par excellence* des Traums von der absoluten Macht ist.

Produktion und Reproduktion der legitimen Sprache

> Ihr habt es getroffen, Kavalier! Man müsste Gesetze erlassen zum Schutz der erworbenen Kenntnisse. Nehmt da zum Beispiel einen unserer guten Schüler, bescheiden, beflissen, der von seinen ersten Grammatikstunden an sein Heftchen mit Redewendungen angelegt hat. Der zwanzig Jahre an den Lippen seiner Professoren hängend sich schließlich eine kleine Barschaft von Geist zusammengespart hat: Gehört sie ihm nicht, als wäre sie sein Haus und sein Vermögen?
>
> Paul Claudel, *Der seidene Schuh*

»Entgegen *solchen Reichtümern, die gleichzeitigen Besitz erlauben, ohne irgendeine Veränderung zu erfahren*, stiftet die Sprache natürlicherweise eine vollkommene Gemeinschaft, in der alle durch den freien Gebrauch, den sie von dem *allgemeinen Schatz* machen, ganz von selbst zu seiner Erhaltung beitragen.«[6] Indem er die symbolische Aneignung als eine Art mystischer Teilhabe beschreibt, allgemein und gleich zugänglich und damit jede Enteignung ausschließend, gibt Auguste Comte exemplarisch der Illusion des Sprachkommunismus Ausdruck, die in der ganzen Sprachtheorie herumgeistert. Saussure etwa beantwortet die Frage nach den ökonomischen und sozialen Bedingungen der Aneignung von Sprache – ohne sie überhaupt stellen zu müssen –, indem er sich wie Auguste Comte der Metapher des Schatzes bedient, die er unterschiedslos für die »Gemeinschaft« wie für das Individuum verwendet: Er spricht vom »inneren Schatz«, vom »Schatz, den die Praxis des Sprechens in den Personen, die der gleichen Sprachgemeinschaft angehören, niedergelegt hat«, von der »Summe der individuellen Sprachschätze« oder auch von der »Summe der in jedem Gehirn aufgespeicherten Eindrücke«. Chomsky schreibt immerhin dem sprechenden Subjekt in seiner Universalität die vollkommene Kompetenz, die ihm in der Tradition Saussures nur stillschweigend zugestanden wurde, explizit zu: »Der Gegenstand einer linguistischen Theorie ist in erster Linie ein *idealer Sprecher-Hörer, der in einer völlig homogenen Sprachgemeinschaft lebt, seine Sprache ausge-*

6 A. Comte, *Système de politique positive*, Bd. II: *Statique sociale*, 5. Aufl., Paris: Siège de la société positiviste, 1929, S. 254 (Hervorhebungen P. B.).

zeichnet kennt und bei der Anwendung seiner Sprachkenntnis in der aktuellen Rede von solchen grammatisch irrelevanten Bedingungen wie begrenztes Gedächtnis, Zerstreutheit und Verwirrung, Verschiebung in der Aufmerksamkeit und im Interesse, Fehler [...] nicht affiziert wird. Dies scheint mir auch die Position der Begründer der modernen Allgemeinen Sprachwissenschaft zu sein, und es hat sich bisher kein zwingender Grund gefunden, diesen Standpunkt zu modifizieren.«[7] Kurz, Chomskys Kompetenz ist, so gesehen, nur ein anderer Name für Saussures Sprache.[8] Der Sprache als dem »allgemeinen Schatz« im gemeinschaftlichen Besitz der Gruppe entspricht die Sprachkompetenz als die »Abspeicherung« dieses »Schatzes« in jedem Individuum oder als die Teilhabe jedes Angehörigen der »Sprachgemeinschaft« an diesem Allgemeingut. Durch die andere Sprache wird die *fictio juris* kaschiert, mit der Chomsky – die immanenten Gesetze der legitimen Rede in allgemeine Normen der richtigen Sprachpraxis verwandelnd – über die Frage nach den ökonomischen und sozialen Bedingungen der Aneignung der legitimen Kompetenz und nach der Entstehung des Marktes hinweggeht, auf dem sich diese Definition von legitim und illegitim herausbildet und durchsetzt.[9]

7 N. Chomsky, *Aspects of the Theory of Syntax*, Cambridge: MIT Press, 1965, S. 3; oder auch N. Chomsky, M. Halle, *Principes de phonologie générative*, Paris: Seuil, 1973, S. 25 (Hervorhebungen P. B.).

8 Chomsky hat diese Gleichsetzung selber ganz ausdrücklich vollzogen, zumindest insofern, als die Kompetenz »Kenntnis der Grammatik« (Chomsky/Halle, *Principes de phonologie générative*) oder »verinnerlichte generative Grammatik« ist (N. Chomsky, *Current Issues in Linguistic Theory*, London, Den Haag: Mouton, 1964, S. 10).

9 Auch Habermas mit seiner Absichtserklärung zum Grad der Unterdrückung beziehungsweise zum Entwicklungsstand der Produktivkräfte, mit der er seine reine Theorie der »kommunikativen Kompetenz« krönt, die *Wesensanalyse* der Kommunikationssituation, entgeht nicht dem ideologischen Effekt der Verabsolutierung des Relativen, der in Chomskys Theorie dort angelegt ist, wo sie sich ausschweigt (J. Habermas, Toward a Theory of Communicative Competence, in: H. P. Dreitzel, *Recent Sociology*, 2 [*Patterns of Communicative Behavior*, New York: Macmillan] 1970, S. 114-150). Auf die *Idealisierung* (klar zu erkennen an der Verwendung von Begriffen wie »Beherrschung der für den Dialog konstitutiven Universalien« oder »von reiner Subjektivität determinierte Sprechsituation«) folgt praktisch selbst dann, wenn sie bewusst eingesetzt wird, provisorisch ist und nur dazu bestimmt, die »Untersuchung der Deformation der reinen Intersubjektivität zu ermöglichen«, eine Ausklammerung der Machtverhältnisse, die in den Kommunikationsbeziehungen in veränderter Form wirksam sind: Als

Offizielle Sprache und politische Einheit

Um zu zeigen, dass die Sprachwissenschaftler doch nur der Theorie ein vorkonstruiertes Objekt einverleiben, bei dem sie die gesellschaftlichen Bedingungen seiner Konstruktion vergessen und dessen soziale Genese sie jedenfalls vernebeln, gibt es kein besseres Beispiel als diejenigen Paragraphen aus dem *Cours de linguistique générale*, in denen Saussure die Beziehungen zwischen Sprache und Raum behandelt.[10] Da er beweisen möchte, dass nicht der Raum die Sprache, sondern die Sprache ihren Raum bestimmt, führt Saussure an, dass weder Dialekte noch Sprachen natürliche Grenzen kennen und dass eine bestimmte phonetische Neubildung, etwa die Ersetzung des lateinischen *c* durch ein *s*, durch die intrinsische Kraft ihrer autonomen Logik und vermittels der Gesamtheit aller sprechenden Subjekte, die sich bereitfinden, ihre Träger zu sein, ihren Verbreitungsbereich selbst bestimmt. Mit dieser Geschichtsphilosophie, die die innere Dynamik der Sprache zum einzigen Prinzip erklärt, das ihrer Verbreitung Grenzen setzt, wird der eigentliche politische Vereinheitlichungsprozess verdeckt, über den schließlich eine bestimmte Gesamtheit »sprechender Subjekte« praktisch dazu gebracht wird, die offizielle Sprache anzunehmen.

Saussures Sprache, dieser zugleich legislative und kommunikative Code, der jenseits von Anwendern (»sprechenden Subjekten«) und Anwendungen (»Rede«) besteht und fortbesteht, hat in Wirklichkeit alle Eigenschaften, die gemeinhin der offiziellen Sprache zuerkannt werden. Diese hat im Gegensatz zum Dialekt von den institutionellen Bedingungen profitieren können, die für eine allgemeinverbindliche Kodifizierung und Durchsetzung nötig sind. Dergestalt im gesamten Geltungsbereich einer bestimmten politischen Macht anerkannt und (mehr oder weniger umfassend) bekannt, stärkt sie im Gegenzug wiederum die Macht, auf der ihre Herrschaft beruht: Sie stellt nämlich sicher, dass es zwischen allen Angehörigen der »Sprachgemeinschaft« – die Bloomfield traditionell als eine »Gruppe von Menschen« definiert, die »dasselbe

Beweis sei die unkritische Übernahme von Begriffen wie *illocutionary force* angeführt, mit denen die Macht der Wörter tendenziell in die Wörter selbst und nicht in die institutionellen Bedingungen ihres Gebrauchs verlegt wird.

10 F. de Saussure, *Cours de linguistique générale*, Paris, 1922, S. 235-250.

System sprachlicher Zeichen benutzen«[11] – jenes Minimum an Kommunikation gibt, das die Voraussetzung für die ökonomische Produktion und selbst für die symbolische Herrschaft ist.

Wer wie die Sprachwissenschaftler von *der* Sprache spricht, ohne sie näher zu bestimmen, übernimmt unausgesprochen die *offizielle* Definition der *offiziellen* Sprache einer bestimmten politischen Einheit: diejenige Sprache nämlich, die innerhalb der territorialen Grenzen dieser Einheit allen Staatsangehörigen als die einzig legitime vorgeschrieben ist, und zwar umso zwingender, je offizieller (ein Wort, das das *formal* der englischsprachigen Sprachwissenschaftler recht gut wiedergibt) die Sprechsituation ist.[12] Produziert von Autoren, die Schreibautorität haben, festgeschrieben und kodifiziert von Grammatikern und Lehrern, zu deren Aufgaben auch das Einüben von Sprachbeherrschung gehört, ist die Sprache ein *Code* im Sinne einer Chiffre zur Herstellung von Äquivalenzen zwischen Lauten und Bedeutungen, aber auch im Sinne eines Systems von Normen, die die Sprachpraxen regeln.

Die offizielle Sprache ist den gleichen Interessen verpflichtet wie der Staat, und zwar sowohl ihrer Genese als auch ihrem gesellschaftlichen Nutzen nach. Mit der Konstituierung des Staates werden auch die Bedingungen für die Konstituierung eines einheitlichen, von der offiziellen Sprache beherrschten sprachlichen Marktes geschaffen: Diese für offizielle Räume (Bildungswesen, öffentliche Verwaltungen, politische Institutionen usw.) obligatorische Staatssprache wird zur theoretischen Norm, an der objektiv alle Sprachpraxen gemessen werden. Unkenntnis schützt auch hier vor Strafe nicht, bei einem Sprachgesetz, das seine eigenen Juristen hat, die Grammatiker, und seine Vollzugs- und Kontrollbeamten, die Schulmeister, belehnt mit der Macht, die sprachliche Leistung

11 L. Bloomfield, *Language*, London: Allen, 1958, S. 29. So wie Saussures Sprachtheorie vergisst, dass die Sprache sich nicht nur aus eigener Kraft durchsetzt und dass sie ihre geographischen Grenzen einem politischen Instituierungsakt verdankt, einem Willkürakt, der nicht als solcher erkannt wird (auch nicht von der Sprachwissenschaft selbst), so ignoriert Bloomfields Theorie der »Sprachgemeinschaft« die politischen und institutionellen Bedingungen des »wechselseitigen Verstehens«.

12 Das Adjektiv *formal*, das zur Bezeichnung einer kontrollierten, gewählten, angespannten Sprache oder einer steifen, unnatürlichen und formalistischen Person benutzt wird, kann auch die Bedeutung »offiziell« annehmen (*a formal dinner*) das heißt förmlich, formgerecht, offiziell (*formal agreement*).

der sprechenden Subjekte *allgemein* der Prüfung zu unterziehen und durch Bildungstitel rechtlich abzusegnen.

Soll sich eine von mehreren Sprachpraxen (eine Sprache im Falle von Bilinguismus, ein Sprachgebrauch im Falle einer Klassengesellschaft) als die einzig legitime durchsetzen, müssen der sprachliche Markt vereinheitlicht und die verschiedenen Dialekte (von Klassen, Regionen oder ethnischen Gruppen) praktisch an der legitimen Sprache oder am legitimen Sprachgebrauch gemessen werden. Die Integration in ein und dieselbe »Sprachgemeinschaft«, die ein Produkt politischer Herrschaft ist, ständig reproduziert von Institutionen, die imstande sind, die allgemeine Anerkennung der herrschenden Sprache durchzusetzen, ist die Voraussetzung für die Entstehung sprachlicher Herrschaftsverhältnisse.

Die Hochsprache – ein »normiertes« Produkt

Wie die verschiedenen Handwerke, die vor dem Aufkommen der großen Industrie, wie Marx sagt, lauter abgeschlossene Bereiche bildeten, sind die lokalen Sprachvarianten der »langue d'oïl«, des späteren Französisch, bis zum 18. Jahrhundert – und noch heute die regionalen Dialekte – von Pfarrbezirk zu Pfarrbezirk verschieden, und die Verbreitungsbereiche phonologischer, morphologischer und lexikologischer Merkmale decken sich, wie die Karten der Dialektologen zeigen, nie ganz und stimmen auch höchstens einmal zufällig mit den Grenzen von Verwaltungs- oder Pfarrbezirken überein.[13] Ohne die *Objektivierung* in der Schrift und vor allem ohne die quasi-rechtliche *Kodifizierung*, die mit der Entstehung einer offiziellen Sprache einhergeht, existieren diese »Sprachen« nämlich nur praktisch, das heißt nur in Form von sprachlichen Habitus, die wenigstens zum Teil aufeinander abgestimmt

13 Nur in Analogie zur Vorstellung von der Nationalsprache kann es zu der Annahme kommen, dass es regionale Dialekte gäbe, die ihrerseits in Unter- und Unterunterdialekte zu unterteilen wären; diese Vorstellung ist von der Dialektologie klar widerlegt worden (siehe F. Brunot, *Histoire de la langue française des origines à nos jours*, Paris: Colin, 1968, Bd. I, S. 77 f.). Es ist auch kein Zufall, dass nationalistische Bewegungen dieser Illusion fast immer verfallen: Kaum haben sie gesiegt, können sie gar nicht anders, als den Prozess der Vereinheitlichung, dessen Folgen sie bekämpft haben, zu wiederholen.

sind, und in Form von mündlichen Produktionen dieser Habitus.[14] Solange von der Sprache nur verlangt wird, dass sie bei den (im Übrigen recht seltenen) Begegnungen zwischen benachbarten Dörfern oder Regionen ein Mindestmaß an wechselseitiger Verständigung gewährleistet, ist keine Rede davon, irgendein Idiom zur Norm für irgendein anderes zu erheben (und das, obwohl die dabei wahrgenommenen Unterschiede durchaus einen Vorwand dafür abgeben, die eigene Sprache zur überlegenen zu erklären).

Bis zur Französischen Revolution geht der Prozess der sprachlichen Vereinheitlichung mit dem Prozess der Entstehung des monarchischen Staates in eins. Die »Dialekte«, die manche Eigenschaften aufweisen, die sonst nur den »Sprachen« zugeschrieben werden (die meisten werden auch in der Schriftform verwendet, in notariellen Urkunden, Gemeinderatsbeschlüssen usw.), und die literarischen Sprachen (wie die Dichtersprache der Okzitanisch sprechenden Länder), die so etwas wie »künstliche Sprachen« sind und sich von allen in ihrem Geltungsbereich vorkommenden Dialekten unterscheiden, werden seit dem 14. Jahrhundert, zumindest in den Kernprovinzen der »langue d'oïl«, allmählich von der allgemeinen Sprache verdrängt, die in Paris entstanden ist, bei den Gebildeten, und nun zur offiziellen Sprache erhoben und in der Form gebraucht wird, die sie als gehobene, das heißt als Schriftsprache, bekommen hat. Im Gegenzug dazu fallen die volkstümlichen und bloß gesprochenen Sprachformen aller auf diese Weise verdrängten regionalen Dialekte in den Stand des »Patois« zurück – eine Folge der (mit der Aufgabe der Schriftform zusammenhängenden) Zersplitterung und der (durch Aufnahme lexikalischer oder syntaktischer Entlehnungen bewirkten) inneren Auflösung, beides wiederum ein Ergebnis der gesellschaftlichen Entwertung, der sie ausgesetzt sind: Den Bauern überlassen, werden sie jetzt nämlich, im Gegensatz zum vornehm-gebildeten Sprachgebrauch, negativ und pejorativ definiert (was unter anderem auch am Bedeutungs-

14 Dies wird an den Schwierigkeiten recht deutlich, die es während der Revolution bei der Übersetzung von Dekreten gab: Da die praktische Sprache kein politisches Vokabular hatte und in Dialekte zerfiel, musste eine Durchschnittssprache geschaffen werden (wie heute bei den Verfechtern der okzitanischen Sprachen, die – insbesondere durch Fixierung und Standardisierung der Rechtschreibung – eine Sprache produzieren, die dem einfachen Sprecher nicht ohne Weiteres zugänglich ist).

wandel des Wortes »Patois« abzulesen ist, das aus einer Bezeichnung für eine »unverständliche Sprache« zu einer Bezeichnung für eine »verderbte, vulgäre Sprache wie die des niederen Volkes« wird; siehe Furetières Wörterbuch von 1690).

Ganz anders ist die Lage in den okzitanischsprachigen Ländern: Hier werden erst im 16. Jahrhundert und mit der Bildung einer dem König unterstehenden Verwaltung (mit der vor allem zahlreiche Verwaltungsbeamte von niederem Rang auftauchen, königliche Justizbeamte und andere Amtsträger, Richter usw.) die verschiedenen okzitanischen Dialekte in den öffentlichen Urkunden vom Pariser Dialekt verdrängt. Die Durchsetzung des Französischen als offizieller Sprache hat jedoch kein völliges Verschwinden der Dialekte in geschriebener Form zur Folge, und zwar weder in Politik und Verwaltung noch in der Literatur (die unter dem Ancien Régime fortlebt); in gesprochener Form bleiben sie ohnehin dominierend. Die Tendenz geht in Richtung eines Bilinguismus: Die Angehörigen der unteren Klassen und vor allem die Bauern bleiben bei ihrer jeweiligen Mundart; die Angehörigen des Adels, die Geschäfts- und Kaufleute aus dem Bürgertum und vor allem die gebildeten Kleinbürger (dieselben, die auf die Umfrage des Abbé Grégoire antworten und – mehr oder weniger gründlich – die Jesuitenkollegs besucht haben, die ja schon als Institution für sprachliche Vereinheitlichung stehen) erlernen dagegen viel häufiger den – gesprochenen oder geschriebenen – offiziellen Sprachgebrauch, beherrschen aber auch noch den Dialekt (der bei den meisten privaten und sogar öffentlichen Anlässen noch immer benutzt wird) und eignen sich daher ganz besonders für *Vermittlerfunktionen.*

Die Angehörigen dieses lokalen Bürgertums – Pfarrer, Ärzte Lehrer –, die ihre Stellung ihrer Beherrschung der Instrumente des sprachlichen Ausdrucks verdanken, können bei der Politik der sprachlichen Vereinheitlichung, die die Revolution betreibt, nur gewinnen: Durch die Erhebung der offiziellen Sprache zur Nationalsprache bekommen sie faktisch in der Politik und ganz allgemein in der Kommunikation mit der Zentralgewalt und ihren Repräsentanten jene Monopolstellung, die unter allen Republiken für die örtlichen Honoratioren charakteristisch bleibt.

Die Durchsetzung der legitimen Sprache gegen die Idiome und Patois gehört zu den politischen Strategien, mit denen – vermittelt über die Produktion und Reproduktion des neuen Menschen – die politischen Errungenschaften der Revolution auf Dauer verankert werden sollen. Condillacs Sprachtheorie, bei der die Sprache zur *Methode* wird, erlaubt es, revolutionäre Sprache mit revolutionärem Denken gleichzusetzen: Die Sprache zu erneuern, sie vom Sprachgebrauch der alten Gesellschaft zu reinigen und, derart gereinigt, für verbindlich zu erklären, bedeutet, ein Denken für verbindlich zu erklären, das seinerseits geläutert und gereinigt ist. Es wäre naiv, die Politik der sprachlichen Vereinheitlichung nur auf die technischen Erfordernisse der Kommunikation zwischen einzelnen Landesteilen und vor allem zwischen Paris und der Provinz zurückführen zu wollen oder sie als den direkten Ausfluss eines zur Zerschlagung der »lokalen Partikularismen« entschlossenen staatlichen Zentralismus zu sehen. Der Konflikt zwischen dem Französisch der revolutionären Intelligenz und den Idiomen und Patois ist ein Konflikt, bei dem es um die symbolische Macht, um die *Formierung* und *Re-Formierung* von Denkstrukturen geht. Kurz, es geht nicht nur darum, zu kommunizieren, sondern auch darum, einer neuen Sprache der Macht mit neuem politischem Vokabular, neuen Verweis- und Bezugssystemen, Metaphern und Euphemismen Anerkennung zu verschaffen und damit auch der Vorstellung von der sozialen Welt, die mit ihnen vermittelt wird und die, weil sie von den neuen Interessen neuer gesellschaftlicher Gruppen abhängig ist, in den lokalen Mundarten – zugeschnitten auf den interessenspezifischen Sprachgebrauch bäuerlicher Gruppen – gar nicht formulierbar ist.

Erst als die völlig neuen Gebräuche und Funktionen in Erscheinung treten, die mit der Konstituierung der Nation einhergehen, dieser völlig abstrakten und nur rechtlich begründeten sozialen Gruppe, wird die Hochsprache unpersönlich und anonym wie die offiziellen Verwendungen, für die sie bestimmt ist, und damit die Arbeit der Normierung der Produkte der sprachlichen Habitus eine Notwendigkeit. Das exemplarische Ergebnis dieser Kodifizierungs- und Normierungsarbeit ist das Wörterbuch, das, sachlich protokollierend, sämtliche im Laufe der Zeit akkumulierten *sprachlichen Ressourcen*, insbesondere alle möglichen Verwendungen desselben Wortes (oder alle möglichen Ausdrücke für dieselbe Bedeutung) zusammenträgt und dabei Verwendungen nebeneinanderstellt, die sich sozial fremd sind oder einander sogar ausschließen (weshalb dann diejenigen, die nicht mehr im Bereich des allgemein Anerkannten liegen, mit einem Zeichen der Ausgrenzung versehen werden müssen: *ungebr., vulg., gaunerspr.* usw.). Damit ist das Wörterbuch ein recht genaues Abbild der Sprache im Sinne Saussures, dieser »Summe der individuellen Sprachschätze«, die sich so gut dazu eignet, als »universeller« Code zu fungieren: Die *normierte* Sprache kann ihre Funktion ohne Zwang oder Unterstützung durch die Sprechsituation erfüllen und von beliebigen, einander gänzlich unbekannten Sendern und Empfängern gesendet und dechiffriert werden, ganz im Sinne der Erfordernisse bürokratischer Vorhersehbarkeit und Kalkulierbarkeit, die den universellen Beamten beziehungsweise Klienten zur Voraussetzung haben, mit keinen anderen Eigenschaften als denjenigen, die ihm von der administrativen Definition seines jeweiligen Status her zukommen.

In diesem Prozess der Entwicklung, Legitimierung und Durchsetzung der offiziellen Sprache spielt das Bildungssystem eine entscheidende Rolle: »Es muss jene Übereinstimmungen schaffen, aus denen schließlich die Gemeinschaft des Bewusstseins entsteht, das einende Band der Nation.« Und weiter spricht Georges Davy von der Aufgabe des Schulmeisters als sprachlichem und damit auch geistigem Mentor: »Täglich arbeitet er (der Lehrer) kraft seines Amtes an jenem Vermögen, das den Ausdruck jedweden Gedankens oder Gefühls gestattet: an der Sprache. Kinder, die diese Sprache kaum kennen oder gar Dialekt oder Patois sprechen, lehrt er die eine und einzige, klare und geregelte Sprache und weckt bei ihnen ebendamit ganz natürlich die Neigung, die Dinge gleich zu sehen und zu empfinden; so arbeitet er am Aufbau des gemeinsamen Bewusstseins einer ganzen Nation.«[15] Zwischen Whorfs – oder, wenn man so will, Humboldts[16] – Theorie der Sprache, die diese Auffassung vom Schulunterricht als einem Mittel zur »geistig-moralischen Integration« im Sinne Durkheims ebenfalls vertritt, und Durkheims Philosophie des Konsensus besteht eine Affinität, von der auch die Übertragung des Wortes *Code* aus dem Recht in die Sprachwissenschaft zeugt: Der Code – im Sinne von Chiffre –, der

15 G. Davy, *Eléments de sociologie*, Paris: Vrin, 1950, S. 233.

16 Es besteht ein klarer Zusammenhang zwischen Humboldts Sprachtheorie, die aus dem Lob der »Ursprünglichkeit« der Sprache der Basken und aus der Begeisterung für die Einheit von Sprache und Nation heraus entstanden ist, und der Vorstellung von der einheitsstiftenden Mission der Universität, mit der Humboldt an die Gründung der Berliner Universität ging.

die geschriebene Sprache regelt, das heißt die »richtige Sprache« im Gegensatz zur implizit als minderwertig angesehenen gesprochenen Sprache (*conversational language*), bekommt im Bildungssystem und durch das Bildungssystem Gesetzeskraft.[17]

Das Bildungssystem, dessen Einfluss während des ganzen 19. Jahrhunderts an Breite und Tiefe zunimmt,[18] hat sicher ganz direkt dazu beigetragen, die volkstümlichen Ausdrucksweisen zu entwerten, die nun auf den Stand des »Jargons« oder »Kauderwelschs« zurückgedrängt (und von den Schulmeistern angekreidet) werden, und die Anerkennung der legitimen Sprache durchzusetzen. Entscheidend für die Entwertung der Dialekte und die Einführung der neuen Hierarchie des Sprachgebrauchs dürfte aber wohl die Dialektik von »Bildung« und Arbeitsmarkt sein oder, genauer gesagt, von Vereinheitlichung des Bildungs- (und Sprach-)Marktes – verbunden mit der Einführung von Bildungstiteln mit nationaler und von den sozialen oder regionalen Eigenschaften ihrer Träger zumindest offiziell unabhängiger Geltung – und Vereinheitlichung des Arbeitsmarktes (die unter anderem eine Vergrößerung der Verwaltung und der Beamtenschaft mit sich brachte).[19] Um zu erreichen, dass die Inhaber von nunmehr unterdrückten Sprach-

17 Vermittelt über das Bildungssystem, das seine Macht der Zertifizierung in ihren Dienst stellt, bekommt die Grammatik eine genuin rechtliche Wirkung: Weil sie über die Examen und über die Titel, die mit ihnen zu erlangen sind, den Zugang zu den Stellen und den gesellschaftlichen Positionen beherrschen, können Grammatik und Orthographie (wie zum Beispiel im Jahre 1900 die Regel über die Veränderlichkeit des Partizips Perfekt) auch Gegenstand staatlicher *Erlasse* werden.

18 In Frankreich nimmt ab 1816, also noch vor der Einführung der allgemeinen Schulpflicht, die Zahl der Schulen und der Kinder in diesen Schulen und – was einander wechselseitig bedingt – die Zahl und die räumliche Verteilung des Lehrpersonals ständig zu.

19 Nach dieser Logik erklärt sich wahrscheinlich auch das paradoxe Verhältnis zwischen den sprachlichen Diskrepanzen verschiedener Regionen im 19. Jahrhundert und der Zahl der Personen, die im 20. Jahrhundert aus diesen Regionen in den Staatsdienst gehen: Diejenigen Departements, die nach der Erhebung von Victor Duruy von 1864 unter dem Zweiten Kaiserreich bei den Erwachsenen, die kein Französisch konnten, und bei den 7- bis 13-jährigen Kindern, die Französisch weder lesen noch sprechen konnten, die höchsten Prozentsätze aufweisen, stellen von der ersten Hälfte des 20. Jahrhunderts an eine besonders hohe Zahl von Beamten; dies wiederum hängt, wie man weiß, mit den hohen Schulbesuchsziffern im Sekundarschulbereich zusammen.

kompetenzen an der Zerstörung ihrer Ausdrucksmittel mitarbeiteten – indem sie sich etwa bemühten, in Gegenwart ihrer Kinder »Französisch« zu sprechen, oder von ihnen verlangten, dass sie zu Hause »Französisch« sprachen, und zwar in der mehr oder weniger klaren Absicht, ihren Wert auf dem Bildungsmarkt zu erhöhen –, musste sich ihnen »Bildung« als das wichtigste, ja einzige Mittel des Zugangs zu den in schwach industrialisierten Regionen besonders begehrten Verwaltungsposten darstellen; eine solche Konstellation, die es eher in Landstrichen mit »Dialekt« oder »Idiom« gab (ausgenommen die Regionen im Osten Frankreichs) als in den Ländern mit »Patois« in der nördlichen Landeshälfte.

Vereinheitlichung des Marktes und symbolische Herrschaft

Nun sollte man zwar den Beitrag des politischen Einigungswillens (spürbar auch in anderen Bereichen, etwa dem Recht) zur *Produktion* der Sprache – die die Sprachwissenschaftler als etwas Naturgegebenes hinnehmen – nicht unterschlagen, ihm aber auch nicht die ganze Verantwortung für die Verallgemeinerung des Gebrauchs der herrschenden Sprache zuschieben, die auch eine Dimension der mit der Vereinheitlichung der Wirtschaft einhergehenden Vereinheitlichung des Marktes der symbolischen Güter und der kulturellen Produktion und Zirkulation ist. Gut zu verfolgen ist dies am Heiratsmarkt, auf dem Produkte, die bis dahin nur für die Zirkulation im geschützten Bereich lokaler Märkte mit jeweils eigenen Gesetzen der Preisbildung bestimmt waren, aufgrund der Verallgemeinerung der herrschenden Bewertungskriterien und der Abwertung der »bäuerlichen Werte« – den Verfall des Wertes der Bauern selbst nach sich ziehend, denen oft nur noch Ehelosigkeit bleibt – plötzlich wertlos werden. Der Prozess der Vereinheitlichung der Produktion und Zirkulation ökonomischer und kultureller Güter, nachweisbar in allen Bereichen der Praxis (Sport, Schlager, Kleidung, Wohnen usw.), lässt frühere Produktionsweisen der Habitus und ihrer Produkte allmählich obsolet werden. So erklärt sich auch, dass Frauen – wie die Soziolinguisten oft beobachtet haben – schneller bereit sind, die legitime Sprache (oder die legitime Aussprache) zu übernehmen: Aufgrund der Arbeitsteilung zwischen den

Geschlechtern, bei der sie auf den Bereich der Konsumtion spezialisiert sind, wie auch aufgrund der Logik des Heiratens – des für sie wichtigsten, wenn nicht einzigen Weges des sozialen Aufstiegs –, der zufolge sie von unten nach oben zirkulieren, sind sie ganz auf die Befolgung der herrschenden Gebräuche eingeschworen und dadurch auch besonders darauf eingestellt, neue Erfordernisse des Marktes der symbolischen Güter zu akzeptieren.

In den Herrschaftsbeziehungen machen sich die mit der Vereinheitlichung des Marktes einhergehenden Effekte also erst vermittelt über einen Komplex spezifischer Institutionen und Mechanismen bemerkbar, bei dem die eigentliche Sprachpolitik und selbst das ausdrückliche Eingreifen von Interessengruppen nur Oberflächenaspekte darstellen. Und die Tatsache, dass sie die politische und ökonomische Einigung voraussetzen, die sie dann ihrerseits festigen helfen, bedeutet keineswegs, dass das Vordringen der offiziellen Sprache der direkten Wirkung rechtlicher oder quasi-rechtlicher Zwänge zuzuschreiben wäre (mit denen bestenfalls der Spracherwerb, nicht aber der allgemeine Gebrauch und daher auch nicht die eigenständige Reproduktion der legitimen Sprache erzwungen werden kann). Jede symbolische Herrschaft setzt von Seiten der Beherrschten ein gewisses Einverständnis voraus, das keine passive Unterwerfung unter einen Zwang von außen, aber auch keine freie Übernahme von Wertvorstellungen darstellt. Die Anerkennung der Legitimität der offiziellen Sprache hat mit einem freiwilligen und widerrufbaren Glaubensbekenntnis ebenso wenig zu tun wie mit einem bewussten Akt der Anerkennung einer »Norm«. Sie ist als Praxis bereits in den Dispositionen angelegt, die in einem langen Prozess der allmählichen Aneignung über die Sanktionen des Sprachmarktes unmerklich eingeübt werden und daher, jenseits von zynischem Kalkül oder bewusst empfundenem Zwang, auf die Chancen des materiellen und symbolischen Profits abgestimmt sind, den sich die Besitzer eines bestimmten Sprachkapitals nach den für einen bestimmten Markt charakteristischen Gesetzen der Preisbildung objektiv versprechen können.[20]

Das Wesen der symbolischen Herrschaft besteht eben darin, dass sie auf Seiten des Beherrschten eine Haltung voraussetzt, die mit der üblichen Alternative von Freiheit oder Zwang nicht zu fas-

20 Das bedeutet auch, dass sich »Sprachgewohnheiten« nicht per Dekret ändern lassen, wie die Befürworter einer voluntaristischen Sprachenpolitik oft glauben.

sen ist: Jede »Wahl«, die der Habitus trifft (und die beispielsweise darin bestehen kann, in Gegenwart von Sprechern der legitimen Sprache das *r* »richtig« auszusprechen), geschieht unbewusst und ohne Zwang aufgrund von Dispositionen, die selbst – obwohl sie unbestreitbar ein Produkt gesellschaftlicher Determinismen sind – jenseits von Bewusstsein und Zwang entstanden sind. Der Einsicht, dass die *Einschüchterung* – als symbolische Gewalt, die (da sie nicht unbedingt einen *Einschüchterungsakt* voraussetzt) als solche nicht erkannt wird – nur auf Menschen wirken kann, die (von ihrem Habitus her) für sie empfänglich sind, während andere sie gar nicht bemerken, steht die Neigung im Wege, sich bei der Suche nach Ursachen auf eine bloße Suche nach Verantwortlichkeiten zu beschränken. Schon weniger falsch ist es, zu sagen, dass die Einschüchterung ihre Ursache in der Beziehung zwischen der einschüchternden Situation oder Person (die womöglich abstreitet, überhaupt eine Einschüchterung beabsichtigt zu haben) und der eingeschüchterten Person hat; oder, besser noch, in der Beziehung zwischen den jeweiligen gesellschaftlichen Produktionsbedingungen dieser beiden. Womit nach und nach die ganze soziale Struktur ins Spiel kommt.

Alles deutet darauf hin, dass die für die Konstruktion des Habitus entscheidenden Anweisungen gar nicht über Sprache und Bewusstsein, sondern, unterschwellig und suggestiv, über scheinbar ganz bedeutungslose Aspekte der Vorgänge, Situationen oder Praktiken des Alltagslebens vermittelt werden: Die Begleitumstände dieser Praktiken, die Art und Weise, wie jemand blickt, sich verhält, schweigt oder auch redet (ob er nämlich »missbilligend blickt«, etwas »in vorwurfsvollem Ton« oder mit »vorwurfsvoller Miene« sagt usw.), sind *aufgeladen* mit Anordnungen, die nur deshalb beherrschend werden und so schwer rückgängig zu machen sind, weil sie stumm und unterschwellig, nachdrücklich und eindringlich sind (ebenjener *verborgene Code*, der bei häuslichen Krisen – Ehe- oder Pubertätskrisen – explizit zum Stein des Anstoßes wird: Das scheinbare Missverhältnis zwischen der Heftigkeit des Ausbruchs und den Anlässen, die ihn provozieren, kommt daher, dass ganz harmlose Handlungen oder Worte jetzt in ihrem wahren Charakter als Anordnung, Einschüchterung, Ermahnung, Warnung, Drohung wahrgenommen und umso heftiger attackiert werden, als sie weiterwirken, ehe sie bewusst werden, und erst recht, ehe gegen sie aufbegehrt werden kann). Die über Dinge und Personen wirkende Suggestivkraft, die dem Kind nicht (als Befehl) sagt, was es tun soll, sondern, was es ist, und es damit nachhaltig dazu bringt, das zu werden, was es werden soll: Sie ist die Voraussetzung dafür, dass später alle Arten von symbolischer Macht einen für diese Wirkung empfänglichen Habitus erfolgreich beeinflussen können. Das Verhältnis zwischen zwei Menschen kann so beschaffen sein, dass bereits das Erscheinen des einen genügt, um beim anderen zwangsläufig – ohne dass dies gewollt oder gar befohlen wird – zu einer Definition der Situation und seiner eigenen Verfassung (zum Beispiel »eingeschüchtert«) zu führen, die, da sie nicht einmal offen ausgesprochen werden muss, nur umso absoluter und unumstößlicher ist.

Die von dieser lautlos-unsichtbaren Gewalt erpresste Anerkennung kommt dann in Äußerungen wie denjenigen zum Ausdruck, die Labov zu der Feststellung veranlassen, bei Sprechern aus unterschiedlichen Klassen, und also mit unterschiedlicher *Aussprache* des *r*, sei dennoch dieselbe *Bewertung* des *r* anzutreffen. Am allerdeutlichsten wird sie jedoch in all den Korrekturen, die die Beherrschten punktuell oder auf Dauer im aussichtslosen Bemühen um Korrektheit bewusst oder unbewusst an den stigmatisierten Merkmalen ihrer Aussprache, ihres Wortschatzes (in Form aller möglichen Euphemismen) und ihrer Syntax vornehmen; oder in der Verwirrung, die sie »ganz aus der Fassung bringt« und ihnen »die Sprache verschlägt«, als hätte man ihnen plötzlich ihre eigene Sprache weggenommen.[21]

Distinktive Unterschiede und gesellschaftlicher Wert

Werden weder der besondere Wert, der dem legitimen Sprachgebrauch zuerkannt wird, noch die gesellschaftlichen Grundlagen seiner Privilegierung erkannt, bleibt nur noch die Wahl zwischen zwei entgegengesetzten Irrwegen: entweder etwas objektiv Relatives und in diesem Sinne Willkürliches, nämlich den dominierenden

21 Die »unzusammenhängende« Sprechweise, die Umfragen bei Sprechern aus den unteren Klassen verzeichnen, ist somit ein Ergebnis der Befragungssituation selbst.

Sprachgebrauch, unbewusst zu verabsolutieren, indem die Grundlage des Wertes, den er anerkanntermaßen – insbesondere auf dem Bildungsmarkt – besitzt, in den Eigenschaften der Sprache selbst, etwa in ihrer komplexen Syntaxstruktur, und eben nicht anderswo gesucht wird; oder diese Art der *Fetischisierung* zwar zu vermeiden, aber nur um in die Naivität *par excellence* zu verfallen, nämlich den *gebildeten Relativismus* (der vergisst, dass der naive Blick nicht relativiert), indem in willkürlicher Relativierung dem dominierenden Sprachgebrauch seine Legitimität abgesprochen wird, die doch eine gesellschaftlich – und nicht nur von den Herrschenden – anerkannte Tatsache ist.

Um die in der Realität vollzogene Fetischisierung der legitimen Sprache in der gehobenen Sprache zu reproduzieren, braucht man nur wie Bernstein die Eigenschaften des »elaborierten Codes« zu beschreiben, ohne ihn als gesellschaftliches Produkt auf die gesellschaftlichen Bedingungen seiner Produktion und Reproduktion zu beziehen – wenigstens also, wie in der Bildungssoziologie zu erwarten wäre, auf die Bedingungen des *Bildungssystems*: Auf diese Weise wird der »elaborierte Code« zur absoluten Norm für alle anderen Sprachpraxen, die nur noch in der Logik der *Deprivation* gedacht werden können. Wird umgekehrt außer Acht gelassen, was der volkstümliche wie der »elaborierte« Sprachgebrauch ihren objektiven Beziehungen und der Struktur der Herrschaftsverhältnisse zwischen den Klassen schulden, die sie nach ihrer eigenen Logik reproduzieren, so kommt es zu einer *Kanonisierung* der »Sprache« der unteren Klassen als solcher: Hierzu tendiert Labov, wenn er sich – in der Absicht, die »Sprache des Volkes« gegenüber den Deprivationstheoretikern zu rehabilitieren – dazu verleiten lässt, der Wortgewalt und Weitschweifigkeit bürgerlicher Jugendlicher die Genauigkeit und Prägnanz der Kinder aus den Ghettos der Schwarzen entgegenzuhalten, was letzten Endes heißt: zu vergessen, dass die sprachliche »Norm« – wie Labov selber am Beispiel jener neu Zugewanderten gezeigt hat, die besonders ablehnend auf jede Art von Akzent reagieren, also auch auf ihren eigenen – für alle Mitglieder ein und derselben »Sprachgemeinschaft« gilt, insbesondere auf dem Bildungsmarkt und bei allen offiziellen Anlässen, wo Weitschweifigkeit und Reden um des Redens willen oft unerlässlich sind.

Aufgrund der politischen Einigung und der mit ihr verbundenen Durchsetzung einer offiziellen Sprache entstehen zwischen den *unterschiedlichen Verwendungsformen dieser Sprache* vollkommen andere als die theoretischen Beziehungen zwischen Sprachen, die von politisch und ökonomisch voneinander unabhängigen sozialen Gruppen gesprochen werden (etwa die Beziehung zwischen französisch *mouton* und englisch *sheep,* die Saussure als Beleg für den Willkürcharakter des Zeichens anführt): Sämtliche Sprachpraxen werden jetzt an den legitimen Sprachpraxen gemessen, also an denen der Herrschenden, und der mutmaßliche Wert, auf den verschiedene Sprecher aufgrund ihrer sprachlichen Produktion objektiv Anspruch erheben können, und damit auch ihr jeweiliges Verhältnis zur Sprache und gleichzeitig zur Sprachproduktion selbst werden innerhalb eines Systems praktisch konkurrierender Varianten festgelegt, das real immer dann zustande kommt, wenn alle außersprachlichen Bedingungen für die Entstehung eines sprachlichen Marktes gegeben sind.

So sind zum Beispiel die sprachlichen Unterschiede zwischen Leuten aus verschiedenen Regionen nicht länger inkommensurable *Partikularismen*: *De facto* werden sie jetzt mit einem einzigen Maß, der »gemeinsamen« Sprache, gemessen und in die Hölle der von den Schulmeistern geahndeten *landschaftlich gebundenen Ausdrucksweisen*, »falschen Redewendungen« und »Aussprachefehlern« verstoßen.[22] In den Stand von mundartlichen oder vulgären Sondersprachen zurückversetzt – beide gleichermaßen ungeeignet für offizielle Anlässe –, werden die volkstümlichen Formen der legitimen Sprache systematisch entwertet. Tendenziell entsteht ein System *soziologisch relevanter* sprachlicher Gegensätze, das mit dem System der sprachlich relevanten Gegensätze nichts zu tun hat. Mit

22 Wenn umgekehrt eine bisher unterprivilegierte Sprache den Status einer offiziellen Sprache erlangt, erfährt sie eine *Neubewertung*, die das Verhältnis ihrer Benutzer zu ihr gründlich verändert, sodass die sogenannten Sprachkonflikte gar nicht so irreal und irrational sind, wie diejenigen meinen, die bei ihnen nur die (im engeren Sinne) ökonomischen Anliegen im Auge haben (was dennoch nicht heißt, dass es dabei um Sprache direkt geht): Die Umkehrung der symbolischen Machtverhältnisse und der Hierarchie des den konkurrierenden Sprachen jeweils zuerkannten Wertes hat ganz reale ökonomische und politische Auswirkungen, ob es nun um die Aneignung von Posten und ökonomischen Vorteilen geht, die den Besitzern der legitimen Sprachkompetenz vorbehalten bleiben, oder um die symbolischen Profite, die mit dem Besitz einer prestigeträchtigen oder zumindest nicht stigmatisierten sozialen Identität einhergehen.

anderen Worten, die Unterschiede, die sich bei der Gegenüberstellung von Mundarten ergeben, sind nicht auf jene zu reduzieren, die die Sprachwissenschaftler aufgrund ihrer eigenen Relevanzkriterien konstruieren: Im Bereich von Aussprache, Wortschatz und sogar Grammatik gibt es – wie groß der Anteil derjenigen Sprachfunktionen auch immer sein mag, die keiner Varianz unterliegen – einen ganzen Komplex von Unterschieden mit einer signifikanten Beziehung zu sozialen Unterschieden, die aus der Sicht des Sprachwissenschaftlers uninteressant, vom Standpunkt des Soziologen aber relevant sind, weil sie zu einem System sprachlicher Gegensätze gehören, das die *Rückübersetzung* eines Systems sozialer Unterschiede ist. Dieses *Verhältnis zwischen strukturierten Systemen soziologisch relevanter sprachlicher Differenzen und ebenfalls strukturierten Systemen sozialer Unterschiede* muss Gegenstand einer strukturalen Sprachsoziologie werden, die zwar auf Saussure aufbaut, der von ihm vorgenommenen Abstraktion jedoch entgegenarbeitet.

Der eigentliche soziale Wert der sozialen Verwendungen der Sprache liegt in ihrer Tendenz, Systeme von Unterschieden (zwischen prosodischen und artikulatorischen oder lexikologischen und syntaktischen Varianten) zu bilden, die das System der sozialen Unterschiede in der symbolischen Ordnung der *differentiellen Unterschiede* widerspiegeln. Sprechen heißt, sich einen der Sprachstile anzueignen, die es bereits im Gebrauch und durch den Gebrauch gibt und die objektiv von ihrer Position in der Hierarchie der Sprachstile geprägt sind, deren Ordnung ein Abbild der Hierarchie der entsprechenden sozialen Gruppen ist. Diese Sprachstile, Systeme klassifizierter und klassifizierender, hierarchisch geordneter und hierarchisch ordnender Unterschiede, prägen diejenigen, die sie sich aneignen, und das spontane Stilverständnis mit seinem praktischen Sinn für die Äquivalenzen zwischen zwei Kategorien von Unterschieden erfasst durch die Klassen der Stilmerkmale hindurch die sozialen Klassen.

Bewertet man – um jenes Artefakt konstruieren zu können, das die »gemeinsame« Sprache heißt – die sprachwissenschaftlich relevanten Konstanten höher als die soziologisch signifikanten Unterschiede, tut man so, als wäre die – nahezu universelle – Sprechfähigkeit mit der *gesellschaftlich bedingten Art und Weise der Realisierung dieser Fähigkeit* gleichzusetzen, die ebenso viele Spielarten aufweist, wie es soziale Bedingungen des Spracherwerbs gibt. Die Sprachkompetenz, die ausreicht, um Sätze zu bilden, kann völlig unzureichend sein, um Sätze zu bilden, *auf die gehört wird*, Sätze, die in allen Situationen, in denen gesprochen wird, als *rezipierbar* anerkannt werden können. Auch hier ist die soziale Akzeptabilität nicht auf die Grammatikalität beschränkt. Sprecher ohne legitime Sprachkompetenz sind in Wirklichkeit von sozialen Welten, in denen diese Kompetenz vorausgesetzt wird, ausgeschlossen oder zum Schweigen verurteilt. Nicht die im biologischen Erbgut angelegte *universelle, also ihrem Wesen nach nichtdistinktive* Sprechfähigkeit ist also selten,[23] sondern diejenige Sprachkompetenz, die man braucht, um die vom sozialen Erbe abhängige legitime Sprache zu sprechen, die die sozialen Unterschiede in die genuin symbolische Logik der differentiellen Unterschiede oder, mit einem Wort, in die Logik der Distinktion übersetzt.[24]

Die Entstehung eines Sprachmarktes schafft die Voraussetzungen für die objektive Konkurrenz, in der und durch die die legitime Sprachkompetenz als sprachliches Kapital fungieren kann, das bei jedem sozialen Austausch einen *Distinktionsprofit* abwirft. Da er zum Teil von der *Seltenheit* der Produkte (und der entsprechenden Kompetenzen) abhängt, entspricht dieser Profit nicht ausschließlich den Ausbildungskosten.

»Ausbildungskosten« ist kein einfacher, neutraler Begriff. In wechselnder Zusammensetzung, je nach Bildungstradition, Epoche und Disziplin, umfasst er Ausgaben, die weit über das Minimum dessen hinausgehen, was »fachlich« für die Vermittlung ei-

23 *Distinktionseffekte* können nur entstehen, wo es *Ermessensspielräume* gibt. Wie Pierre Encravé gezeigt hat, gibt es bei Bindungen, die im Französischen zwischen manchen aufeinanderfolgenden Wörtern obligatorisch sind und auch in den unteren Klassen immer und von allen eingehalten werden, keinerlei Spielraum. Erst wenn die strukturellen Zwänge der Sprache – wie bei den nichtobligatorischen Bindungen – aufgehoben sind, gibt es wieder Spielräume und damit die entsprechenden Distinktionseffekte.

24 Man sieht, dass es gar nicht nötig ist, im Streit zwischen den (erklärten oder nicht erklärten) Anhängern des Nativismus, die die Existenz einer angeborenen Disposition zur Bedingung für den Erwerb der Sprachfähigkeit machen, und den Anhängern des Empirismus, die den Akzent auf den Lernprozess legen, Partei zu ergreifen: Für das Vorhandensein sprachlicher Unterschiede, die als Zeichen sozialer Distinktion fungieren können, genügt schon, dass nicht alles in der Natur angelegt ist und dass sich also der Lernprozess nicht auf einen bloßen Prozess der Reifung beschränkt.

ner Qualifikation erforderlich ist (sofern es überhaupt möglich ist, die für eine bestimmte Tätigkeit erforderliche und ausreichende Ausbildung und diese Tätigkeit selber strikt fachbezogen zu definieren, vor allem wenn man weiß, dass die sogenannte »Rollendistanz«, das heißt hier: die Distanz zur Tätigkeit, umso mehr ein Teil der Definition der Tätigkeit selbst wird, je weiter man in der Hierarchie der Tätigkeiten nach oben kommt): sei es, dass hier die Dauer des Schul- und Hochschulbesuchs (ein gutes Maß für die ökonomischen Kosten der Ausbildung) an sich schon gern höher bewertet wird, unabhängig vom Ergebnis (was dazu führt, dass die »Elite-Hochschulen« einander gelegentlich bei der Verlängerung der Studiengänge zu überbieten versuchen); sei es – was einander im Übrigen nicht ausschließt –, dass der soziale Rang der erworbenen Qualifikation, der an den symbolischen Details der Praxen, das heißt an der *Art und Weise* abzulesen ist, wie fachliche Vorgänge erledigt und Qualifikationen eingesetzt werden, als etwas erscheint, das nicht vom *langsamen* Erwerb dieser Qualifikation zu trennen ist, da bei kurzen oder verkürzten Studiengängen immer der Verdacht besteht, sie könnten bei ihren Absolventen Spuren des forcierten Tempos oder Stigmata des Aufholen-Müssens hinterlassen. Dieser demonstrative Konsum von Lernen (das heißt von Zeit), fachlich scheinbar Vergeudung, sozial jedoch Legitimationsfunktionen erfüllend, geht in den Wert ein, der einer gesellschaftlich abgesicherten (das heißt heute: vom Bildungssystem »beglaubigten«) Qualifikation gesellschaftlich zuerkannt wird.

Da sich der Distinktionsprofit daraus ergibt, dass das Angebot an Produkten (oder Sprechern) auf einem bestimmten Niveau der sprachlichen (oder ganz allgemein kulturellen) Qualifikation geringer ist, als es wäre, wenn alle Sprecher die gleichen Bedingungen für den Erwerb der legitimen Sprachkompetenz hätten wie die Besitzer der seltensten Sprachkompetenz,[25] verteilt er sich logischerweise entsprechend den Chancen des Zugangs zu diesen Bedingungen, das heißt entsprechend der Position in der sozialen Struktur.

Damit ist man, trotz gewisser äußerer Ähnlichkeiten, so weit wie irgend möglich von Saussures Modell des *homo linguisticus* entfernt, der, wie das ökonomische Subjekt in der Tradition von Wal-

25 Die Hypothese der Chancengleichheit beim Zugang zu den Bedingungen des Erwerbs der legitimen Sprachkompetenz ist ein reines *Gedankenexperiment*, das die *strukturellen Effekte* der Ungleichheit verdeutlichen soll.

ras, bei seiner Wortproduktion formal frei ist (zum Beispiel frei, wie die Kinder *papo* statt *chapeau* zu sagen), aber nur dann verstanden werden, sich austauschen, kommunizieren kann, wenn er sich den Regeln des allgemeinen Codes unterwirft. Dieser Markt, der nur die reine, vollkommene Konkurrenz zwischen Akteuren kennt – austauschbar wie die Produkte, die sie tauschen, und die »Verhältnisse«, in denen sie tauschen, und alle gleichermaßen dem Prinzip der Maximierung des Informationsprofits unterworfen (wie anderweitig der Maximierung des Nutzwertes) –, ist, wie in der Folge zu zeigen sein wird, vom wirklichen Sprachmarkt ebenso weit entfernt wie der »reine« Markt vom wirklichen ökonomischen Markt mit seinen Monopolen und Oligopolen.

Zu der eigentlichen Wirkung der distinktiven Seltenheit kommt nun aufgrund der Beziehung, die das System der sprachlichen Unterschiede an das System der ökonomischen und sozialen Unterschiede bindet, noch hinzu, dass man es hier nicht mit einem relativistischen Universum zu tun hat, mit Unterschieden also, die einander jeweils relativieren können, sondern mit einem hierarchisch geordneten Universum aus Abweichungen von einer Diskursform, die (fast) allgemein als die legitime anerkannt wird, das heißt als das Maß für den Wert sprachlicher Produkte. Die herrschende Sprachkompetenz fungiert nur dann als Sprachkapital, das im Verhältnis zu den anderen Sprachkompetenzen Profit abwirft, wenn ständig alle erforderlichen Voraussetzungen (das heißt Vereinheitlichung des Marktes und ungleiche Verteilung der Zugangschancen zu den Instrumenten der Produktion der legitimen Sprachkompetenz sowie zu den legitimen Sprechorten) dafür gegeben sind, dass soziale Gruppen, die sie besitzen, sie auch auf den offiziellen Märkten (Markt des gesellschaftlichen Lebens, Bildungsmarkt, politisch-administrativer Markt) und bei der Mehrzahl der sprachlichen Interaktionen, an denen sie beteiligt sind, als die einzig legitime durchsetzen können.[26]

26 Die Situationen, bei denen die sprachliche Produktion ausdrücklicher Bewertung unterzogen wird, Examina etwa oder Einstellungsgespräche, erinnern daran, dass bei jedem sprachlichen Austausch eine Bewertung stattfindet: Zahlreiche Erhebungen haben gezeigt, dass sprachliche Eigenarten einen großen Einfluss auf Schulerfolg, Einstellungschancen, beruflichen Erfolg, Verhalten von Ärzten (die einem Patienten aus bürgerlichen Kreisen und dem, was er sagt, größere Aufmerksamkeit schenken und ihm beispielsweise auch weniger pessi-

So kommt es, dass diejenigen, die bedrohtes Sprachkapital verteidigen wollen – in Frankreich heutzutage etwa die Kenntnis der alten Sprachen –, gar nicht anders können, als den Kampf auf allen Ebenen zu führen: Der *Wert* der Sprachkompetenz lässt sich nur erhalten, wenn der Markt, das heißt die Gesamtheit der politischen und gesellschaftlichen Produktionsverhältnisse der Produzenten-Konsumenten, erhalten bleibt. Die Verfechter des Lateinischen oder, in anderen Zusammenhängen, des Französischen oder Arabischen, tun oft so, als könnte die von ihnen bevorzugte Sprache auch ohne den Markt, das heißt allein aufgrund ihrer intrinsischen Eigenschaften (wie etwa der, »logisch« zu sein), einen Wert haben; praktisch aber verteidigen sie den Markt. Der Platz, den das Bildungssystem verschiedenen Sprachen (oder verschiedenen Bildungsinhalten) einräumt, ist nur deshalb ein derart umstrittenes Objekt, weil diese Institution das Monopol auf die massenhafte Produktion von Produzenten-Konsumenten hat, also auf die Reproduktion desjenigen Marktes, von dem der gesellschaftliche Wert der Sprachkompetenz – ihre Eignung, als Sprachkapital zu fungieren – abhängt.

Das literarische Feld und der Kampf um Sprachautorität

Die Struktur des Raums der Sprachstile reproduziert somit die Struktur der objektiven Unterschiede der Existenzbedingungen, und zwar vermittelt über die Struktur des sprachlichen Feldes als eines Systems sprachlicher Machtverhältnisse im eigentlichen Sinne, die auf der ungleichen Verteilung des Sprachkapitals beruhen (oder, wenn man so will, auf der ungleichen Verteilung der Chancen, objektivierte sprachliche Ressourcen zu inkorporieren). Um die Struktur dieses Feldes ganz verstehen zu können, insbesondere die Existenz eines Unterfeldes in diesem Feld der sprachlichen Produktion, das eine eingeschränkte Produktion hat und grundsätzlich dadurch gekennzeichnet ist, dass die Produzenten dort in erster Linie für andere Produzenten produzieren, ist zu unterscheiden zwischen

mistische Prognosen stellen) und ganz allgemein die Bereitschaft der Empfänger haben, mit dem Sender zusammenzuarbeiten, ihm zu helfen oder seine Aussagen für glaubwürdig zu halten.

dem Kapital, das zur einfachen Produktion einer mehr oder weniger legitimen *normalen Sprechweise* nötig ist, und dem Kapital an Ausdrucksmitteln, das zur Produktion eines schriftlichen Diskurses benötigt wird (und das die Aneignung von Ressourcen voraussetzt, die objektiviert in Bibliotheken und Büchern vorliegen, insbesondere in den »Klassikern«, den Grammatiken und Wörterbüchern) und würdig ist, *veröffentlicht*, das heißt für offiziell erklärt zu werden. Diese Produktion von Produktionsmitteln – Wort- und Gedankenverbindungen, Gattungen, legitime Ausdrucksweisen oder Stile und ganz allgemein alle Diskursformen, die dazu bestimmt sind, als »Autorität« angesehen und als Beispiel für den »richtigen Sprachgebrauch« zitiert zu werden – verleiht demjenigen, der sie betreibt, Macht über die Sprache und damit über die einfachen Anwender von Sprache und über ihr Kapital.

Die legitime Sprache verfügt aus sich selbst heraus ebenso wenig über die Macht, ihr eigenes zeitliches Fortbestehen zu sichern, wie über die Macht, ihre räumliche Verbreitung zu bestimmen. Nur jene *creatio continua*, die sich in den ständigen Auseinandersetzungen zwischen den verschiedenen Autoritäten vollzieht, die im Feld der spezialisierten Produktion um das Monopol und die Durchsetzung der legitimen Ausdrucksweise konkurrieren, kann die Permanenz der legitimen Sprache und ihres Wertes, das heißt der Anerkennung, die sie findet, gewährleisten. Es ist eines der Gattungsmerkmale dieses Feldes, dass die Auseinandersetzungen um das spezifische Objekt über das heimliche Einverständnis über die Prinzipien von Spiel und Einsatz hinwegtäuschen; oder dass sie, genauer gesagt, ständig daran arbeiten, das Spiel und den Einsatz zu produzieren und zu reproduzieren, indem sie – zuallererst bei den direkt Beteiligten, aber nicht nur bei ihnen – jene praktische Bejahung ihres Wertes reproduzieren, die die Anerkennung ihrer Legitimität ausmacht. Wo käme man auch hin mit dem Literaturbetrieb, wollte man nicht mehr über den guten oder schlechten Stil dieses oder jenes Autors diskutieren, sondern über den Sinn und Unsinn von Stildiskussionen? Wird erst einmal gefragt, ob das Spiel die Mühe lohnt, ist es auch schon aus damit. Die Auseinandersetzungen zwischen Schriftstellern über die legitime Kunst des Schreibens tragen durch ihre bloße Existenz dazu bei, sowohl die legitime Sprache – definiert über ihre Distanz zur »normalen« Sprache – als auch den Glauben an ihre Legitimität zu produzieren.

Nicht um die individuelle symbolische Macht von Schriftstellern, Grammatikern oder Pädagogen über die Sprache geht es also (die sicher viel begrenzter ist als etwa ihre Macht über die Kultur, wo sie beispielsweise eine die »Marktlage« verändernde neue Definition von legitimer Literatur durchsetzen können), sondern es geht, unabhängig von jedem bewussten Streben nach Distinktion, um ihre Beteiligung an der Produktion, Legitimierung und Durchsetzung einer Sprache, die von anderen Sprachen unterschieden und selbst ein Unterscheidungsmerkmal ist. Bei der kollektiven Arbeit in Gestalt der Auseinandersetzungen um das *arbitrium et jus et norma loquendi*, von dem Horaz spricht, müssen die Schriftsteller – Autoren mit mehr oder weniger Autorität – mit den Grammatikern rechnen, die das Monopol auf die Legitimierung und Kanonisierung von legitimen Schriftstellern und Texten haben und zur Gestaltung der legitimen Sprache beitragen, indem sie unter den angebotenen Produkten diejenigen auswählen, die ihnen würdig erscheinen, abgesegnet und über den Schulunterricht in die legitime Sprachkompetenz inkorporiert zu werden; wobei sie sie zu diesem Zweck einer Standardisierungs- und Kodifizierungsarbeit unterziehen, die sie bewusst beherrschbar und damit leicht reproduzierbar machen soll. Die Grammatiker wiederum, die bei den etablierten Schriftstellern und den Akademikern durchaus auch Bundesgenossen finden und die Macht für sich in Anspruch nehmen, Normen zu setzen und durchzusetzen, sind ihrerseits darauf aus, einen Sprachgebrauch zu legitimieren und zu kodifizieren, indem sie ihn »rational« machen und rationalisieren. So tragen sie durch *Eingrenzung* des Universums der zulässigen Aussprachen, Wörter oder Wendungen und *Fixierung* einer *zensierten*, von allen volkstümlichen Wendungen – vor allem den jeweils neuesten – *gereinigten* Sprache zur Festsetzung des Wertes bei, den die sprachlichen Produkte der verschiedenen Anwender der Sprache auf den verschiedenen Märkten realisieren können (insbesondere auf denen, die wie der Bildungsmarkt direkt oder indirekt ihrer Kontrolle unmittelbar unterstehen).

Die Varianten, die im Zusammenhang mit den unterschiedlichen Konstellationen des Kräfteverhältnisses zwischen den ständig – unter Berufung auf ganz unterschiedliche Legitimationsprinzipien – miteinander rivalisierenden Autoritäten im literarischen Feld entstehen, können nicht über die strukturellen *Invarianten* hinwegtäuschen, die die Protagonisten unter jeweils ganz unterschiedlichen historischen Bedingungen zu gleichen Strategien und Argumenten greifen lässt, um ihren Anspruch als Gesetzgeber der Sprache geltend zu machen und zu legitimieren und den Anspruch ihrer Konkurrenten zurückzuweisen. So berufen sich die Grammatiker gegenüber der »Schönrednerei« der Leute von Welt und der Anmaßung der Schriftsteller, die meinen, die Weisheit des rechten Sprachgebrauchs für sich gepachtet zu haben, immer wieder auf den *vernunftgemäßen Gebrauch der Sprache*, das heißt auf das »Sprachgefühl«, das man dank der Kenntnis der für die Grammatik konstitutiven Prinzipien von »Vernunft« und »Geschmack« bekommt. Die Schriftsteller wiederum, die diesen Anspruch vor allem seit der Romantik selbst erheben, berufen sich auf das Genie und gegen die Regel und bekennen sich offen dazu, die Ordnungsrufe derjenigen zu überhören, die Victor Hugo herablassend »Grammatiklehrer« genannt hat.[27]

Die objektive Enteignung der unteren Klassen mag dabei niemals in der Absicht irgendeines der beteiligten Akteure gelegen haben (bekanntlich haben sich ja auch immer Schriftsteller gefunden, um die Sprache der »Lastträger des Port au Foin« zu rühmen, »dem Wörterbuch die rote Mütze aufzusetzen« oder die Sprechweise des einfachen Volkes nachzuahmen). Und doch ist diese Enteignung nicht etwa unabhängig von der Existenz der ganzen Zunft derer geschehen, die von Berufs wegen objektiv das Monopol des legitimen Gebrauchs der legitimen Sprache innehaben und für ihren eigenen Gebrauch eine Spezialsprache produzieren, die sich, gewissermaßen *überschüssig*, auch noch besonders gut für die soziale Funktion

27 Statt endloser Zitate von Schriftstellern und Grammatikern, deren volle Bedeutung sich nur mit einer regelrechten historischen Analyse des Zustands des Feldes erschließen ließe, aus dem sie jeweils stammen, sei hier – für diejenigen, die sich eine konkrete Vorstellung von dieser permanenten Auseinandersetzung machen möchten, verwiesen auf B. Quemada, *Les dictionnaires du français moderne, 1539-1863*, Paris: Didier, 1968, S. 193, 204, 207, 210, 216, 226, 228, 229, 230, 231, 233, 237, 239, 241, 242, und Brunot, *Histoire de la langue française*, insbes. Bd. 11-13, *passim.* Auch bei den von Haugen beschriebenen Auseinandersetzungen um die Kontrolle der Sprachplanung des Norwegischen ist eine ähnliche Aufteilung von Rollen und Strategien zwischen Schriftstellern und Grammatikern zu beobachten (siehe E. Haugen, *Language Conflict and Language Planning. The Case of Modern Norwegian*, Cambridge: Harvard University Press, 1966, insbes. S 296ff.).

der Distinktion in den Beziehungen zwischen den Klassen und in ihren Kämpfen im Bereich der Sprache eignet. Ebenso wenig unabhängig ist diese Enteignung von der Existenz einer Institution wie dem Bildungssystem, das – ermächtigt, ketzerische Sprachprodukte im Namen der Grammatik mit Sanktionen zu belegen und die explizite, den Evolutionsgesetzen zuwiderlaufende Norm einzupauken – intensiv dazu beiträgt, die unterdrückten Sprachformen auch zu solchen zu machen, da die bloße Tatsache, dass der herrschende Sprachgebrauch gelehrt wird, ihn auch sichtbar als den einzig legitimen bestätigt. Man ginge aber natürlich am Wesentlichen vorbei, wollte man die Betätigung von Schriftstellern oder Lehrern direkt mit der Wirkung in Zusammenhang bringen, die sie objektiv herbeiführen, nämlich die Entwertung der Umgangssprache als Folge der bloßen Existenz der literarischen Sprache: Diejenigen, die im literarischen Feld aktiv sind, steuern nur deshalb etwas zur symbolischen Herrschaft bei, weil die Wirkungen, auf die sie aufgrund ihrer Position im Feld und aufgrund der mit ihr zusammenhängenden Interessen hinarbeiten, ihnen selbst und auch allen anderen immer den Blick auf die Außenwirkungen verstellen, die aus ebendieser Verkennung heraus als Überschuss entstehen.

Die Eigenschaften, die die perfekte Sprachbeherrschung ausmachen, lassen sich mit zwei Wörtern zusammenfassen: Distinktion und Korrektheit. Da die Arbeit im literarischen Feld einen ganzen Komplex von Ableitungen schafft, deren Prinzip der *Abstand* zum jeweils häufigsten, das heißt »umgangssprachlichen«, »gewöhnlichen«, »vulgären« Sprachgebrauch ist, produziert sie eine scheinbar eigenständige Sprache. Der Wert entspringt immer aus dem – *gewählten oder nichtgewählten* – Abstand zu dem am weitesten verbreiteten Sprachgebrauch, zu »Gemeinplätzen«, »gängigen Meinungen«, »trivialen« Aussprüchen, »vulgären« Ausdrücken, »einfachem« Stil.[28] Sprachgebrauch wie Lebensstil lassen sich nur

28 Dem *Stil an sich*, dem objektiven Ergebnis einer unbewussten oder sogar unfreiwilligen »Wahl« (wie die objektiv ästhetische »Wahl« eines Möbel- oder Kleidungsstücks, die doch nur der wirtschaftlichen Notwendigkeit gehorcht), lässt sich ein *Stil für sich* gegenüberstellen, Ergebnis einer Wahl, die zwar ebenfalls determiniert ist, auch wenn sie als frei und »unbedingt«, empfunden wird, aber determiniert von den spezifischen Zwängen der Ökonomie symbolischer Güter, etwa vom expliziten oder impliziten Verweis auf die unfreiwillige Wahl derer, die gar keine Wahl haben; denn auch der Luxus hat einen Sinn nur im Verhältnis zur Notwendigkeit.

relational definieren: Die »gesuchte«, »gewählte«, »vornehme«, »gehobene«, »gepflegte«, »gebildete«, »feine« Sprache enthält (wie die Wörter zu ihrer Bezeichnung schon sagen) einen negativen Bezug auf die »allgemeine«, »umgangssprachliche«, »gewöhnliche«, »gesprochene«, »familiäre« oder, noch weiter gehend, »volkstümliche«, »derbe«, »grobe«, »nachlässige«, »freie«, »triviale«, »vulgäre« Sprache (ganz zu schweigen vom »Unaussprechlichen«, dem »Kauderwelsch« oder »Jargon«, der »Negersprache« oder dem »Pidgin«). Die Gegensätze, nach denen diese Reihe aufgebaut ist, gehen vom Standpunkt der Herrschenden aus und laufen letztlich auf zweierlei hinaus: den Gegensatz von »fein« und »vulgär« (oder »selten« und »gemeinsprachlich«) und den Gegensatz von »gepflegt« (oder »gehoben«) und »nachlässig« (oder »frei«), der die besondere Form des vorhergehenden, ganz allgemein anwendbaren Gegensatzes für den Bereich der Sprache darstellen dürfte. Als wäre das hierarchische Prinzip der Klassensprachen nichts anderes als der Grad der *Kontrolle*, der sich in ihnen manifestiert, und der Grad der *Korrektheit*, den sie voraussetzen.

Daher auch ist die legitime Sprache eine halb künstliche Sprache, die über ständige Korrekturarbeit durch speziell für diesen Zweck eingerichtete Institutionen und durch einzelne Sprecher gepflegt werden muss. Hier wie in anderen Bereichen arbeitet das Bildungssystem – vermittelt über seine Grammatiker, die den legitimen Sprachgebrauch fixieren und kodifizieren, und über seine Lehrer, die ihn über unzählige Korrekturen durchsetzen und einüben – darauf hin, ein Bedürfnis nach seinen eigenen Dienstleistungen und Produkten zu erzeugen, also nach der Korrekturarbeit und ihrem Instrumentarium.[29] Die legitime Sprache verdankt ihre (*relative*)

29 Einer der Fehler, und nicht der geringste, die die Verwendung von Begriffen wie »Apparat« oder »Ideologie« nach sich zieht, deren naiver Finalismus sich bei den »staatlichen Ideologieapparaten« noch potenziert, ist die Unkenntnis der Ökonomie von Institutionen der Produktion von Kulturgütern: Man denke nur an die *Kulturindustrie*, die für die Produktion von Dienstleistungen und Instrumenten der Spracherziehung sorgt (unter anderem mit der Herausgabe von Sprachlehrbüchern, Grammatiken, Wörterbüchern, »Briefstellern«, Sammlungen von Musterreden, Kinderbüchern usw.), und an die Tausenden von Akteuren in der Industrie oder im öffentlichen Dienst, die ihre ureigensten materiellen und symbolischen Interessen in die Konkurrenzkämpfe einbringen, mit denen sie – aber eben überschüssig und oft ohne es zu wissen – zur »Verteidigung und Illustration« der legitimen Sprache beitragen.

zeitliche (wie räumliche) Konstanz der Tatsache, dass sie durch ununterbrochene Einpaukarbeit immer wieder vor der Neigung zur *Mühe- und Spannungsersparnis* – etwa durch Vereinfachung per Analogie (französisch *vous faisez* und *vous disez* statt *vous faites* und *vous dites*) – geschützt wird. Außerdem verdankt die korrekte, das heißt korrigierte Ausdrucksweise ihre sozialen Eigenschaften im Wesentlichen der Tatsache, dass sie nur von Sprechern produziert werden kann, die die *Regeln* für das gehobene Sprechen – explizit aufgestellt durch Kodifizierungsarbeit und ausdrücklich eingeübt durch Erziehungsarbeit – praktisch beherrschen. Das Paradox jeder institutionalisierten Pädagogik liegt ja darin, dass sie Regeln, die durch die Arbeit der Grammatiker in retrospektiver Erklärungs- und Kodifizierungsarbeit aus der Praxis der professionellen Schreiber (der Vergangenheit) abgeleitet werden, als Schemata festschreiben will, die in der Praxis funktionieren sollen. Der »richtige Sprachgebrauch« ist das Produkt einer Sprachkompetenz, die *inkorporierte Grammatik* ist: Das Wort Grammatik wird hier bewusst (und nicht wie bei den Sprachwissenschaftlern unter der Hand) in seiner wahren Bedeutung als System von Bildungsregeln genommen, die *ex post* aus dem fertigen Diskurs abgeleitet und dem zukünftigen Diskurs als verbindliche Norm vorgesetzt werden. Daraus folgt, dass Eigenschaften und soziale Auswirkungen der legitimen Sprache auch nur dann vollständig erklärt werden können, wenn nicht nur die gesellschaftlichen Bedingungen der Produktion der literarischen Sprache und ihrer Grammatik berücksichtigt werden, sondern auch die gesellschaftlichen Bedingungen der Durchsetzung und des Einübens dieses gehobenen Codes als Produktions- und Bewertungsprinzip des gesprochenen Worts.[30]

30 Noch eine weitere Eigenschaft verdankt die legitime Sprache ihren Produktions- und Reproduktionsbedingungen: die Autonomie gegenüber ihren praktischen Funktionen oder, genauer gesagt, das neutralisierte und neutralisierende Verhältnis zur »Sprechsituation«, zum Gegenstand des Diskurses oder zum Sprecher, das implizit bei allen Anlässen vorausgesetzt wird, die aufgrund ihrer Förmlichkeit einen kontrollierten, gehobenen Sprachgebrauch erfordern. Der Gebrauch der »Schriftsprache« als gesprochene Sprache ist nur unter Bedingungen zu erwerben, in denen er objektiv in der Sprechsituation angelegt ist, und zwar in Gestalt des freien Gebrauchs, der Gewandtheit und vor allem der *freien Zeit*, also als Neutralisierung praktischer Erfordernisse; und er setzt die Disposition voraus, die man in den und durch die Übungen zur Handhabung von Sprache ohne andere Zwänge als diejenigen erwirbt, die ganz und gar vom Bildungsbetrieb erzeugt werden.

Die Dynamik des sprachlichen Feldes

Da die Gesetze der Übertragung des sprachlichen Kapitals ein Sonderfall der Gesetze der legitimen Übertragung von kulturellem Kapital von einer Generation zur nächsten sind, kann man davon ausgehen, dass die Sprachkompetenz, die nach *schulischen* Kriterien bewertet wird, genau wie andere Formen des kulturellen Kapitals vom Bildungsniveau abhängt, das nach Bildungstiteln und sozialem Lebenslauf gemessen wird. Da die Beherrschung der legitimen Sprache durch Gewöhnung erworben werden kann, das heißt durch den mehr oder weniger langen Umgang mit ihr oder durch das ausdrückliche Einüben expliziter Regeln, entsprechen die Hauptklassen der Ausdrucksweisen den Klassen des Spracherwerbs, das heißt den unterschiedlichen Formen der Zusammensetzung der beiden Hauptfaktoren bei der Produktion legitimer Sprachkompetenz, Familie und Bildungssystem.

In diesem Sinne ist die Sprach- wie die Kultursoziologie nicht von der Bildungssoziologie zu trennen. Als sprachlicher Markt, der streng den Urteilen der Hüter der legitimen Kultur unterworfen ist, wird der Bildungsmarkt von den sprachlichen Produkten der herrschenden Klasse beherrscht und verfestigt tendenziell die bereits bestehenden Kapitalunterschiede: Da sich die Wirkung eines geringen kulturellen Kapitals durch die damit einhergehende geringe Neigung zu seiner Vermehrung durch Bildungsinvestitionen noch verstärkt, fallen die am stärksten benachteiligten Klassen den Negativsanktionen des Bildungsmarktes anheim, das heißt dem vorzeitigen Ausschluss oder Selbstausschluss als Folge schwacher Leistungen. Die unterschiedlichen Ausgangslagen werden also insofern tendenziell reproduziert, als auch die Dauer des Einübens tendenziell entsprechend dem zu erwartenden Ergebnis variiert: Diejenigen, die am wenigsten bereit und in der Lage sind, die Bildungssprache zu akzeptieren und für sich zu übernehmen, sind dieser Sprache und den Kontrollen, Korrekturen und Sanktionen des Bildungssystems auch am wenigsten lange ausgesetzt.

Da das Bildungssystem über die nötige abgeleitete Autorität verfügt, um im Bereich der Sprache ganz allgemein einen dauerhaften Lerneffekt zu erzielen, und es Dauer und Intensität seiner Einwirkung tendenziell proportional zum ererbten Kapital zuteilt, sorgen die sozialen Mechanismen der Kulturübertragung tendenziell auch für die Reproduktion eines für die Dynamik des sprachlichen Feldes und damit für den sprachlichen Wandel entscheidenden Faktors, nämlich der Diskrepanz zwischen der – sehr ungleichen – Verteilung der *Kenntnis* der legitimen Sprache und ihrer – sehr viel allgemeiner verbreiteten – *Anerkenntnis*. Die Sprachkämpfe, die der Ursprung dieses Wandels sind, setzen nämlich Sprecher voraus, deren Anerkenntnis des autorisierten Sprachgebrauchs (annähernd) gleich, deren Kenntnis dieses Sprachgebrauchs jedoch ungleich ist. So konnten die Sprachstrategien des Kleinbürgertums, insbesondere seine Tendenz zur Überkorrektheit, typischer Ausdruck einer alle Dimensionen der Praxis durchdringenden Bildungsbeflissenheit, deshalb als Hauptfaktor des sprachlichen Wandels erscheinen, weil die Kluft zwischen Kenntnis und Anerkenntnis, zwischen dem Ehrgeiz und den Möglichkeiten seiner Befriedigung, aus der die Spannung und der Anspruch entstehen, in den mittleren Bereichen des sozialen Raums am größten ist. Dieser Anspruch – Anerkennung der Distinktion, die sich gerade durch den Versuch verrät, sie durch Aneignung zu negieren – erzeugt im Feld der Konkurrenz einen ständigen Druck, der bei den Besitzern der sozial anerkannten Distinktionsmerkmale nur zu immer neuen Distinktionsstrategien führen kann. Die kleinbürgerliche Überkorrektheit, die ihre Korrekturmuster und -instrumente bei den anerkanntesten Richtern des legitimen Sprachgebrauchs findet – Mitgliedern der *Académie française*, Grammatikern, Professoren –, definiert sich über das subjektive wie objektive Verhältnis zum volkstümlich »Vulgären« wie zum bürgerlich »Distinguierten«, sodass der Beitrag zum sprachlichen Wandel, den dieses Streben nach Assimilation (an die bürgerlichen Klassen) und zugleich Dissimilation (von den unteren Klassen) leistet, lediglich mehr auffällt als die Dissimilationsstrategien, zu denen es umgekehrt bei den Besitzern einer selteneren Kompetenz führt. Die bewusste oder unbewusste Vermeidung der augenfälligsten Merkmale sprachlicher Anspannung und Bemühtheit der Kleinbürger (im Französischen zum Beispiel das *passé simple*, das als »oberlehrerhaft« gilt) können bei Bürgern und Intellektuellen zur kontrollierten Unterkorrektheit führen, bei der sich selbstbewusste Lässigkeit und souveräne Missachtung kleinlicher Regeln mit einer bewusst zur Schau getragenen Gewandtheit auf schwierigstem Terrain vereinen.[31] Dort Spannung hineinzubringen, wo die Gemeinsprache lässig wird, Leichtigkeit da, wo sie Bemühtheit verrät, und jene Entspanntheit in der Anspannung, die den entscheidenden Unterschied zu den kleinbürgerlichen oder volkstümlichen Formen von Anspannung und Entspanntheit ausmacht, dies alles sind – meist unbewusste – Distinktionsstrategien, die unendlich steigerungsfähig und mit ihrem ständigen Umschwenken von der einen zur anderen bestens geeignet sind, die Suche nach nichtrelationalen Eigenschaften von Sprachstilen aussichtslos erscheinen zu lassen.

Um die neue Sprechweise der Intellektuellen zu erklären, das Zögernde, ja Stockende, Fragende (»nicht?«), Abgehackte, das in den Vereinigten Staaten genauso anzutreffen ist wie in Frankreich, müsste somit die gesamte *Struktur der Sprachgebräuche* berücksichtigt werden, in Bezug auf die sie sich definiert: auf der einen Seite der alte, professorale Sprachgebrauch (mit seinen langen Perioden, Konjunktiven der Vergangenheit usw.), der mit dem abgewerteten Image des dozierenden Professors assoziiert wird, und auf der anderen die neuen, kleinbürgerlichen Sprachgewohnheiten, die eine Folge der größeren Verbreitung der Bildungssprache sind und vom freieren Gebrauch, einer Mischung aus Anspannung und Ungezwungenheit, die eher für das neue Kleinbürgertum charakteristisch ist, bis zur Überkorrektheit einer allzu gepflegten Sprechweise gehen können, die – sofort entwertet durch allzu offensichtliche Bemühtheit – das Kennzeichen der aufgestiegenen Kleinbürger ist.

Die Tatsache, dass diese Distinktionspraktiken nur mit Bezug auf das Universum der gleichzeitig möglichen Praktiken verständlich werden, heißt nicht, dass ihr Ursprung in einem bewussten Streben nach Distinktion zu suchen wäre. Alles deutet darauf hin, dass er vielmehr in einem praktischen Sinn für den Seltenheitswert

31 Es ist also kein Zufall, dass – wie Trubetzkoy bemerkt – eine »nonchalante Aussprache« eine der am häufigsten anzutreffenden Formen ist, Distinktion zu zeigen, vgl. N. S. Troubetzkoy, *Principes de phonologie*, Paris: Klincksieck, 1957, S. 22. Durch Pierre Encrevé bin ich darauf aufmerksam geworden, dass die strategische Spannungsminderung die phonetische Ebene in der Tat nur ausnahmsweise betrifft. So kommt es, dass sich die fälschlich negierte Distanz weiter in der Aussprache bemerkbar macht. Und die Effekte sind bekannt, die die Schriftsteller – zum Beispiel Raymond Queneau – aus dem systematischen Einsatz solcher Niveauunterschiede zwischen unterschiedlichen Aspekten des Diskurses erzielt haben.

von (sprachlichen oder nichtsprachlichen) Distinktionsmerkmalen und ihrem zeitbedingten Wandel liegt: Wörter, die unter die Leute kommen, verlieren ihre *Trennschärfe* und werden von daher tendenziell als in Wahrheit banal, gewöhnlich, als *billig* beziehungsweise, da ihre Verbreitung von der Zeit abhängig ist, als *abgedroschen* empfunden. Wahrscheinlich hat das unbewusste Übergehen zu Stilmerkmalen, mit denen man mehr »Klasse« zeigt, oder zu selteneren Verwendungsformen allgemein verbreiteter Stilmerkmale seinen Ursprung in dem Überdruss, der mit der Wiederholung kommt, und in dem Sinn für den Seltenheitswert.

So sind die distinktiven Unterschiede der Ursprung der ständigen Bewegung, die diese Unterschiede aufheben soll und in Wirklichkeit (über einen paradoxen Vorgang, der nur dann verblüfft, wenn man nicht weiß, dass Konstanz unter Umständen Wandel voraussetzt) ihrer Reproduktion dient. Die Assimilations- und Distinktionsstrategien, die dem Wandel der verschiedenen Sprachgebräuche zugrunde liegen, lassen nicht nur die Struktur ihrer Verteilung und damit auch das System der Systeme distinktiver Unterschiede, in denen sie sich manifestieren (nämlich die Sprachstile), unangetastet, sondern arbeiten geradezu darauf hin, sie (in anderer Erscheinungsform) zu reproduzieren. Da die treibende Kraft der Veränderung selbst nichts anderes ist als das sprachliche Feld insgesamt oder, genauer gesagt, als die ständige Abfolge von Aktionen und Reaktionen im Universum der das Feld konstituierenden Konkurrenzverhältnisse, ist das Zentrum dieser ständigen Bewegung überall und nirgends, zum Leidwesen all derer, die – befangen in einer Auffassung von Diffusion, die vom Bild des »Ölflecks« (nach dem vielbeschworenen Modell des *two-step flow*) oder des »Rieselns« (*trickle-down*) ausgeht – den Ursprung des Wandels hartnäckig an einem bestimmten Ort des sprachlichen Feldes lokalisieren wollen. Was als Diffusionserscheinung beschrieben wird, ist nichts anderes als der aus dem *Konkurrenzkampf* entstehende Prozess, der jeden Akteur dazu treibt, sich über unzählige Assimilations- und Dissimilationsstrategien (in Bezug auf diejenigen, die sich im sozialen Raum und in der Zeit vor und hinter ihm befinden) ständig andere Wesensmerkmale (hier also Aussprache, Wortschatz, syntaktische Wendungen usw.) zuzulegen und dabei doch, gerade durch dieses Wettrennen, den Unterschied aufrechtzuerhalten, der der Ursprung des Rennens ist. Diese strukturelle Konstanz des sozialen Werts des jeweiligen Gebrauchs der legitimen Sprache ist verständlich, wenn man weiß, dass Logik und Zwecke der Strategien zur Veränderung der Struktur von ebendieser Struktur beherrscht werden, nämlich über die Position, die derjenige in ihr einnimmt, der nach diesen Strategien handelt. Da der »interaktionistische« Ansatz nicht über die Aktionen und Reaktionen hinauskommt, die er so nimmt, wie sie sich direkt und unmittelbar darbieten, muss ihm verborgen bleiben, dass die Sprachstrategien der verschiedenen Akteure ganz genau von ihrer Position in der Struktur der Verteilung des Sprachkapitals abhängen, die selbst bekanntlich, vermittelt über die Struktur der Zugangschancen zum Bildungssystem, von der Struktur der Klassenverhältnisse abhängig ist.

Und damit bleiben ihm auch die tiefer liegenden Mechanismen verborgen, die durch Veränderungen der Oberfläche für die Reproduktion der Struktur der distinktiven Unterschiede und den Erhalt der positionsabhängigen Rendite sorgen, die mit dem Besitz einer seltenen und daher distinktiven Kompetenz verbunden ist.

Preisbildung und Vorwegnahme des Profits

> Aus beruflicher Gewohnheit vielleicht oder auch aufgrund der Ruhe, die jeder Mann in bedeutender Stellung sich zulegt, der um Rat gefragt wird und der, da er ganz genau weiß, dass die Unterhaltung ihm nicht aus den Händen gleiten kann, den vor ihm Stehenden zappelnd sich bemühen und nach Belieben abrackern lässt, möglicherweise auch, um seinen Charakterkopf (den er selbst für griechisch hielt, trotz der großen Koteletten) besser zur Geltung zu bringen, bewahrte Monsieur de Norpois, während man ihm etwas auseinandersetzte, eine so völlig unbewegliche Miene, dass es war, als spräche man zu einer antiken – und tauben – Büste in einer Glyptothek.
>
> Marcel Proust, *Auf der Suche nach der verlorenen Zeit*

Als Kommunikationsbeziehung zwischen einem Sender und einem Empfänger, basierend auf Chiffrierung und Dechiffrierung, also auf der Verwendung eines Codes oder auf schöpferischer Sprachkompetenz, ist der sprachliche Tausch auch ein ökonomischer Tausch, der in einem bestimmten symbolischen Kräfteverhältnis zwischen einem Produzenten mit einem bestimmten Sprachkapital und einem Konsumenten (oder einem Markt) stattfindet und geeignet ist, einen bestimmten materiellen oder symbolischen Profit zu erbringen. Mit anderen Worten, die Diskurse sind nicht nur (oder nur ausnahmsweise) Zeichen, die dechiffriert und verstanden werden sollen; sie sind auch Zeichen des Reichtums, zu taxieren und zu bewerten, und Zeichen der Autorität, denen geglaubt und gehorcht werden soll. Schon außerhalb des literarischen und speziell des lyrischen Sprachgebrauchs, im Alltagsleben, dient die Sprache selten als reines Kommunikationsmittel: Die Maximierung des Informationsprofits ist nur in Ausnahmefällen der ausschließlich angestrebte Zweck der sprachlichen Produktion, und der hierbei implizierte rein instrumentelle Gebrauch der Sprache steht gewöhnlich im Widerspruch zum oft unbewussten Streben nach symbolischem Profit. Möglich ist dies, weil in der Praxis des Sprechens außer der Information, die als solche deklariert wird, ganz unvermeidlich auch noch eine Information zu der (differenzierenden) Art und Weise des Kommunizierens übermittelt wird, das heißt zum Sprachstil, der mit Bezug auf das Universum der theoretisch oder praktisch konkurrierenden Stile wahrgenommen und bewertet wird und dadurch einen sozialen Wert und symbolische Wirksamkeit bekommt.

Kapital, Markt und Preis

Die Diskurse bekommen ihren Wert (und ihren Sinn) erst im Verhältnis zu einem Markt, der sich durch ein besonderes Gesetz der Preisbildung auszeichnet: Der Wert des Diskurses hängt von dem konkreten Machtverhältnis zwischen den Sprachkompetenzen der Sprecher ab, verstanden als Produktions- wie Aneignungs- und Bewertungsfähigkeit; er hängt, anders formuliert, von der Fähigkeit der jeweils am Tausch beteiligten Akteure ab, diejenigen Bewertungskriterien durchzusetzen, die für ihre eigenen Produkte am günstigsten sind. Diese Fähigkeit bestimmt sich nicht allein nach sprachlichen Gesichtspunkten. Das Verhältnis zwischen den Sprachkompetenzen, die als Produktionsfähigkeit sozial klassifiziert und als sozial klassifizierte Einheiten der Fähigkeit zur Produktion wie auch zur Aneignung und Bewertung von Sprache für bestimmte – ihrerseits sozial klassifizierte – Märkte charakteristisch sind, trägt sicher zur Festsetzung des Preisbildungsgesetzes bei, das sich bei einem bestimmten Tausch durchsetzt. Aber dennoch wird das sprachliche Machtverhältnis nicht völlig und nicht allein durch die an ihm beteiligten sprachlichen Mächte bestimmt, und in jeder Interaktion (und damit bei jedem Diskurs) ist über die verwendeten Sprachen, über ihre Sprecher und über die sozialen Gruppen – definiert über den Besitz der entsprechenden Sprachkompetenz – die ganze Sozialstruktur präsent. Das aber übersieht die interaktionistische Beschreibung, die die Interaktion wie einen Staat im Staate behandelt und dabei vergisst, dass ein Vorgang zwischen zwei Personen – einer Hausherrin und ihrer Hausangestellten, einer Französisch und einer Arabisch sprechenden Person in einem Kolonialstaat oder, postkolonial, zwei Angehörigen der einst kolonisierten Nation, von denen der eine Französisch, der andere Arabisch spricht – in seiner besonderen Form von dem objektiven Verhältnis zwischen den jeweiligen Sprachen oder Sprachgebräuchen, das heißt von dem Verhältnis zwischen den sozialen Gruppen, bedingt ist, die diese Sprachen sprechen. Der Wunsch, direkt

»zur Sache« zu kommen und die »Wirklichkeit« möglichst genau zu erfassen, von dem der »mikrosoziologische« Ansatz oft getragen ist, führt unter Umständen dazu, eine »Wirklichkeit« schlicht und einfach zu verfehlen, die sich der Intuition deshalb nicht unmittelbar erschließt, weil sie auf Strukturen beruht, die die Interaktion, die sie formen, transzendieren. Dies lässt sich sehr gut am Beispiel der Strategien der Herablassung zeigen. So schreibt eine im Béarn (einer Provinz im Süden Frankreichs) erscheinende Zeitung, als sich bei einer Feier zu Ehren eines béarnesischen Dichters der Bürgermeister von Pau auf Béarnesisch an das Publikum wendet: »Die Zuhörer waren von dieser Geste tief beeindruckt.«[32]

Um die Tatsache, dass ein béarnesischer Bürgermeister auf Béarnesisch zu ihnen spricht, als »beeindruckende Geste« empfinden zu können, müssen diese Zuhörer, deren Muttersprache durchweg Béarnesisch ist, das ungeschriebene Gesetz stillschweigend anerkannt haben, nach dem die französische Sprache für offizielle Diskurse und offizielle Anlässe als die einzig akzeptable anzusehen ist. Die Strategie der Herablassung besteht darin, Profit aus dem objektiven Machtverhältnis zwischen Sprachen zu schlagen, die noch im Akt der symbolischen Negation dieses Verhältnisses, also der Hierarchie zwischen diesen Sprachen und zwischen denen, die sie sprechen (auch und gerade dann, wenn gar nicht Französisch gesprochen wird), praktisch miteinander verglichen werden. Möglich ist dergleichen immer dann, wenn die objektive Distanz zwischen den beteiligten Personen (das heißt zwischen ihren sozialen

32 Die *offizielle* Feier zum hundertsten Geburtstag eines béarnesischsprachigen Dichters, Simin Palay, dessen Schaffen, von der Sprache einmal abgesehen, der Form wie den Inhalten nach ganz der französischen Literatur verpflichtet ist, führt zu einer höchst ungewöhnlichen sprachlichen Situation. Nicht nur die bestallten Hüter des Béarnesischen, sondern selbst die Spitzen der Verwaltung verstoßen gegen die ungeschriebene Regel, nach der das Französische bei allen offiziellen Anlässen und vor allem im Munde von *Amtspersonen zwingend vorgeschrieben* ist. Dies erklärt auch die Bemerkung des Journalisten (der sicher nur eine Empfindung getreu wiedergibt, die von vielen geteilt wird): »Am meisten Beachtung fand jedoch der Beitrag des Präfekten der Pyrenées-Atlantiques, der sich in hervorragendem béarnesischen Patois an die Zuhörer wandte [...]. Der Bürgermeister von Pau, Labarrere, antwortete der Leiterin der Vereinigung (es handelt sich um eine ›école‹ = eine örtliche Gruppierung der Fehbrige), Mlle Lamazou-Betbeder, in gutem Béarnesisch. Die Zuhörer waren von dieser Geste tief beeindruckt und dankten mit lang anhaltendem Beifall« (*La République des Pyrenées*, 9. September 1974).

Merkmalen) hinreichend bekannt und anerkannt ist (insbesondere bei denen, die als Akteure oder Zuhörer direkt an der Interaktion beteiligt sind), dass mit der symbolischen Negation der Hierarchie (die zum Beispiel darin bestehen kann, sich »einfach« zu geben) die Profite aus der unangetasteten Hierarchie und die aus der rein symbolischen Negation dieser Hierarchie kumuliert werden können, angefangen mit der Stärkung dieser Hierarchie durch die Anerkennung, die dieser Art des Umgangs mit dem hierarchischen Verhältnis selbst gezollt wird. In Wirklichkeit kann der béarnesische Bürgermeister diesen Herablassungseffekt nur erzielen, weil er als Bürgermeister einer großen Stadt, die seine Urbanität verbürgt, auch alle (anderen) Titel besitzt, die seinen rechtmäßigen Anspruch auf Teilhabe an der »Überlegenheit« der »überlegenen« Sprache garantieren (zum Beispiel ist er Studienrat). (Niemand, und erst recht kein Provinzjournalist, käme auf die Idee, sein gutes Französisch zu loben, wie es hier mit dem Béarnesischen geschieht, denn schließlich ist er ein Sprecher mit Amtsgewalt, der *per definitionem* und *ex officio* »gut« Französisch spricht.) Was im Munde eines legitimen Sprechers der legitimen Sprache »gutes Béarnesisch« ist und als solches gelobt wird, wäre ohne jeden Wert (und im Übrigen bei einem offiziellen Anlass auch soziologisch unmöglich) im Munde eines Bauern, der erklären will, dass er nicht Bürgermeister zu werden gedenkt, obwohl er die meisten Stimmen bekommen hat, und daher (auf Französisch) sagt – ganz im Namen einer gut soziologischen Definition von Sprachkompetenz –, er könne »nicht gut reden« (gemeint ist Französisch). Nebenbei zeigt sich hier, dass die Strategien der Umkehrung der objektiven Hierarchien im sprachlichen wie im kulturellen Bereich mit einiger Wahrscheinlichkeit auch Strategien der Herablassung sind und denjenigen vorbehalten bleiben, die sich ihrer Position in den objektiven Hierarchien so sicher sind, dass sie sie negieren können, ohne sich dem Verdacht auszusetzen, sie kennten sie nicht oder genügten nicht ihren Anforderungen. Sollte das Béarnesische (oder anderswo das Kreolische) eines Tages bei offiziellen Anlässen gesprochen werden, so geschähe dies aufgrund eines Handstreichs von Sprechern der herrschenden Sprache mit genügend Rechtstiteln auf sprachliche Legitimität (zumindest in den Augen ihrer Gesprächspartner), um nicht in den Verdacht zu geraten, sie bedienten sich der stigmatisierten Sprache nur, weil sie es »nicht besser verstehen«.

Die Machtverhältnisse, die auf dem Sprachmarkt herrschen und deren Schwankungen die Schwankungen der Preise bestimmen, die ein und derselbe Diskurs auf verschiedenen Märkten erzielen kann, manifestieren und realisieren sich in der Tatsache, dass bestimmte Akteure nicht in der Lage sind, auf die von ihnen selbst oder von anderen angebotenen sprachlichen Produkte diejenigen Kriterien anwenden zu lassen, die für ihre eigenen Produkte am günstigsten sind. Die Durchsetzungskraft der Legitimität ist umso größer – und die Gesetze des Marktes schlagen umso mehr zugunsten der Besitzer der größten Sprachkompetenz aus –, je zwingender der Gebrauch der legitimen Sprache geboten ist, das heißt, je offizieller der Anlass ist, und damit günstiger für diejenigen, die mehr oder weniger offiziell zum Sprechen ermächtigt sind, und je umfassender (aber relativ unabhängig von ihrer tatsächlichen Kenntnis dieser Sprache) die Anerkenntnis der legitimen Sprache und der legitimen Sprachkompetenz bei den Konsumenten.

Mit anderen Worten: Je offizieller der Markt ist, das heißt, je mehr er praktisch den Normen der legitimen Sprache entspricht, desto mehr wird er von den Herrschenden beherrscht, das heißt von den Besitzern der legitimen Sprachkompetenz, die autorisiert sind, als Autoritäten zu sprechen. Die Sprachkompetenz ist keine rein fachliche Fähigkeit, sondern eine statusabhängige Fähigkeit, mit der meistens auch die fachliche Fähigkeit einhergeht, und sei es auch nur, weil ihr Erwerb durch Statuszuschreibung erfolgt (»Adel verpflichtet«), ganz im Gegensatz zu dem, was das allgemeine Bewusstsein glaubt, das die fachliche Kompetenz für die Grundlage der statusbedingten Kompetenz hält. Die legitime Sprachkompetenz ist die einer autorisierten Person – einer »Autorität« – statusbedingt zugeschriebene Fähigkeit, bei offiziellen (*formal*) Anlässen die legitime, das heißt offizielle (*formal*) Sprache zu benutzen, die autorisierte Sprache, die Autorität bedeutet, das beglaubigte und glaubwürdige oder, mit einem Wort, performative Wort, das (mit aller Aussicht auf Erfolg) Anspruch auf Wirkung erheben kann. Definiert man also die legitime Sprachkompetenz als eine, die eine performativ anerkannte Wirkung impliziert, wird auch verständlich, wieso bei bestimmten sozialpsychologischen Experimenten festgestellt werden konnte, dass die Wirkung eines Diskurses, also die ihm zugeschriebene Überzeugungskraft, von der Aussprache des Sprechers abhängt (und erst in zweiter Linie von seinem

Vokabular), das heißt von seiner Autorität, vermittelt über dieses besonders sichere Indiz der Statuskompetenz. Die praktische Einschätzung der symbolischen Macht, die die auf dem betreffenden Markt geltenden Bewertungskriterien bestimmt, berücksichtigt die eigentlichen sprachlichen Merkmale des Diskurses nur insofern, als sie Autorität und soziale Kompetenz der Sprecher anzeigen, und zwar gleichberechtigt neben anderen, nichtsprachlichen Merkmalen wie der Stimmbildung (Nasal- oder Rachenlaute), die als bleibende Disposition des Stimmapparats eines der stärksten sozialen Merkmale ist, und alle ganz offenkundig sozialen Merkmale wie Adels- oder Bildungstitel, Kleidung, insbesondere Uniformen und Amtskleidung, institutionelle Attribute wie die Kanzel des Priesters, das Pult des Lehrers, die Tribüne oder das Mikrofon des Redners, die dem legitimen Sprecher eine herausgehobene Position verschaffen und die Struktur der Interaktion über die damit vorgegebene Struktur des Raumes bestimmen, und schließlich die Zusammensetzung der Gruppe selbst, in der der Tausch stattfindet.

So sind die Chancen der herrschenden Sprachkompetenz, auf einem bestimmten Markt als Sprachkapital zu fungieren, das dem für seine Produkte günstigsten Preisbildungsgesetz Geltung verschaffen und den entsprechenden Profit erbringen kann, umso größer, je offizieller der Anlass ist, je eher er also an sich schon die Anerkennung der Legitimität der herrschenden Ausdrucksweise durchsetzen und die für sie charakteristischen fakultativen Varianten (zumindest bei der Aussprache) zu verbindlichen Regeln erheben kann und je eher die Abnehmer seiner Sprachprodukte auf Kenntnis und Anerkenntnis der Legitimität dieser Ausdrucksweise auch außerhalb der Zwänge des offiziellen Anlasses eingestellt sind. Mit anderen Worten: Je vollständiger und ausgeprägter diese unterschiedlichen Bedingungen auf einem Markt gegeben sind, desto mehr nähern sich die praktisch ermittelten Werte der Sprachprodukte, die dort real miteinander konfrontiert sind, ihrem theoretischen, ihrer Position in einem vollständigen System der Sprachstile auf einem hypothetischen einheitlichen Markt entsprechenden Wert an. Umgekehrt nimmt, je weniger offiziell der Charakter des Tauschverhältnisses ist und je weniger der Tausch selbst von hoch autorisierten Sprechern beherrscht wird, auch die Benachteiligung der Produkte der unterdrückten sprachlichen Habitus ab. Natürlich kann die Festsetzung des symbolischen Machtverhältnisses, über das sich der Markt konstituiert, auf dem Wege der Aushandlung zustande kommen, und natürlich ist der Markt innerhalb gewisser Grenzen durch einen Metadiskurs über die Bedingungen des Gebrauchs des Diskurses manipulierbar: etwa durch Ausdrücke zur Einleitung oder Entschuldigung einer zu freien oder anstößigen Redeweise (»wenn Sie gestatten«, »wenn ich das mal so sagen darf«, »mit Verlaub gesagt« usw.) oder zur Betonung der auf einem bestimmten Markt herrschenden und damit explizit angesprochenen Freizügigkeit (»unter uns gesagt«, »wir sind ja hier unter uns« usw.). Aber selbstverständlich sind, wie die Herablassungsstrategien zeigen, die Manipulationsmöglichkeiten umso größer, je größer das Kapital ist, das jemand besitzt. Auch die Vereinheitlichung des Marktes ist niemals so total, dass die Beherrschten nicht im privaten Leben, in vertrautem Kreise, Märkte finden könnten, auf denen die Preisbildungsgesetze, die für die ganz offiziellen Märkte gelten, aufgehoben sind:[33] Bei diesem privaten Tausch zwischen gleichrangigen Partnern werden die »illegitimen« Sprachprodukte nach Kriterien bewertet, die den Prinzipien ihrer Produktion angepasst sind und sie daher von der – zwangsläufig vergleichenden – Logik der Distinktion und des Wertes befreien. Dennoch bleibt das auf diese Weise eher vorübergehend aufgehobene als wirklich überwundene offizielle Gesetz weiter in Kraft[34] und bringt sich den Beherrschten sofort in Erinnerung, wenn sie die Freiräume verlassen, in denen sie sich beim Sprechen keinen Zwang antun müssen (und in denen unter Umständen ihr ganzes Leben verläuft), was auch daran zu sehen ist, dass es die Sprachproduktion ihrer Wortführer beherrscht, sobald sie in offiziellen Zusammenhängen auftreten. Nichts rechtfertigt daher die Annahme, der Sprachgebrauch, der auf dieser kleinen Insel der Freiheit gilt, wo man »eigenwillig« reden darf (ein typisches Wort der Wörterbücher), weil man unter sich ist und sich nicht »in Acht nehmen« muss, sei die »eigentliche« Volkssprache. Zum Eigentlichen der volkstümlichen Sprachkompetenz gehört eben auch, dass sie wie ausgelöscht ist, wenn sie mit einem offiziel-

33 Dies ist gut bei den Regionalsprachen zu beobachten, deren Gebrauch auf private Anlässe – das heißt hauptsächlich auf das Familienleben – und jedenfalls auf den Tauschverkehr zwischen sozial gleichrangigen Sprechern (zum Beispiel Bauern) beschränkt ist.

34 Nur im Argot behauptet sich eine echte sprachliche Gegenlegitimität; allerdings handelt es sich dabei um eine Sprache von »Bossen«.

len Markt konfrontiert wird, wie ihn etwa – wenn nicht besondere Bedingungen geschaffen werden – auch die Befragungssituation darstellt. Das Faktum sprachlicher Legitimität ist eben gerade darin begründet, dass die Beherrschten dem offiziellen Sprachgesetz *jederzeit potentiell unterworfen sind*, selbst wenn sie, wie der Dieb, von dem Weber spricht, ihr ganzes Leben außerhalb seines Geltungsbereichs zubringen und bei offiziellen Anlässen zum Schweigen verurteilt oder auf jenen zerstörten Diskurs verwiesen sind, der so oft bei Sprachuntersuchungen festgestellt wird.

Also heißt dies, dass die Erzeugnisse des gleichen sprachlichen Habitus je nach Markt verschieden sind und dass jede Sprachbeobachtung einen Diskurs aufzeichnet, der das Produkt der Beziehung zwischen einer Sprachkompetenz und diesem bestimmten Markt ist, nämlich der Befragungssituation, einem Markt mit sehr hohem Spannungsniveau, auf dem ähnliche Preisbildungsgesetze herrschen wie auf dem Bildungsmarkt. Jede Suche nach möglichen erklärenden Variablen für die auf diese Weise aufgezeichneten Varianten läuft Gefahr, die Wirkung der Befragungssituation selbst zu vergessen, jene *verborgene Variable, die wohl der Ursprung der unterschiedlichen Gewichtung verschiedener Variablen ist.* Wer von den Abstraktionen der Sprachwissenschaft wegkommen möchte und sich deshalb um eine statistische Erfassung der sozialen Faktoren der (nach irgendeinem phonologischen, lexikologischen oder syntaktischen Index gemessenen) Sprachkompetenz bemüht, bleibt auf halbem Wege stehen: Er vergisst nämlich, dass die in einer bestimmten, nämlich von der Befragung geschaffenen Marktsituation gemessenen Faktoren in einer anderen Situation womöglich ein ganz anderes relatives Gewicht bekommen; und dass es also darum gehen muss, festzustellen, wie sich die erklärenden Gewichte der entscheidenden Kompetenzfaktoren verändern, wenn man systematisch die Marktverhältnisse verändert (wozu sicher die Durchführung einer ganzen Reihe von planmäßigen Experimenten erforderlich wäre).

Das symbolische Kapital – eine anerkannte Macht

Die Frage der performativen Aussagen wird klarer, wenn man sie als einen Sonderfall der Wirkungen symbolischer Herrschaft begreift, die in jedem sprachlichen Tausch eine Rolle spielt. Das sprachliche Machtverhältnis wird nie einzig und allein vom Verhältnis der beteiligten Sprachkompetenzen bestimmt. Und das Gewicht der jeweiligen Akteure hängt von ihrem symbolischen Kapital ab, das heißt von der – institutionalisierten oder nichtinstitutionalisierten – *Anerkennung* durch eine soziale Gruppe: Die symbolische Machtausübung, diese gewissermaßen magische Wirkung, auf die es der Befehl oder die Parole, aber auch der rituelle Diskurs oder die schlichte Anordnung oder gar Drohung oder Beleidigung anlegen, kann nur unter sozialen Bedingungen erfolgen, die der eigentlichen sprachlichen Logik des Diskurses ganz äußerlich sind. Soll die bedeutungsschwere Sprache des Philosophen so verstanden werden, wie er das möchte, müssen die sozialen Bedingungen gegeben sein, unter denen er überhaupt erst erreichen kann, dass ihm die Bedeutung beigemessen wird, die er sich selber beimisst. Auch die Einrichtung der Messe als eines rituellen Tauschs setzt unter anderem voraus, dass alle erforderlichen sozialen Bedingungen für die Produktion entsprechender, also aufeinander abgestimmter Sender und Empfänger gegeben sind; und wirklich ist die symbolische Wirkung der religiösen Sprache in Gefahr, wenn der Gesamtkomplex der Mechanismen nicht mehr funktioniert, die für die Reproduktion des Anerkennungsverhältnisses sorgen, auf dem die Autorität dieser Sprache beruht. Dies gilt auch für jede andere symbolische Machtausübung, selbst für die, die mit dem Gebrauch der legitimen Sprache impliziert ist, die ja an sich schon den Anspruch erhebt, Gehör, ja Glauben und Gehorsam zu finden, und die ihre spezifische Wirkung doch nur erreichen kann, wenn Verlass auf das Wirken aller oben untersuchten Mechanismen ist, die für die Reproduktion der herrschenden Sprache und die Anerkennung ihrer Legitimität sorgen. Dabei zeigt sich auch, dass der Ursprung des Distinktionsprofits, den jeder Gebrauch der legitimen Sprache erbringt, in der sozialen Welt und den ihre Struktur bestimmenden Herrschaftsverhältnissen insgesamt angelegt ist, und das, obwohl es eine – und nicht die unwichtigste – Komponente dieses Profits ist, dass er ausschließlich auf persönlichen Eigenschaften zu beruhen scheint.

Austins Untersuchung performativer Aussagen kann innerhalb der Grenzen der Sprachwissenschaft zu keinem Schluss kommen. Die magische Wirkung dieser *Setzungsakte* ist nicht von der Existenz einer Institution zu trennen, die die Bedingungen (für Akteure, Orte, Zeitpunkte usw.) bestimmt, die erfüllt sein müssen, damit die Magie der Worte wirken kann. Wie die von Austin untersuchten Beispiele zeigen, sind diese »Gelingensbedingungen« soziale Bedingungen, und wer *mit Erfolg* die Taufe eines Schiffs oder einer Person vollziehen will, muss dazu *befugt* sein, geradeso wie man zum Befehlen die anerkannte Autorität über die Befehlsempfänger braucht. Allerdings haben sich die Sprachwissenschaftler beeilt, Austins schwankende Definition des Performativen zum Anlass zu nehmen, das Problem verschwinden zu lassen, das er ihnen eigentlich gestellt hatte, und zu einer strikt sprachwissenschaftlichen, die Markteffekte außer Acht lassenden Definition zurückzukehren: So unterscheiden sie zwischen explizit performativen Aussagen, die zwangsläufig nur durch sich selbst verifizierbar sind, da sie an sich schon die Durchführung der Handlung darstellen, und performativen Aussagen im weiteren Sinne, die zur Durchführung einer anderen Handlung dienen als der, etwas zu sagen, oder, einfacher gesagt, zwischen der eigentlichen sprachlichen Handlung – die Sitzung für eröffnet erklären – und der außersprachlichen Handlung – die Sitzung eröffnen, indem sie für eröffnet erklärt wird –, und fühlen sich dadurch berechtigt, von der Analyse der sozialen Bedingungen des Wirkens performativer Aussagen abzusehen. Die Gelingensbedingungen, von denen Austin spricht, betreffen nur die außersprachliche Handlung: Nur wenn man die Sitzung wirklich eröffnen soll, muss man befugt sein, aber für eröffnet erklären kann sie jeder, allerdings auf die Gefahr hin, dass die Erklärung wirkungslos bleibt.[35] War so viel Scharfsinn wirklich nötig, um herauszufinden, dass ich zwangsläufig tue, was ich sage, wenn mein Tun im Sagen besteht? Treibt man aber die Unterscheidung von Sprachlichem und Außersprachlichem – auf die sich die Pragmatik (vor allem gegenüber der Soziologie) zur Begründung ihrer Autonomie beruft – auf die Spitze, erweisen sich pragmatisch aufgrund der Widersinnigkeit des Gegenteils die außersprachlichen Handlungen (*illocutionary acts*), wie sie Austin beschreibt, als Akte der

35 B. de Cornulier, La notion d'auto-interpretation, *Études de linguistique appliquée*, 19, 1975, S. 52-82.

Setzung, die nur dann sozialen Rückhalt finden können, wenn in irgendeiner Form die ganze Gesellschaftsordnung für sie einsteht. »Wenn man nämlich ›befugt‹ sein muss, um die Sitzung zu eröffnen, muss man zum Befehlen nicht unbedingt in übergeordneter Stellung sein: Ein Soldat kann seinem Hauptmann einen Befehl geben – dieser Befehl wird eben einfach wirkungslos bleiben.«[36] Oder: »Um legitimerweise die Sitzung eröffnen zu können, muss man institutionell dazu befugt sein, und das ist nicht jeder; jeder aber ist zu einem Sprechakt in Gestalt eines solchen befugt, sodass jeder auch einen solchen Akt ausführen kann.«[37] Die Konstruktion solcher »rein« performativer Aussagen wie der explizit performativen hat den Vorteil, dass sie *a contrario* die Voraussetzungen der normalen performativen Aussagen deutlich macht, bei denen der Bezug auf die sozialen Bedingungen ihres Gelingens implizit vorausgesetzt ist: Unter rein sprachlichen Gesichtspunkten kann jeder alles sagen, und der einfache Soldat kann seinem Hauptmann »Latrinenscheuern« befehlen; aber vom soziologischen Standpunkt aus, den Austin *de facto* einnimmt, wenn er nach den Gelingensbedingungen fragt, ist klar, dass eben nicht jeder alles sagen kann oder doch nur, wie bei der Beleidigung, auf eigenes Risiko. »Jeder kann auf den Marktplatz gehen und schreien: ›Hiermit befehle ich die Generalmobilmachung!‹ Da solches Reden ohne die nötigen Befugnisse nicht *Handlung* sein kann, ist es nur *Wort*; es ist nichts als sinnloses Geschrei, Kinderei oder Wahn.«[38] Die Logikübung, die darin besteht, den Sprechakt von den Bedingungen seiner Durchführung zu trennen, zeigt anhand der Absurditäten, die durch diese Abstraktion zutage treten, dass die performative Aussage als Akt der Setzung sozio-logisch nicht unabhängig von der Institution bestehen kann, der sie ihre Daseinsberechtigung verdankt, und dass sie, sollte sie dennoch zustande kommen, sozial bedeutungslos wäre.[39] Weil ein Befehl oder eine Parole nur wirken

36 F. Recanati, *Les énoncés performatifs*, Paris: Minuit, 1982, S. 192.

37 Ebd., S. 195.

38 E. Benveniste, *Problèmes de linguistique générale*, Paris: Gallimard, 1966, S. 273.

39 Bei den Sprachwissenschaftlern hat wohl Alain Berrendonner den Zusammenhang von Performativem und Sozialem am besten erkannt oder doch das, was er »Setzung« nennt, das heißt »die Existenz einer normativen Kraft, aufgrund deren die Individuen einander unter Androhung von Strafe bestimmten Praktiken unterwerfen«: »Sprechen kann also nur dann durch Handeln ersetzt werden, wenn es außerdem noch irgendeine Garantie dafür gibt, dass diese *Ersatzaussage* trotz-

können, wenn sie die Ordnung der Dinge für sich haben, und weil ihre Ausführung von all den Ordnungsbezügen abhängt, auf denen die Gesellschaftsordnung beruht, müsste man verrückt sein, wie es so schön heißt, wollte man sich einen Befehl ausdenken oder gar laut aussprechen, bei dem die Gelingensbedingungen nicht erfüllt sind. Die Vorwegnahme dieser Gelingensbedingungen entscheidet mit über die Aussage, da sie es möglich macht, diese als vernünftig oder realistisch zu denken und zu erleben. Nur ein unmöglicher Soldat (oder ein »reiner« Sprachwissenschaftler) kann es für möglich halten, seinem Hauptmann einen Befehl zu geben. Die performative Aussage enthält »einen ausdrücklichen Machtanspruch«,[40] mehr oder weniger anerkannt und also sozial mehr oder weniger sanktioniert. Dieser Anspruch, die soziale Welt mit Worten, das heißt *magisch*, zu beeinflussen, ist mehr oder weniger verrückt oder vernünftig, je nachdem, ob er mehr oder weniger Rückhalt in den objektiven Verhältnissen der sozialen Welt findet:[41] So stellen etwa die Beleidigung (»Du bist auch bloß ein Prof«), die nicht autorisiert ist und daher leicht auf ihren Urheber zurückfallen kann, und im Gegensatz dazu die offizielle Amtseinführung (»Hiermit ernenne ich Sie zum Professor«), getragen von der ganzen Autorität der sozialen Gruppe und geeignet, legitime, das heißt allgemein anerkannte Identität zu begründen, zwei Akte magischer Nennung mit sehr ungleicher sozialer Anerkennung dar. Der Grenzfall, den jede performative Aussage anstrebt, ist der Rechtsakt: Wird er von der hierzu befugten Person und in der vorgeschriebenen Form verkündet,[42] also von einem Akteur, der im Namen einer ganzen sozialen Gruppe handelt, kann er das Tun durch ein Sagen »mit sofortiger Wirkung« (wie es dann heißt) ersetzen: Der Richter muss

dem ihre Wirkung tut« (A. Berrendonner, *Éléments de pragmatique linguistique*, Paris: Minuit, 1981, S. 95).

40 O. Ducrot, Illocutoire et performatif, *Linguistique et sémiologie*, A, 1977, S. 17-54.

41 Beleidigung, Segnung, Fluch: Alle Akte magischer Nennung sind eigentlich Prophezeiungen, die den Anspruch erheben, sich durch sich selbst zu verifizieren. Die performative Aussage, die immer einen sozial mehr oder weniger fundierten Anspruch auf Vollzug eines magischen Setzungsaktes zur Herbeiführung einer neuen Realität einschließt, realisiert insofern in der Gegenwart der Wörter eine zukünftige Wirkung.

42 »Hoheitsakte sind immer und in erster Linie Aussagen aus dem Munde derer, die das Recht besitzen, sie auszusprechen« (Benveniste, *Problèmes de linguistique générale*, S. 273).

gar nichts weiter sagen als: »Ich verurteile Sie«, weil es einen ganzen Komplex von Akteuren und Institutionen gibt, die dafür sorgen, dass sein Urteilsspruch ausgeführt wird. Damit macht die Suche nach dem sprachlichen Ursprung der »außersprachlichen Macht« des Diskurses der eigentlichen soziologischen Suche nach den Bedingungen Platz, die einem einzelnen Akteur und mit ihm seinem Wort eine derartige Macht verschaffen können. Der wirkliche Ursprung der Magie der performativen Aussage liegt im Mysterium des »Ministeriums«, des Amtes, das heißt in jeder Delegation von Macht, aufgrund deren ein einzelner Akteur – König, Priester, Wortführer – ermächtigt ist, im Namen der dergestalt in ihm und durch ihn konstituierten Gruppe zu sprechen und zu handeln;[43] er liegt, genauer gesagt, in den sozialen Bedingungen der *Institution* des Amtes, die den legitimen Amtsträger dadurch, dass sie das Amt als Medium zwischen ihn und die soziale Gruppe stellt, dazu befähigt, mit Worten auf die soziale Welt Einfluss zu nehmen, indem sie ihn unter anderem mit Zeichen und Insignien versieht, die daran erinnern sollen, dass er nicht im eigenen Namen und nicht aus eigener Machtvollkommenheit spricht.

Es gibt keine symbolische Macht ohne eine Symbolik der Macht. Die symbolischen Attribute – wie es paradigmatisch am *skeptron* zu sehen ist und an den Strafen, die auf das illegale Tragen von Uniformen stehen – sind eine öffentliche Bekundung und damit eine offizielle Anerkennung des Delegationsvertrags: Hermelin und Toga verkünden, dass der Richter oder der Arzt sich (aufgrund der kollektiven Anerkennung) mit Fug und Recht Richter oder Arzt nennen dürfen; dass also ihre Amtsanmaßung – im Sinne eines nach außen kenntlich gemachten Anspruchs – legitim ist. Die eigentliche sprachliche Kompetenz – das Latein bei den Ärzten früher oder die Redegewandtheit von offiziellen Sprechern – ist auch eine Manifestation der Kompetenz im Sinne eines Rechts auf das Wort und eines Rechts auf Macht durch das Wort. Eine ganze Dimension der autorisierten Sprache, ihrer Rhetorik und Syntax, ihres Wortschatzes und selbst ihrer Aussprache hat keine andere

43 »Seit dem Urchristentum waren diese beiden Wörter – *ministerium* und *mysterium* – mehr oder weniger austauschbar, und noch im Mittelalter gingen sie ständig durcheinander« (vgl. E. H. Kantorowicz, Mysteries of State. An Absolutist Concept and its Late Medieval Origins, *The Harvard Theological Review*, XLVIII, 1, 1955, S. 65-91).

Daseinsberechtigung als die, an die Autorität des Sprechers und an das Vertrauen zu gemahnen, das er verlangt: Der Stil ist in diesem Falle ein Teil des *Apparats* im Sinne Pascals, mit dem die Sprache die Vorstellung von ihrer Wichtigkeit zu erzeugen und durchzusetzen sucht und so zur Absicherung ihrer eigenen Glaubwürdigkeit beiträgt.[44] Die symbolische Wirkung des Autoritätsdiskurses hängt immer auch von der Sprachkompetenz dessen ab, der spricht, und natürlich umso mehr, je weniger deutlich die Autorität dieses Sprechers institutionell abgesichert ist. Folglich gehört zur Ausübung symbolischer Macht eine Arbeit an der *Form*, die – wie an den Dichtern archaischer Gesellschaften zu sehen ist – dazu bestimmt ist, die Sprachbeherrschung des Redners zu beweisen und ihm die Anerkennung der sozialen Gruppe zu verschaffen. (Diese Logik findet sich auch in der volkstümlichen Rhetorik der Beleidigung, die in der expressionistischen Übertreibung und der geregelten Entstellung ritueller Formeln jene Vollendung des Ausdrucks zu erreichen sucht, mit der sie »die Lacher auf ihre Seite« bringen kann.)

Wie sich also bei den konstatierenden Aussagen die Bedingungen der Akzeptabilität und damit die Form des Diskurses selbst im Verhältnis zum Markt definieren, so werden auch bei den performativen Aussagen die Gelingensbedingungen im Verhältnis zu den auf einem bestimmten Markt gebotenen Möglichkeiten bestimmt. Und also ist allen Formen der Verselbstständigung einer eigenen sprachlichen Ebene entgegenzuhalten, dass jedes Sprechen für und durch den Markt erzeugt wird, dem es seine Existenz und seine ganz speziellen Kennzeichen verdankt.

44 Die beiden Bedeutungen von Kompetenz passen durchaus zusammen, wenn man bedenkt, dass die Sprachkompetenz wie die Königskrone im Mittelalter, die nach Percy Ernst Schramm zugleich für die Sache selbst und für die Gesamtheit der Rechte steht, die die Königswürde ausmachen (was etwa noch in dem Begriff der »Krongüter« zum Ausdruck kommt), ein symbolisches Autoritätsattribut ist, das auf einen sozial anerkannten Status *verweist*, einen Komplex von Rechten, mit dem Recht auf das Wort an erster Stelle, und auf die entsprechenden fachlichen Fähigkeiten.

Die Vorwegnahme des Profits

Die Wissenschaft von einem Diskurs, der nur existieren kann – und auch nur in der Form, in der er existiert –, soweit er nicht nur grammatisch korrekt, sondern auch und vor allem sozial akzeptabel ist, das heißt Gehör und Glauben findet, also bei einem gegebenen Stand der Produktions- und Zirkulationsverhältnisse eine Wirkung hat, diese Wissenschaft muss auch die für den betreffenden Markt charakteristischen Gesetze berücksichtigen oder, mit anderen Worten, die Gesetze, die die sozialen Bedingungen der Akzeptabilität ausmachen (und die die eigentlichen sprachlichen Gesetze der Grammatikalität einschließen): Die zu erwartenden Rezeptionsverhältnisse gehören nämlich mit zu den Produktionsverhältnissen, und die Vorwegnahme der Sanktionen des Marktes ist an der Diskursproduktion entscheidend beteiligt. Diese Vorwegnahme, die nichts von bewusstem Kalkül hat, ist Sache des sprachlichen Habitus, der sich als Produkt einer ursprünglichen und anhaltenden Beziehung zu den Gesetzen eines bestimmten Marktes etwa so verhält wie ein Sinn für die Akzeptabilität und den möglichen Wert der eigenen sprachlichen Produktion und auch der der anderen auf den verschiedenen Märkten.[45] Nicht irgendein rationales, auf die Maximierung der symbolischen Profite gerichtetes Kalkül, sondern dieser Sinn für die Akzeptabilität bestimmt, indem er schon bei der Produktion des Diskurses für die Einkalkulierung seines wahrscheinlichen Wertes sorgt, die Korrekturen und alle Arten der Selbstzensur, also jene Zugeständnisse an das soziale Universum, die man schon damit macht, dass man akzeptiert, sich akzeptabel zu machen.

Da die sprachlichen Zeichen eben auch Güter sind, die einen Preis bekommen sollen, und Werte, die Kredit verschaffen können (unterschiedlich je nach dem Markt, auf dem sie angelegt werden), wird die Sprachproduktion ganz unvermeidlich von der Vorwegnahme der Sanktionen des Marktes beeinflusst: Alle verbalen Äußerungen, Worte unter Freunden so gut wie die Rede eines autorisierten Verbandsfunktionärs oder ein wissenschaftlicher Bericht, sind geprägt von ihren Rezeptionsverhältnissen, und ein Teil ihrer

45 Womit auch der Begriff der »Akzeptabilität«, den die Sprachwissenschaftler manchmal – *jedoch ohne irgendwelche Konsequenzen* – einführen, um der Abstraktheit des Begriffs »Grammatikalität« zu entgehen, einen Sinn bekommt.

Merkmale (bis hin zur Grammatik) ist darauf zurückzuführen, dass sich ihre Urheber bemühen – meist ohne es zu wissen oder bewusst zu wollen –, auf der Grundlage einer praktischen Vorwegnahme der Gesetze des betreffenden Marktes den symbolischen Profit aus Praktiken zu maximieren, die der Kommunikation dienen sollen, aber immer auch der Bewertung ausgesetzt sind.[46] Das heißt, dass der Preis eines sprachlichen Produkts, das seinem Wesen und also seinem objektiven Wert nach bereits von der praktischen Vorwegnahme dieses Preises mit bestimmt ist, vom Markt festgesetzt wird; und dass das praktische Verhältnis zum Markt (Gewandtheit, Schüchternheit, Anspannung, Verlegenheit, Schweigen usw.), auf dem die Sanktion des Marktes unter anderem beruht, dieser Sanktion, deren Produkt es teilweise wiederum ist, einen Anschein von Berechtigung gibt.

Da es um symbolische Produktion geht, nehmen die Zwänge, die der Markt durch die Vorwegnahme der Profitchancen ausübt, ganz natürlich die Form einer vorweggenommenen *Zensur* an, einer Selbstzensur, die nicht nur die Art des Sprechens bestimmt, das heißt die Wahl der Sprache – das *code switching* in Gesellschaften mit Bilinguismus – oder des »Sprachniveaus«, sondern auch die Wahl dessen, was gesagt werden kann und was nicht.[47]

Alles geht so vor sich, als würde in jeder einzelnen Situation die Sprachnorm (das Gesetz der Preisbildung) vom Inhaber derjenigen Sprachkompetenz bestimmt, die der legitimen Kompetenz am nächsten kommt, das heißt von dem bei dieser Interaktion

46 Das bedeutet, dass das vollkommene Verstehen eines gehobenen Diskurses (zum Beispiel eines literarischen Textes) erstens die Kenntnis der sozialen Produktionsverhältnisse der sozialen (und nicht nur sprachlichen) Kompetenz der Produzenten voraussetzt, die mit allen ihren Merkmalen in jedes ihrer Erzeugnisse eingehen (jenen Merkmalen, die ihre Position in der sozialen Struktur und auch in der Struktur des speziellen Produktionsfeldes bestimmen), und zweitens die Kenntnis der Bedingungen der *Anwendung* dieser Sprachkompetenz, also der besonderen Gesetze des betreffenden Marktes, der in diesem speziellen Fall mit dem Produktionsfeld selbst zusammenfällt (da es das entscheidende Merkmal der gehobenen Produktion ist, dass ihre Klientel aus der Gesamtheit der anderen Produzenten besteht, das heißt aus der Konkurrenz).

47 Da die Darstellungs- und Formgebungsarbeit die *conditio sine qua non* dafür ist, dass das Ausdrucksstreben eine Existenz erlangt, ist es an sich schon sinnlos, einen Inhalt in irgendeinem Rohzustand erfassen zu wollen, der angeblich durch sämtliche Ausformungen hindurch invariant bleibt.

dominanten Sprecher, und zwar umso nachhaltiger, je offizieller der Charakter des Tauschs ist (in der Öffentlichkeit, an offizieller Stelle usw.); als wäre also für den unterlegenen Sprecher die Wirkung der Zensur und die Nötigung, die legitime Ausdrucksweise zu übernehmen (bei einer Person, die Patois spricht, das Französische) oder sich doch darum zu bemühen, umso stärker zu spüren, je größer (bei ansonsten gleichen Bedingungen) der *Unterschied* zwischen den Kapitalien ist – wohingegen dieser Zwang zwischen Besitzern gleichwertiger symbolischer und sprachlicher Kapitalien, zum Beispiel zwischen Bauern, verschwindet. In Gesellschaften mit Bilinguismus lässt sich gleichsam experimentell beobachten, wie Sprachvarianten in Abhängigkeit vom Verhältnis der Gesprächspartner (und ihrer Ausdrucksmittel) innerhalb der Struktur der Verteilung des eigentlichen Sprachkapitals und der anderen Formen von Kapital angewendet werden. So redet in einer Interaktionsfolge, die 1963 in einem Dorf des Béarn beobachtet wurde, dieselbe Person (eine ältere Frau von den Weilern) erst in patoisgefärbtem Französisch mit einer jungen Händlerin des Marktfleckens, die aus einem anderen, großen Marktflecken stammt (und also »städtischer« ist und vielleicht kein Béarnesisch spricht oder doch so tut, als könnte sie es nicht), einen Augenblick später Béarnesisch mit einer Frau aus dem Marktort, die aber auch von den Weilern kommt und etwa gleichaltrig ist, dann ein sehr bemühtes Französisch mit einem kleinen Beamten aus dem Ort und schließlich wieder Béarnesisch mit einem von den Weilern stammenden, etwa gleichaltrigen Straßenarbeiter aus dem Ort. Man merkt, dass derjenige, der diese Untersuchung durchgeführt hat, als »gebildeter« Städter nur sehr bemühtes Französisch oder Schweigen wahrnehmen konnte und dass das Béarnesisch, das er gesprochen haben mag, das Spannungsniveau zwar gesenkt haben dürfte, aber doch, ob er will oder nicht, eine Strategie der Herablassung bleibt und als solche eine Situation schafft, die nicht weniger künstlich ist als die Ausgangssituation.

Die praktische Kenntnis und Anerkenntnis der immanenten Gesetze eines Marktes und der Sanktionen, in denen sie sich manifestieren, bestimmen die strategischen Veränderungen des Diskurses, und zwar sowohl das Streben nach »Korrektur« einer entwerteten Aussprache in Gegenwart von Vertretern der legitimen Aussprache als auch ganz allgemein alle Korrekturen zur

Aufwertung des sprachlichen Produkts durch intensivere Nutzung vorhandener Ressourcen oder, umgekehrt, die Tendenz, sich mit einem weniger komplexen Satzbau oder mit kürzeren Sätzen zu behelfen, wie ihn die Soziologen bei Erwachsenen beobachten, die mit Kindern sprechen. Immer sind die Diskurse auch *Euphemismen*, getragen von dem Bemühen, sich »gut« auszudrücken – »wie es sich gehört« – und sprachliche Produkte zu erzeugen, die den Anforderungen eines bestimmten Marktes genügen, *Kompromissbildungen* also zwischen dem Ausdrucksstreben (dem, was gesagt werden soll) und der *Zensur*, die in bestimmten sprachlichen Produktionsverhältnissen – der Struktur der sprachlichen Interaktion oder der eines speziellen Feldes – angelegt ist und der ein Sprecher mit einer bestimmten sozialen Kompetenz, das heißt einer mehr oder weniger großen Macht über die symbolischen Machtverhältnisse, folgen muss.[48]

Die *Variationen* der *Form* des Diskurses, genauer gesagt der Grad, in dem er *in aller Form* (wie englisch *formal*) kontrolliert, überwacht, gepflegt wird, sind also einerseits auch vom *objektiven Spannungsniveau* des Marktes abhängig, das heißt davon, wie offiziell eine Situation ist und, wenn es sich um eine Interaktion handelt, wie groß die soziale Distanz (innerhalb der Struktur der Verteilung des Sprachkapitals und der anderen Formen von Kapital) zwischen Sender und Empfänger ist oder zwischen den sozialen Gruppen, denen sie angehören; und andererseits davon, wie »sensibel« der Sprecher für diese Spannung und die mit ihr implizierte Zensur ist und wie gut imstande – was eng damit zusammenhängt –, einem hohen Spannungsniveau mit einer stark kontrollierten, also stark euphemisierten Ausdrucksweise zu begegnen. Anders gesagt: Form und Inhalt des Diskurses sind abhängig von dem Verhältnis zwischen einem Habitus (der selbst ein Produkt der Sanktionen eines Marktes mit einem bestimmten Spannungsniveau ist) und einem

48 Zu den Euphemismen sind alle Arten des – besonders im religiösen Bereich häufig vorkommenden – *Doppelsinns* zu zählen, mit dem die Zensur umgangen werden kann, indem das Unnennbare in einer Form genannt wird, die doch keine Nennung ist; und alle Formen der *Ironie*, die die Aussage durch die Aussageweise negiert und damit ebenfalls einen *Doppelsinn* – und ein Doppelspiel – erzeugt, die es erlauben, sich den Sanktionen des Feldes zu entziehen. Zur Abwehrfunktion der Ironie vgl. auch Berrendonner, *Éléments de pragmatique linguistique*, bes. S. 238 f.

Markt, der durch ein mehr oder weniger hohes Spannungsniveau, also durch die Strenge der Sanktionen definiert ist, mit denen er diejenigen belegt, denen es an jener »Korrektheit« und »Form« mangelt, die für den offiziellen (*formal*) Sprachgebrauch erforderlich ist. Wie sonst, wenn nicht im Verhältnis zu den Spannungsvariationen des Marktes, wären etwa die *stilistischen Variationen* in jenem Beispiel zu verstehen, das Bally mit seiner Reihe scheinbar beliebiger, weil auf dasselbe praktische Ergebnis gerichteter Ausdrücke anführt:[49] »Kommen Sie!«, »Kommen Sie mal her!«, »Wollen Sie nicht kommen?«, »Sie kommen doch, nicht wahr?«, »Sagen Sie, dass Sie kommen!«, »Möchten Sie nicht mal herkommen?«, »Sie sollten unbedingt kommen!«, »Kommen Sie her!«, »Hierher!«, und die sich fortsetzen ließe mit: »Werden Sie kommen?«, »Sie kommen doch«, »Ich würde mich sehr freuen, wenn Sie kommen könnten«, »Beehren Sie mich mit Ihrem Besuch«, »Seien Sie so nett und kommen Sie«, »Bitte kommen Sie!«, »Kommen Sie, ich bitte Sie«, »Ich hoffe, dass Sie kommen können«, »Ich rechne mit Ihnen« usw. *ad infinitum.* Theoretisch bedeuten diese Ausdrücke alle das Gleiche, praktisch nicht: Richtig gebraucht, ist jeder von ihnen eine optimale Form des Kompromisses zwischen dem Ausdrucksstreben – hier dem Nachdruck, der leicht als zu starkes Drängen und unerlaubter Druck erscheinen kann – und der Zensur, die in jedem mehr oder weniger asymmetrischen sozialen Verhältnis angelegt ist, wobei die verfügbaren Ressourcen jeweils optimal genutzt werden, und zwar die bereits objektivierten und kodifizierten, etwa die Höflichkeitsformeln, so gut wie die einstweilen nur theoretisch möglichen. Es ist jeweils der ganze Nachdruck, den man »sich erlauben« kann, sofern man »die Form wahrt«. Wo »Beehren Sie mich mit Ihrem Besuch« angebracht ist, wäre »Sie sollten unbedingt mal kommen!« nicht angebracht, weil es zu ungezwungen ist, und »Kommen Sie doch mal her« geradezu »grob«. Es gibt im sozialen wie im magischen Formalismus für jeden einzelnen Fall immer auch nur die eine Formel, die »wirkt«. Und die ganze Höflichkeitsarbeit hat nur das Ziel, der vollkommenen Formel möglichst nahe zu kommen, die sich unmittelbar durchsetzen würde, verfügte man über die vollkommene Beherrschung der Marktlage. In der Form und der von ihr geformten Information verdichtet und symbolisiert sich

49 Ch. Bally, *Le langage et la vie*, Genf: Droz, 1965, S. 21.

die ganze Struktur des sozialen Verhältnisses, dem sie ihre Existenz und ihre Wirkung verdankt (die berühmte *illocutionary force*). Was Takt oder Fingerspitzengefühl genannt wird, ist die Kunst, die jeweilige Position von Sender und Empfänger in der Hierarchie der verschiedenen Formen von Kapital, aber auch in der Hierarchie des Geschlechts und des Alters sowie der Grenzen, die mit diesem Verhältnis gegeben sind, zu erfassen und sie notfalls dank der Euphemisierungsarbeit rituell zu überschreiten. Die Abschwächung der Aufforderung, die in »Hierher«, »Herkommen« oder »Kommen Sie her« gar nicht vorhanden ist, ist ganz ausgeprägt in »Machen Sie mir die Freude und kommen Sie«. Die Form, die zur Neutralisierung der »mangelnden Korrektheit« benutzt wird, kann eine einfache Frage sein (»Wollen Sie nicht kommen?«), die dem Gesprächspartner die Möglichkeit einer Ablehnung lässt, oder sie kann die Form eines Insistierens haben, das sich selbst verleugnet, indem es die Möglichkeit einer Ablehnung zugleich mit der Wertschätzung einer Annahme ausspricht, und zwar familiär, wie es sich unter Gleichen schickt (»Seien Sie doch so nett und kommen Sie«), oder »steif« (»Ich würde mich sehr freuen, wenn Sie kommen könnten«), wenn nicht gar »unterwürfig« (»Beehren Sie mich mit einem Besuch«), oder sie kann eine metasprachliche Frage nach der Legitimität des Vorgangs selbst sein (»Darf ich Sie um einen Besuch bitten?«, »Darf ich mir erlauben, Sie um einen Besuch zu bitten?«).

Was der soziale Sinn in einer Form erspürt, die sich als eine Art symbolischer Ausdruck aller soziologisch relevanten Merkmale der Marktlage zeigt, ist genau das, woran sich der Diskurs auch schon bei seiner Produktion orientiert, also der ganze Komplex der Merkmale des sozialen Verhältnisses zwischen den Gesprächspartnern. Die Interdependenz von sprachlicher Form und Struktur des sozialen Verhältnisses, in dem und für das sie produziert wird, zeigt sich deutlich im Schwanken zwischen *Sie* und *Du*, das auftreten kann, wenn die objektive Struktur des Verhältnisses zwischen den Sprechern (zum Beispiel Ungleichheit von Alter und sozialem Status) mit dem Altvertrauten und Kontinuierlichen, also Intimen und Familiären, der Interaktion in Konflikt gerät: Alles geht dann so vor sich, als würde über spontane oder berechnete Lapsus und gleitende Übergänge eine neue Anpassung der Ausdrucksweise an das soziale Verhältnis gesucht, was oft auf eine Art vertraglicher Sprachregelung zur offiziellen Einführung der neuen Ordnung des

Ausdrucks hinausläuft: »Wollen wir uns nicht duzen?« Die Unterordnung der Form des Diskurses unter die Form des sozialen Verhältnisses, in dem er benutzt wird, wird jedoch in Situationen gesprengt, die eine *Stilkollision* mit sich bringen, das heißt, in denen der Sprecher mit einer sozial sehr heterogenen Zuhörerschaft konfrontiert ist oder auch nur mit zwei Gesprächspartnern, die sozial und kulturell so weit voneinander entfernt sind, dass die hierfür erforderlichen Ausdrucksweisen, die normalerweise in getrennten sozialen Räumen durch mehr oder weniger bewusste Anpassung erzeugt werden, nicht simultan produziert werden können.

Die sprachliche Produktion orientiert sich nicht am Spannungsniveau des Marktes oder, genauer gesagt, seinem mehr oder weniger offiziellen Charakter, definiert *in abstracto* und für einen x-beliebigen Sprecher, sondern an dem Verhältnis zwischen einer objektiven »Durchschnittsspannung« und einem sprachlichen Habitus, der selbst durch ein bestimmtes Maß an »Sensibilität« für das Spannungsniveau des Marktes gekennzeichnet ist; oder – was auf dasselbe hinausläuft – an jener Vorwegnahme des Profits, die man nicht gut subjektiv nennen kann, da in ihr etwas Objektives, nämlich die durchschnittlichen Chancen, und etwas inkorporiert Objektives, nämlich die Disposition zu einer mehr oder weniger richtigen Einschätzung dieser Chancen, zusammenkommen.[50] Die praktische Vorwegnahme der zu erwartenden Sanktionen ist ein praktischer, fast schon körperlicher Sinn für die Wahrheit des objektiven Verhältnisses zwischen einer bestimmten sprachlichen und sozialen Kompetenz und einem bestimmten Markt, über den dieses Verhältnis zustande kommt und der von der Gewissheit einer positiven Sanktion als Grundlage der *certitudo sui*, der *Selbstsicherheit*, über alle Formen von *Unsicherheit* und *Schüchternheit* bis zur Gewissheit einer negativen Sanktion gehen kann, bei der nur noch Abtreten und Schweigen bleibt.

50 Diese Vorwegnahme lässt sich von sichtbaren Zeichen leiten, etwa von der Haltung und Mimik des Sprechers – aufmerksam oder gleichgültig, überheblich oder zuvorkommend –, von Ermutigungen durch Stimme und Gestik oder von Zeichen der Missbilligung. Sozialpsychologische Experimente haben gezeigt, dass die Redegeschwindigkeit und Redemenge, das Vokabular, die Komplexität des Satzbaus usw. mit dem Verhalten des Versuchsleiters variieren, das heißt mit den von ihm eingesetzten Strategien selektiver Verstärkung.

Sprachlicher Habitus und Hexis des Körpers

Die Definition der Akzeptabilität ergibt sich nicht aus der Sprechsituation, sondern aus dem Verhältnis zwischen einem Markt und einem Habitus, der selber das Produkt der ganzen Geschichte des Verhältnisses zu den Märkten ist. Wir haben nicht nur durch das Hören eines bestimmten Sprechens sprechen gelernt, sondern auch, indem wir selber gesprochen, also ein bestimmtes Sprechen auf einem bestimmten Markt angeboten haben, nämlich im Austausch innerhalb einer Familie, die eine bestimmte Position im sozialen Raum hat und ihrem neuen Mitglied damit Modelle und Sanktionen für die praktische Mimesis anbietet, die vom legitimen Sprachgebrauch mehr oder weniger weit entfernt sind.[51] Und wir haben gelernt, welchen Wert die angebotenen Produkte samt der Autorität, die auf dem Ursprungsmarkt mit ihnen verbunden ist, auf anderen Märkten bekommen (etwa auf dem Bildungsmarkt). Die systematische Abfolge von Bestätigung und Widerspruch hat so in jedem von uns eine Art Sinn für den sozialen Wert der Sprachgebräuche und das Verhältnis zwischen Sprachgebräuchen und Märkten geschaffen, der alle späteren Wahrnehmungen sprachlicher Produkte ordnen und damit eine große Stabilität bekommen kann. (Bekanntlich hängt die Wirkung neuer Erfahrungen auf den Habitus ganz allgemein von ihrer praktischen »Kompatibilität« mit den bereits in Form von Produktions- und Wahrnehmungsschemata in den Habitus integrierten Erfahrungen ab, und die informative Wirkung jeder neuen Erfahrung in dem Prozess der selektiven Uminterpretation, der aus dieser Dialektik entsteht, nimmt ständig ab.) Dieser Sinn für die sprachliche »Platzierung« bestimmt, wie viel Zwang ein bestimmtes Feld auf die Diskursproduktion ausübt, und lässt den einen Schweigen oder überkontrolliertes Sprechen geboten scheinen, den anderen die Freiheiten selbstbewussten Sprechens. Dies bedeutet, dass bei der Sprachkompetenz, die »vor

51 Das Sprechenlernen vollzieht sich über die Gewöhnung an Personen mit totalen Rollen, bei denen die sprachliche Dimension nur eine von vielen ist und nie isoliert auftritt: Daher kommt wohl auch die praktische Suggestivkraft mancher Wörter, die durch ihre Verbindung mit einer Körperhaltung oder einem affektiven Klima ein ganzes Weltbild und eine ganze Welt heraufbeschwören können; und auch die Gefühlsbindung an die »Muttersprache«, deren Wörter, Wendungen und Ausdrücke einen »Bedeutungsüberschuss« zu enthalten scheinen.

Ort« – in der Praxis – erworben wird, die praktische Beherrschung der Sprache nie von der praktischen Beherrschung der Sprechsituation zu trennen ist, in der dieser Gebrauch der Sprache *sozial akzeptabel* ist. Der Sinn für den Wert der eigenen sprachlichen Produkte ist eine grundlegende Dimension des Sinnes für den Ort, an dem man sich im sozialen Raum befindet: Das ursprüngliche Verhältnis zu den verschiedenen Märkten und die Erfahrung der Sanktionen, denen die eigenen Produkte anheimfallen, sind sicher – zusammen mit der Erfahrung des Preises des eigenen Körpers – eine der Vermittlungen, über die jene Art *Sinn für den eigenen sozialen Wert* ausgebildet wird, der das praktische Verhältnis zu den verschiedenen Märkten (Schüchternheit, Gewandtheit usw.) und ganz allgemein das gesamte Verhalten in der sozialen Welt beherrscht.

Nun ist zwar jeder Sprecher zugleich Produzent und Konsument seiner eigenen Sprachprodukte, aber wie wir gesehen haben, sind nicht alle Sprecher in der Lage, auf die eigenen Produkte die Schemata angewendet zu sehen, nach denen sie sie produziert haben. Das unglückliche Verhältnis der Kleinbürger zu ihrer eigenen Sprachproduktion (insbesondere zu ihrer Aussprache, über die sie, wie Labov zeigt, besonders streng urteilen), ihre besonders wache Sensibilität für das Spannungsniveau des Marktes und damit für sprachliche Korrektheit bei sich und bei anderen,[52] die sie zur Überkorrektheit treibt, ihre Unsicherheit, die bei offiziellen Anlässen ihren Höhepunkt erreicht und dann aus Überkorrektheit zu »Fehlern« oder aus forcierter Lässigkeit zu recht gequälten Kühnheiten führt, sind die Folge der Trennung der Produktions- von den Wahrnehmungsschemata: Gewissermaßen mit sich selbst uneins, sind sich die Kleinbürger der objektiven Wahrheit ihrer Produkte zugleich am stärksten »bewusst« (derjenigen Wahrheit, die auf einem hypothetisch vereinheitlichten Markt festgelegt würde) und am hartnäckigsten darauf bedacht, sie durch ihre Bemühtheit zu leugnen, zu verneinen, für falsch zu erklären. Hier zeigt sich deutlich, dass im Sprachhabitus der ganze Klassenhabitus zum Ausdruck kommt (von dem der Sprachhabitus nur einen Teil darstellt), faktisch also – synchron und diachron – die Position in der sozialen Struktur. Die Überkorrektheit gehört, wie bereits ausgeführt, zu

52 Sozialpsychologische Experimente haben gezeigt, dass Kleinbürger geschickter als die Angehörigen der Unterklassen sind, die Klassenzugehörigkeit an der Aussprache zu erkennen.

der Anspruchslogik, die die Kleinbürger dazu treibt, sich vor der Zeit und um den Preis ständiger Anspannung die Eigenschaften der Herrschenden anzueignen, und aus ebendieser Logik erklärt sich auch die besonders große Unsicherheit kleinbürgerlicher Frauen im Bereich der Sprache (wie auch in dem der Kosmetik oder Ästhetik): Da sie aufgrund der Arbeitsteilung zwischen den Geschlechtern dazu bestimmt sind, den sozialen Aufstieg von ihren Fähigkeiten zur symbolischen Produktion und Konsumtion zu erwarten, neigen sie auch stärker dazu, in den Erwerb legitimer Sprachkompetenz zu investieren. Die Sprachpraktiken der Kleinbürger mussten daher denjenigen auffallen, die sie wie Labov auf den von der Untersuchungssituation geschaffenen Märkten mit besonders hohem Spannungsniveau beobachtet haben: Subjektiv durch ihre besondere Sensibilität für die objektive Spannung (als Folge einer besonders ausgeprägten Diskrepanz zwischen Kenntnis und Anerkenntnis) in Hochspannung versetzt, verhalten sich die Kleinbürger, anders als die Angehörigen der Unterklassen, die außerstande sind, die Freiheiten des dem internen Gebrauch vorbehaltenen freien Sprechens durchzusetzen, und sich deshalb nur mit den beschädigten Formen einer *geborgten* Sprache oder mit Verweigerung oder Schweigen behelfen können; sie unterscheiden sich aber nicht minder von Angehörigen der herrschenden Klasse, deren sprachlicher Habitus (vor allem, wenn sie aus dieser Klasse stammen) die *realisierte Norm* ist und die das ganze Selbstbewusstsein aufweisen, das aus der vollkommenen Übereinstimmung von Wahrnehmungs- und Produktionsprinzipien entspringt.[53]

Hier wie im anderen Extremfall, dem freien Sprechen der Unterklassen auf dem Markt der Unterklassen, gibt es die totale Übereinstimmung zwischen den Zwängen des Marktes und den Dispositionen des Habitus: Das Gesetz des Marktes braucht gar nicht

53 Diese Analysen müssten weiter vorangetrieben werden: Einerseits mit einer umfassenderen Untersuchung der für das Verständnis sprachlicher Dispositionen relevanten Eigenschaften der Kleinbürger, etwa ihres (auf- oder absteigenden) Lebenslaufs, in dem sie – vor allem, wenn sie Vermittlerfunktionen zwischen den Klassen ausüben – aufgrund ihrer Erfahrung mit unterschiedlichen Milieus ein quasi soziologisches Bewusstsein entwickeln, andererseits mit der Untersuchung der Variationen dieser Eigenschaften im Zusammenhang mit sekundären Variablen wie der Position im Raum der Mittelklassen und ihrem früheren Lebenslauf (vgl. *La distinction*, Teil 3, Kap. 6); und ebenso wären unterschiedliche Verhältnisse zur Sprache innerhalb der herrschenden Klasse zu untersuchen.

erst über Zwang oder externe Zensur durchgesetzt zu werden, da es in Gestalt eines Verhältnisses zum Markt befolgt wird, das seine inkorporierte Form ist. Decken sich die objektiven Strukturen, mit denen der Habitus konfrontiert ist, mit denen, deren Produkt er ist, greift er den objektiven Anforderungen des Feldes vor. Hierauf beruht die häufigste und am besten kaschierte Form der Zensur, nämlich die Besetzung von Positionen, die das Recht auf das Wort mit sich bringen, mit Akteuren, deren Ausdrucksdispositionen sich mit den zu dieser Position gehörenden Anforderungen decken und insofern von vornherein »zensiert« sind. Die *Entspannung in der Spannung*, Prinzip aller distinktiven Merkmale der Ausdrucksweise der Herrschenden, ist Ausdruck eines Verhältnisses zum Markt, das nur über frühzeitigen und fortgesetzten Umgang mit Märkten erworben werden kann, die sich noch bei den alltäglichsten Anlässen durch ein hohes Spannungsniveau und durch jene stets gleichbleibende Beachtung der Form und Wahrung der Formen auszeichnen, die die »Stilisierung des Lebens« ausmachen. Fest steht, dass die Zensur und mit ihr auch die Formgebung und Euphemisierung immer stärker wird, je höher man in der sozialen Hierarchie kommt, und zwar nicht nur bei offiziellen beziehungsweise öffentlichen Anlässen (wie in den unteren Klassen und vor allem im Kleinbürgertum, wo deutlich zwischen Alltag und Nichtalltag unterschieden wird), sondern auch in der Routine des Alltags. Dies zeigt sich an der Art, sich zu kleiden oder zu essen, aber auch an der Art zu sprechen, die das Sich-Gehenlassen, die Lässigkeit und Freizügigkeit, die man sich woanders erlauben kann, wenn man »unter sich« ist, mehr oder weniger ausschließt. Lakoff stellt das indirekt mit der Bemerkung fest, dass ein bestimmtes, in der Unterschicht durchaus akzeptables und womöglich als Kompliment verstandenes Verhalten, nämlich Freunde ganz offen nach dem Preis eines Gegenstandes zu fragen (»Hey, that's a nice rug. What did it cost?« – Was für ein schöner Teppich! Was hat er denn gekostet?), in der Bourgeoisie »deplatziert« wäre und eine abgeschwächte Form finden muss (»*May* I ask you what that rug did cost?« – Darf ich fragen, was dieser Teppich gekostet hat?).[54] Es gehört zu diesem Höchstmaß an

54 Im Gegensatz zu Lakoffs Behauptung kann an die Stelle der rein grammatikalischen Abschwächung als Teil eines symbolischen Rituals auch ein ganzer Formenkomplex treten. Wer je ein Interview geführt hat, weiß, dass eine »heikle« Frage von langer Hand vorbereitet werden muss und dass das sicherste Mittel, sie

Zensur, bei dem ständig ein Höchstmaß an Euphemisierung, ein dauerndes Bemühen um die *Wahrung der Formen* verlangt wird, dass die praktische Beherrschung der Euphemisierungsinstrumente, die auf den Märkten mit dem höchsten Spannungsniveau, auf dem Bildungsmarkt oder dem Markt der gehobenen Gesellschaft, objektiv erforderlich ist, in dem Maße zunimmt, wie man in der sozialen Hierarchie aufsteigt, das heißt in dem Maße, wie die gesellschaftlichen Anlässe zunehmen, bei denen man (von Kindesbeinen an) diesen Anforderungen unterworfen und also auch in der Lage ist, sich praktisch die Mittel anzueignen, um sie zu bewältigen. Nach Lakoff zeichnet sich der bürgerliche Sprachgebrauch durch den Einsatz dessen aus, was er *hedges* nennt, zum Beispiel *sort of, pretty much, rather, strictly speaking, loosely speaking, technically, regular, par excellence* usw., und nach Labov durch den intensiven Gebrauch von *filler phrases*, Füllsätzen, wie *such a thing as, some things like that, particularly.*[55] Es genügt jedoch nicht, diese Wendungen für die Weitschweifigkeit (*verbosity*) und die Wortinflation des bürgerlichen Diskurses verantwortlich zu machen, wie Labov das tut, der in seinem Bemühen um eine Rehabilitation der Sprache der Unterklassen die Werteskala einfach umkehrt. Müßig und überflüssig vom Standpunkt einer strengen Kommunikationsökonomie, haben diese »Füllsel« doch eine wichtige Funktion für die Bestimmung des Wertes einer Kommunikationsweise: Nicht nur zeugt gerade ihre Überfülle und Nutzlosigkeit vom Umfang der vorhandenen Ressourcen und von dem großzügigen Umgang, den man sich mit ihnen erlauben kann, sie fungieren darüber hinaus auch – als Elemente einer *praktischen* Metasprache – als Merkmale der *neutralisierenden Distanz*, die eine der Kennzeichen des bürgerlichen Verhältnisses zur Sprache und zur sozialen Welt ist: Nach Lakoff bewirken sie »eine Anhebung der Mittel- und eine Absenkung der Extremwerte«, nach Labov eine »Vermeidung von Fehlern oder

»durchzubringen«, nicht ist, um sie herumzureden und sie abzuschwächen – was im Gegenteil nur den Effekt hätte, die Aufmerksamkeit ganz besonders auf sie zu lenken –, sondern ein Klima des Einverständnisses zu schaffen und dem Interview durch Scherze, Lächeln, Gesten, kurz durch eine Symbolik, bei der das rein Sprachliche nur ein Element unter vielen darstellt, eine Gesamtfärbung zu geben, die euphorisierend und euphemisierend wirkt.

55 G. Lakoff, *Interview with Herman Parrett*, University of California, Vervielfältigung, Oktober 1973, S. 38; W. Labov, *Language in the Inner City*, Philadelphia: University of Pennsylvania Press, S. 219.

Übertreibungen« und unterstreichen damit die Fähigkeit, Distanz zu den eigenen Worten, also zu den eigenen Interessen zu halten und damit auch zu denjenigen, die diese Distanz nicht halten können, weil sie sich von ihren eigenen Worten hinreißen lassen und sich rückhaltlos und unzensiert dem Redetrieb hingeben. Eine solche Ausdrucksweise, produziert von Märkten und für Märkte, auf denen nicht nur im Sprachgebrauch »axiologische Neutralität« gefordert wird, ist auch von vornherein auf Märkte abgestimmt, die noch eine andere Form des neutralisierenden und distanzierenden Bezugs zur Realität erfordern (und zu den anderen Klassen, die in dieser aufgehen), nämlich die Stilisierung des Lebens, jene Formung der Praxen, die bei allem und jedem die Manier, den Stil, die Form über die Funktion stellt; sie passt auch zu allen offiziellen Märkten und zu jenen gesellschaftlichen Ritualen, bei denen der Zwang, Form zu geben und Formen zu wahren, der die formvollendete, offizielle (*formal*) Sprache charakterisiert, absolut verbindlich ist, auf Kosten der kommunikativen Funktion, die ganz verschwinden kann, sofern nur die performative Logik der symbolischen Herrschaft funktioniert.

Nicht zufällig folgt die bürgerliche Distinktion im Verhältnis zur Sprache derselben Intention wie im Verhältnis zum Körper. Der Sinn für die Akzeptabilität, an dem sich die Sprachpraktiken orientieren, ist ganz tief in den körperlichen Dispositionen angelegt: Der ganze Körper spricht mit seiner Haltung, aber auch mit seinen inneren oder, genauer gesagt, artikulatorischen Reaktionen auf das Spannungsniveau des Marktes an. Die Sprache ist eine Technik des Körpers, und die eigentliche sprachliche, ganz besonders die phonologische Kompetenz ist eine Dimension der Hexis, der physischen Erscheinung, in der sich das ganze Verhältnis zur sozialen Welt und das ganze sozial geprägte Weltverhältnis ausdrücken. Alles deutet darauf hin, dass das klassentypische Körperschema über den »artikulatorischen Stil«, wie Pierre Guiraud es nennt, auch das System der phonologischen Merkmale bestimmt, die für die Aussprache einer Klasse charakteristisch sind: Die häufigste Artikulationsstellung ist Teil eines *umfassenden Stils des Mundgebrauchs* (beim Sprechen, aber auch beim Essen, Trinken, Lachen usw.), also einer physischen Erscheinung, die eine *systematische Gestaltung* der phonologischen Ebene des Diskurses impliziert: Wie die gesamte Hexis macht auch dieser »artikulatorische Stil«, dieser Körper gewordene

Lebensstil, aus den phonologischen Merkmalen, die oft isoliert betrachtet und einzeln (zum Beispiel das *r*) in Beziehung zu ihren Äquivalenten in anderen klassenbedingten Aussprachen gebracht werden, ein unteilbares und nur als solches zu erfassendes Ganzes.

So ist dieser Stil bei den unteren Klassen ganz offensichtlich Teil eines Verhältnisses zum Körper, bei dem die Ablehnung des »Gehabes« und »Getues« (das heißt der Stilisierung und Formgebung) und die positive Bewertung des Männlichen überwiegen, Ausprägung einer ganz allgemeinen Disposition zu einer hohen Bewertung des »Natürlichen«; und sicher hat Labov recht, wenn er den Widerstand männlicher Sprecher in New York gegen die ihnen aufgezwungene legitime Sprache damit erklärt, dass sie mit ihrer eigenen Art, zu sprechen oder vielmehr Mund und Rachen beim Sprechen zu gebrauchen, eben die Vorstellung von Männlichkeit verbinden. Sicher nicht zufällig verdichtet die volkstümliche Sprache den Gegensatz von bürgerlichem und volkstümlichem Verhältnis zur Sprache zu dem sexuell überdeterminierten Gegensatz von *Mund* – geschlossen, verkniffen, das heißt angespannt und zensiert und damit weiblich – und *Maul, Schnauze, Fresse* – ungehemmt und weit offen, »aufgerissen« (»lauthals lachen«), das heißt entspannt und frei und damit männlich.[56] Die eher bei den unteren Klassen anzutreffende Vorstellung von den bürgerlichen oder kleinbürgerlich-karikaturhaften Dispositionen begreift die physische Haltung der Anspannung und des An-sich-Haltens (»hochnäsig«, »verkniffen«, »spitzmündig«, »gezwungen«, »mit verächtlich verzogenem Mund« lächelnd) als körperliche Indizien viel allgemeinerer Dispositionen gegenüber der Welt und den Mitmenschen (und besonders, da es um den Mund geht, gegenüber der Nahrung): Hochnäsigkeit, Herablassung (»Kostverächter«, die »Lippen schürzen«) und betonte Distanz zu allem Körperlichen und zu denen, die diese Distanz nicht halten können. Demgegenüber wird die »Schnauze« mit männlichen Dispositionen assoziiert, die entsprechend dem volkstümlichen Ideal alle von der ruhigen Gewissheit der Stärke getragen sind, für die es keine Zensur, das heißt keine Vorsichten und Listen und auch kein »Getue« gibt und dank deren man sich »natürlich« zeigt (die Schnauze ist etwas Natürliches),

56 Unnötig, daran zu erinnern, dass die Ur-Zensur, also diejenige, die das Sexuelle – und ganz allgemein den Körper – betrifft, bei Frauen oder (ein schönes Beispiel der Marktwirkung) in Gegenwart von Frauen besonders streng ist.

»kein Blatt vor den Mund nimmt«, »redet, wie einem der Schnabel gewachsen ist«, oder ganz einfach »eine Fresse zieht«; sie steht für die Fähigkeit zur verbalen Gewalt, identifiziert mit der *klanglichen* Seite des Diskurses, also mit der *Stimme* (»Großmaul«, »Brüllaffe«, »Maulheld«, »anschnauzen«, »sich anbrüllen«, »brüllen«, »losbrüllen«) und mit der physischen Gewalt, die sie besonders in der Beleidigung androht (»die Fresse einschlagen«, »eins aufs Maul geben«, »halt die Fresse«); und sie soll über die »Fresse«, mit der immer zugleich der »Sitz« der Person (»sympathische Fresse«, »widerliche Fresse«) und der Hauptsitz ihrer Selbstbehauptung gemeint ist (zu denken ist auch an die Bedeutung von »das Maul aufreißen« oder »den Mund aufmachen« im Gegensatz zu »das Maul halten«, »die Klappe halten«, »den Mund nicht aufkriegen«, »keinen Piep mehr sagen« usw.), den Gesprächspartner im Urgrund seiner sozialen Identität und seines Selbstbildes treffen. Indem sie dem Ort von Nahrungsaufnahme und Diskursproduktion dieselbe »Intention« unterschiebt, assoziiert die volkstümliche Sicht, die die Einheit von Habitus und Hexis recht gut begreift, mit der Schnauze auch die elementaren Genüsse, die freimütig genommen (»sich ungeheuer was reinschieben«, »sich ordentlich die Kehle befeuchten«) und freimütig geäußert werden (»lauthals lachen«).[57]

Auf der einen Seite geht also die domestizierte Sprache, diese Natur gewordene Zensur, die das »deftige« Wort, den »plumpen« Scherz und die »gutturale« Aussprache verbietet, mit der Domestizierung des Körpers Hand in Hand, die jede exzessive Äußerung von Trieb oder Gefühl unterbindet (Schreien so gut wie Tränen oder große Gesten) und den Körper allen möglichen Disziplinierungs- und Zensurmaßnahmen unterwirft, um ihn zu denaturalisieren; auf der anderen Seite ist mit dem »Nachlassen der artikulatorischen Spannung«, die nach einer Beobachtung von Bernard Laks im Französischen zum Wegfall des auslautenden *r* oder *l* führt (und sicher weniger eine Folge von »Nachlässigkeit« ist[58] als vielmehr Ausdruck der Unlust, »des Guten zu viel« zu tun,

57 Vom Standpunkt der Herrschenden aus wäre derselbe Gegensatz mit veränderten Vorzeichen zu versehen und in der Logik von »anspruchsvoll« und »billig«, »korrekt« und »nachlässig«, Kultur und Natur zu fassen.

58 Der intuitiv erfasste Zusammenhang von »artikulatorischem Stil« und Lebensstil, der den »Akzent« zu einem so aussagekräftigen Indiz für die soziale Stellung macht, hat die wenigen Sprachanalytiker wie Pierre Guiraud, bei denen er über-

sich allzu eng an die strengsten Gebote des herrschenden Codes zu halten, auch wenn die ganze Mühe sich dabei nur verlagert), eine Ablehnung der Zensur verbunden, die die »Wohlanständigkeit« besonders über den tabuisierten Körper und das unkontrollierte Sprechen verhängt, dessen Kühnheiten weniger unschuldig sind, als sie scheinen, da sie das Menschliche auf die gemeine Natur herunterziehen – Bauch, Arsch und Geschlecht, Gedärme, Fressen und Scheiße – und damit auch die soziale Welt auf den Kopf zu stellen drohen. Das volkstümliche Fest, wie es Bachtin beschreibt, und vor allem die revolutionäre Krise bringen nämlich durch ihre Begünstigung verbaler Ausbrüche die Pressionen und Repressionen in Erinnerung, die die Alltagsordnung besonders den Beherrschten auferlegt, und zwar vermittelt über die – scheinbar belanglosen – Zwänge und Kontrollen der Höflichkeit, die durch die – vom objektiven Spannungsniveau des Marktes abhängigen – stilistischen Variationen der Redeweise (die Höflichkeitsformeln) oder des Umgangs mit dem eigenen Körper die Anerkennung der Klassen-, Geschlechts- und Altershierarchien erzwingt.

Verständlicherweise erscheint die Übernahme des herrschenden Stils vom Standpunkt der beherrschten Klassen aus als Verleugnung der sozialen und sexuellen Identität, als Abkehr von den männlichen Werten, die bestimmend für die Klassenzugehörigkeit sind; aus diesem Grunde können sich auch Frauen mit der herrschenden Bildung identifizieren, ohne sich so radikal wie die Männer von ihrer Klasse loszusagen. »Das Maul (weit) aufreißen« heißt eben auch, sich nicht unterordnen wollen (»Maulhelden«), nicht die Gefügigkeit zeigen, die eine Voraussetzung der Mobilität ist. Den herrschenden Stil übernehmen, insbesondere ein so ausgeprägtes Merkmal wie die legitime Aussprache, heißt gewissermaßen, seine

haupt eine Rolle spielt, zu eindeutigen Werturteilen veranlasst: »Dieser aus der Fasson geratene ›Schlappen-Akzent‹«; »der ›Ganoven-Akzent‹, bei dem der Kerl die Worte so zwischen Zigarettenstummel und Mundwinkel ausspuckt«, »diese lasche, unscharfe und in ihren niedrigsten Formen verkommene und gemeine Lautbeschaffenheit« (P. Guiraud, *Le français populaire*, Paris: PUF, 1965, S. 111-116). Wie alle Äußerungen des Habitus, dieser Natur gewordenen Geschichte, sind für die Alltagswahrnehmung die Aussprache und ganz allgemein das Verhältnis zur Sprache Offenbarungen des naturhaften Wesens einer Person: In den inkorporierten Merkmalen findet der Klassenrassismus die *Rechtfertigung par excellence* für seine Neigung, soziale Unterschiede zu natürlichen Unterschieden zu erklären.

Männlichkeit doppelt zu verleugnen, weil der Spracherwerb selbst schon Gefügigkeit voraussetzt, eine Disposition, die der Frau schon aufgrund der Arbeitsteilung zwischen den Geschlechtern (und der Teilung der Geschlechtsarbeit) auferlegt ist, und weil diese Gefügigkeit zu Dispositionen führt, die selber als unmännlich angesehen werden.

Indem die spontane Soziolinguistik auf die artikulatorischen Merkmale wie Mundöffnung, Stimmklang oder Rhythmus aufmerksam macht, in denen sich in ihrer Logik die grundlegenden Dispositionen des Habitus, genauer gesagt der Hexis, am besten ausdrücken, macht sie deutlich, dass eine differentielle Phonologie niemals vergessen darf, die charakteristischen artikulatorischen Merkmale einer Klasse oder Klassenfraktion bei ihrer Auswahl wie bei ihrer Interpretation in ihrem Verhältnis zu denjenigen Systemen zu begreifen, über die sie ihren Distinktionswert, also ihren sozialen Wert bekommen, und zugleich in ihrem Verhältnis zu der ursprünglichen synthetischen Einheit der Hexis, die ihr Ursprung ist und die sie zum ethischen oder ästhetischen Ausdruck der Zwänge macht, die zu der jeweiligen sozialen Stellung gehören.

Sprachwissenschaftler, die – vor allem im Phonologischen – eine überdurchschnittlich scharfe Wahrnehmung ausgebildet haben, könnten Unterschiede wahrnehmen, wo normale Akteure keine sehen. Da sie darüber hinaus für die Zwecke des statistischen Messens gezwungen sind, sich mit diskreten Merkmalen (wie dem Wegfall des auslautenden *r* oder *l*) zu befassen, neigen sie zu einer analytischen Wahrnehmung, die einer ganz anderen Logik folgt als derjenigen, auf der im Alltagsleben klassifikatorische Urteile und die Abgrenzung homogener Gruppen beruhen: Nicht nur sind die sprachlichen Merkmale niemals eindeutig von den sozialen Merkmalen des Sprechers zu trennen (Hexis, Physiognomie, Kosmetik usw.), sondern darüber hinaus sind auch die phonologischen Merkmale nie zu trennen von den übrigen Ebenen der Sprache, und das Urteil, das eine Sprache als »volkstümlich« oder eine Person als »vulgär« einstuft, beruht, wie jede praktische Prädikation, auf Indizienbündeln, die als solche gar nicht ins Bewusstsein treten, auch wenn solche, die schon als Stereotyp verwendet werden (wie das *r* »der Bauern« oder das südfranzösische »ceusse«), größeres Gewicht haben.

Die enge Entsprechung von Körper-, Sprach- und sicher auch

Zeitgebrauch hängt damit zusammen, dass soziale Gruppen Tugenden, die nur eine andere Form ihrer Zwänge sind, im Wesentlichen über körperliche und sprachliche Disziplinierungs- und Zensurmaßnahmen einüben und dass die »Entscheidungen«, die das Verhältnis zur ökonomisch-sozialen Welt begründen, in Form dauerhafter Einstellungen inkorporiert und dem Zugriff des Bewusstseins und des Willens zu einem guten Teil entzogen sind.[59]

59 Nicht zufällig steht also im Zentrum eines Schulsystems wie des »republikanischen« – entworfen während der Revolution und eingeführt unter der Dritten Republik –, das die Habitus der unteren Klassen vollständig umformen sollte, die Einübung eines neuen Verhältnisses zur Sprache (Abschaffung der Regionalsprachen), zum Körper (Hygiene- und Konsumregeln, »Nüchternheit« usw.) und zur Zeit (»kaufmännisches« Rechnen, Sparen usw.).

Der sprachliche Markt

Mit Rücksicht auf die Zusammensetzung der Zuhörerschaft, die kaum disparater sein könnte, was die Disziplinen, die Kompetenzen in den Disziplinen usw. angeht, will ich versuchen, das, was ich zu sagen habe, Schritt für Schritt zu entwickeln, auf die Gefahr hin, den einen allzu simpel, den anderen immer noch zu kurz und zu stichwortartig zu erscheinen. In einem ersten Teil werde ich einige Begriffe und Prinzipien darstellen, die meiner Ansicht nach grundlegend sind.

Zunächst einmal möchte ich ein ganz einfaches Modell erläutern, das sich in folgender Formel fassen lässt: sprachlicher Habitus + sprachlicher Markt = sprachlicher Ausdruck, Diskurs. Die Ausdrücke dieser ganz allgemeinen Formel werde ich nacheinander erklären, und ich beginne mit dem Begriff des Habitus. Wobei ich, wie immer, vor der Tendenz warnen möchte, Begriffe zu fetischisieren: Man muss die Begriffe ernst nehmen, sie kontrollieren und vor allem im Forschungsprozess kontrolliert, überwacht mit ihnen arbeiten. Nur so lassen sie sich nach und nach verbessern und nicht durch eine rein logische Kontrolle, unter der sie nur versteinern können. Ein guter Begriff – und der Habitus ist meiner Meinung nach ein solcher guter Begriff – löst viele falsche Probleme (die Alternative von Mechanismus und Finalismus zum Beispiel) und lässt dadurch viele andere, aber eben reale, hervortreten. Wird er gut konstruiert und gut kontrolliert, sperrt er sich tendenziell selbst gegen seine Reduktion.

Pauschal definiert, unterscheidet sich der sprachliche Habitus von einer Kompetenz im Sinne Chomskys dadurch, dass er das Produkt der sozialen Verhältnisse ist und keine einfache Diskursproduktion, sondern eine der »Situation« oder vielmehr einem Markt oder einem Feld angepasste Diskursproduktion. Der Begriff Situation ist schon sehr früh eingeführt worden (ich denke etwa an Prieto, der in den *Prinzipien der Noologie* betont, dass sehr viele sprachliche Verhaltensweisen nicht unabhängig von ihrem impliziten Bezug auf die *Situation* zu verstehen sind: Wenn ich *ich* sage, muss man wissen, dass ich es bin, der *ich* sagt, weil es sonst auch jemand anders sein könnte; oder man denke an die komischen Verwechslungen von *ich* und *du* in manchen Possen usw.), und zwar als Korrektiv für all die Theorien, die den Akzent ausschließlich auf die Kompetenz gelegt und die Bedingungen der Aktivierung dieser Kompetenz außer Acht gelassen haben. Insbesondere wurde er verwendet, um die impliziten Voraussetzungen von Saussures Modell infrage zu stellen, bei dem das Sprechen (wie bei Chomsky die Performanz) auf einen *ausführenden* Akt reduziert wird, in dem Sinne, wie man ein Musikstück, aber auch einen Befehl ausführt. Der Begriff Situation erinnert demgegenüber daran, dass es eine spezifische Logik der Ausführung gibt; was auf der Ebene der Ausführung geschieht, lässt sich nicht einfach aus der Kenntnis der Kompetenz deduzieren. Von da aus kam ich zu der Frage, ob man nicht, wenn man diesen ja noch sehr abstrakten Begriff der Situation beibehält, das macht, was Sartre an der Tendenz-Theorie kritisiert hat: nämlich das Konkrete zu reproduzieren, indem man zwei Abstraktionen zusammenbringt, in diesem Falle also die Situation und die Kompetenz.

Von den Sophisten stammt ein Begriff, den ich für sehr wichtig halte, nämlich der *kairos*. Als Sprachlehrer wussten sie, dass es nicht genügt, die Leute sprechen zu lehren, sondern dass man sie auch noch lehren musste, treffsicher zu sprechen. Mit anderen Worten, die Kunst des Sprechens, die Kunst, gut zu sprechen, Rede- und Denkfiguren zu bilden, die Sprache zu handhaben, sie zu beherrschen, ist nichts ohne die Kunst, diese Kunst treffsicher anzuwenden. Eigentlich war *kairos* das Schwarze im Zentrum der Zielscheibe. Wer treffsicher spricht, schießt nicht am Ziel vorbei. Und um nicht am Ziel vorbeizuschießen, um die Wörter ins Schwarze treffen, sich auszahlen, ihre Wirkung tun zu lassen, muss man Wörter benutzen, die nicht nur grammatisch korrekt, sondern auch sozial akzeptabel sind.

In meinem Aufsatz in der Zeitschrift *Langue française* habe ich zu zeigen versucht, dass der Begriff der Akzeptabilität, der von den Chomskyanern eingeführt wurde, völlig unzulänglich bleibt, weil er die Akzeptabilität auf die Grammatikalität reduziert. In Wirklichkeit besteht eine soziologisch definierte Akzeptabilität nicht nur darin, dass eine Sprache korrekt gesprochen wird: In bestimmten Fällen, wenn es zum Beispiel darauf ankommt, sich lässig zu geben, kann ein allzu untadeliges Französisch geradezu inakzeptabel sein. In ihrer vollständigen Definition setzt die Akzeptabilität die

Übereinstimmung der Wörter nicht nur mit den sprachimmanenten Regeln voraus, sondern auch mit jenen – intuitiv beherrschten – Regeln, die einer »Situation« oder vielmehr einem bestimmten sprachlichen Markt immanent sind. Was ist dieser *sprachliche Markt*? Ich gebe erst einmal eine vorläufige Definition, die ich später noch komplexer entwickeln werde. Ein sprachlicher Markt ist immer dann vorhanden, wenn jemand einen Diskurs im Hinblick auf Empfänger produziert, die imstande sind, ihn zu taxieren, einzuschätzen und ihm einen Preis zu geben. Aufgrund der Kenntnis der sprachlichen Kompetenz allein kann man den Wert einer sprachlichen Performanz auf einem Markt noch nicht vorhersagen. Der Preis, den die Produkte einer bestimmten Kompetenz auf einem bestimmten Markt erzielen, hängt von den auf diesem Markt herrschenden Preisbildungsgesetzen ab. Auf dem schulischen Markt hatte zum Beispiel in meiner Schulzeit der *subjonctif imparfait* einen hohen Wert, und meine Lehrer sahen ihre Identität als Lehrer darin, dass sie ihn – zumindest in der dritten Person Einzahl – anwendeten, was man heute nur noch belächeln würde und sich vor Schülern gar nicht mehr erlauben könnte, es sei denn als metasprachliches Zeichen dafür, dass man ihn zwar anwendet, es aber auch lassen könnte. So erklärt sich auch die Neigung zur kontrollierten Unterkorrektheit bei den heutigen Intellektuellen durch die Angst, des Guten zu viel zu tun, und ist, wie die Tatsache, dass man keine Krawatte mehr trägt, eine kontrollierte Form der Nichtkontrolle, die mit bestimmten Markteffekten zusammenhängt. Der sprachliche Markt ist etwas ganz Konkretes und ganz Abstraktes zugleich. Konkret ist er eine – mehr oder weniger offizielle und ritualisierte – soziale Situation, ein bestimmtes Ensemble von – in der sozialen Hierarchie mehr oder weniger hoch angesiedelten – Gesprächspartnern: dies alles Merkmale, die noch unterhalb der Schwelle des Bewusstseins wahrgenommen und bewertet werden und unbewusst die sprachliche Produktion lenken. Abstrakt ist er ein bestimmter (variabler) Typ von Preisbildungsgesetzen für sprachliche Hervorbringungen. Erinnert man daran, dass es Preisbildungsgesetze gibt, erinnert man damit zugleich daran, dass der Wert einer bestimmten Kompetenz von dem bestimmten Markt abhängt, auf dem sie aktiviert wird, und, genauer gesagt, von dem Stand der Verhältnisse, innerhalb deren der Wert bestimmt wird, der den sprachlichen Produkten unterschiedlicher Produzenten zugesprochen wird.

So tritt schließlich der Begriff *sprachliches Kapital* an die Stelle des Begriffs Kompetenz. Spricht man von sprachlichem Kapital, sagt man damit auch, dass es sprachliche Profite gibt: Wer im 7. Arrondissement von Paris geboren ist – und zurzeit ist das die Mehrheit der Leute, die Frankreich regieren –, hat, kaum dass er den Mund aufmacht, auch schon einen sprachlichen Profit erzielt, der alles andere als fiktiv und illusorisch ist, wie uns jener Ökonomismus weismachen möchte, den uns ein gewisser Klippschul-Marxismus vorgesetzt hat. Schon die (phonetisch usw. analysierbare) Beschaffenheit seiner Sprache sagt aus, dass er in einem derart hohen Maße zum Sprechen autorisiert ist, dass es gar nicht darauf ankommt, was er sagt. Was die Sprachwissenschaftler als die vornehmste Funktion der Sprache ausgeben, nämlich die Kommunikationsfunktion, kann gänzlich entfallen, ohne dass damit ihre reale Funktion, nämlich die soziale, ebenfalls hinfällig würde; Situationen eines sprachlichen Machtverhältnisses sind Situationen, in denen es spricht, ohne zu kommunizieren, und ihr Grenzfall ist die Messe. Das ist auch der Grund, warum ich mich für die Liturgie interessiert habe. Es gibt Fälle, in denen der autorisierte Sprecher so viel Autorität hat, in denen er die Institution, die Marktgesetze, den ganzen sozialen Raum, so offensichtlich für sich hat, dass er sprechen kann, um nichts zu sagen: *Es* spricht.

Das sprachliche Kapital ist die Macht über die Mechanismen der Preisbildung für sprachliche Produkte, die Macht, die Preisbildungsgesetze zum eigenen Profit ausschlagen zu lassen und den spezifischen Mehrwert abzuschöpfen. Jeder Interaktionsakt, jede sprachliche Kommunikation, selbst zwischen nur zwei Personen, zwei Freunden, einem Jungen und seiner Freundin – alle sprachlichen Interaktionen sind gewissermaßen Mikromärkte, die immer von den globalen Strukturen beherrscht bleiben.

Wie die Nationalitätenkämpfe deutlich zeigen, in denen die Sprache eine wichtige Rolle spielt (zum Beispiel im Québec), besteht ganz eindeutig ein Abhängigkeitsverhältnis zwischen den Mechanismen der politischen Herrschaft und den für eine bestimmte soziale Situation typischen Mechanismen der Preisbildung für sprachliche Produkte. Zum Beispiel haben die Kämpfe zwischen Französisch und Arabisch sprechenden Bevölkerungsteilen in zahlreichen arabischsprachigen Ländern, die früher französische Kolonien waren, immer auch eine ökonomische Dimension in dem von mir gemeinten Sinne, nämlich dem, dass die Inhaber einer bestimmten Kompetenz über die Verteidigung eines Marktes für ihre eigenen sprachlichen Produkte ihren eigenen Wert als sprachliche Produzenten verteidigen. Die von mir vorgeschlagene Theorie macht verständlich, dass die ökonomische Basis dieser Sprachenkämpfe nicht unbedingt auf der Hand liegen muss, oder vielleicht nur in stark verwandelter Form, und dass dabei dennoch lebenswichtige Interessen auf dem Spiel stehen, wichtiger vielleicht als die ökonomischen Interessen im engeren Sinne.

Die Einführung des Begriffs Markt erinnert also an den simplen Tatbestand, dass eine Kompetenz nur so lange einen Wert hat, wie ein Markt für sie existiert. Daher sind die Leute, die heute ihren Wert als Besitzer eines Kapitals an Lateinkenntnissen verteidigen wollen, gezwungen, die Existenz des Lateinmarktes zu verteidigen, das heißt insbesondere die Reproduktion von Lateinkonsumenten durch das Schulsystem. Eine bestimmte, manchmal schon pathologische Form des Konservatismus im Schulsystem ist überhaupt nur von dem einfachen Gesetz her zu verstehen, dass eine Kompetenz ohne Markt wertlos wird oder, genauer gesagt, aufhört, ein sprachliches Kapital zu sein, und anfängt, nur mehr eine Kompetenz im Sinne der Sprachwissenschaftler zu sein.

Nur auf einem bestimmten Markt also definiert sich ein Kapital als Kapital, fungiert als Kapital und wirft Profit ab. Dieser Begriff des Marktes muss jetzt genauer bestimmt werden, und ich will versuchen, die objektiven Verhältnisse zu beschreiben, die diesem Markt seine Struktur geben. Was ist das, der Markt? In der grenznutzentheoretischen Darstellung des Marktes gibt es individuelle Produzenten, die ihre Produkte anbieten, worauf eine wechselseitige Bewertung erfolgt, deren Ergebnis der Marktpreis ist. Diese liberale Theorie des Marktes ist für den sprachlichen Markt genauso falsch wie für den Markt der ökonomischen Güter. Genau wie es auf dem ökonomischen Markt Monopole gibt, objektive Machtverhältnisse, aufgrund deren die Produzenten und die Produkte von Anfang an nicht gleich sind, so gibt es Machtverhältnisse auch auf dem sprachlichen Markt. Auf dem sprachlichen Markt herrschen also Preisbildungsgesetze, die so beschaffen sind, dass die Produzenten von sprachlichen Produkten, von Worten, nicht gleich sind. Die Machtverhältnisse, die auf diesem Markt herrschen und dafür sorgen, dass bestimmte Produzenten und bestimmte Produkte von Anfang an privilegiert sind, setzen voraus, dass der sprachliche Markt relativ einheitlich ist. Sehen Sie sich das Dokument aus einer béarnesischen Zeitung an, das ich in dem Artikel »Le fétichisme de la langue« veröffentlicht habe: Sie finden darin in wenigen Sätzen ein System sprachlicher Machtverhältnisse beschrieben. Über den Bürgermeister von Pau, der sich während einer Feier zu Ehren eines béarnesischen Dichters auf Béarnesisch an die Zuhörer wendet, schreibt die Zeitung: »Die Zuhörer waren von dieser Geste tief beeindruckt.« Die Zuhörer aber sind Leute, deren erste Sprache Béarnesisch ist, und »beeindruckt« sind sie, weil ein béarnesischer Bürgermeister Béarnesisch zu ihnen spricht. Sie finden eine Geste beeindruckend, die eine Form von Herablassung ist. Wo Herablassung möglich ist, muss es ein objektives Gefälle geben: Herablassung ist die demagogische Ausnutzung eines objektiven Machtverhältnisses, denn wer sich herablässt, bedient sich der Hierarchie, um sie zu negieren; in dem Moment, wo er sie negiert, beutet er sie aus (als der, von dem es dann heißt, er sei »volksnah«). Dies sind Fälle, in denen die Interaktionsverhältnisse einer kleinen Gruppe plötzlich die über sie hinausweisenden Machtverhältnisse transparent machen. Was sich da zwischen einem béarnesischen Bürgermeister und ein paar Béarnern abspielt, lässt sich nicht auf das reduzieren, was in ihrer Interaktion geschieht. Der béarnesische Bürgermeister kann nur deshalb als jemand auftreten, der seine Zuvorkommenheit gegenüber seinen béarnesischen Mitbürgern betont, weil er das objektive Verhältnis zwischen Französisch und Béarnesisch ausspielt. Und wäre das Französische nicht eine herrschende Sprache, und gäbe es keinen einheitlichen sprachlichen Markt, und wäre Französisch nicht die legitime Sprache, die Sprache also, die in den legitimen, das heißt *offiziellen*, Situationen gesprochen werden muss, beim Militär, auf dem Postamt, für die Steuer, in der Schule, bei Reden usw., dann hätte die Tatsache, dass irgendwer Béarnesisch spricht, nicht diesen »beeindruckenden« Effekt. Das ist es, was ich unter *sprachlichen Machtverhältnissen* verstehe: Verhältnisse, die über die Situation hinausweisen und nicht auf die in der Situation erfassbaren Interaktionsverhältnisse reduzierbar sind. Das ist wichtig, denn wenn man von Situation spricht, meint man, weil man die Interaktion hineingebracht hat, hätte man auch das Gesellschaftliche wieder hineingebracht. Die interaktionistische Beschreibung der sozialen Verhältnisse, die an sich sehr interessant ist, wird gefährlich, wenn man vergisst, dass diese Interaktionsverhältnisse kein Staat im Staate sind; wenn man vergisst, dass das, was sich zwischen zwei Personen abspielt, zwischen einer Frau und ihrer Hausangestellten oder zwischen zwei Kollegen oder zwischen einem französischsprachigen und einem deutschsprachigen Kollegen, dass diese Verhältnisse zwischen zwei Personen immer vom objektiven Verhältnis zwischen ihren beiden Sprachen beherrscht werden, das heißt vom objektiven Verhältnis zwischen den sozialen Gruppen, die diese Sprache sprechen. Wenn ein Deutsch-Schweizer mit einem Welsch-Schweizer spricht, dann reden die deutsche Schweiz und die französische Schweiz miteinander. Aber zurück zu der kleinen Anekdote, von der ich ausgegangen bin. Der béarnesische Bürgermeister kann den Herablassungseffekt nur erzielen, weil er Akademiker ist. Wäre er kein Akademiker, wäre sein Béarnesisch das Béarnesisch eines Bauern, also wertlos, und die Bauern, die mit diesem »Edelbéarnesisch« im Übrigen gar nicht gemeint sind (sie erscheinen selten bei offiziellen Anlässen), sind sowieso nur darauf bedacht, Französisch zu sprechen. Dieses Edelbéarnesisch wird in dem Moment hervorgeholt, wo die Bauern immer mehr dazu tendieren, Französisch statt Béarnesisch zu sprechen. Damit stellt sich die Frage, wer denn nun ein Interesse daran hat, das Béarnesische gerade in dem Moment wiederzubeleben, wo die Bauern sich gezwungen sehen, mit ihren Kindern Französisch zu sprechen, damit diese in der Schule keine Probleme haben.

Der béarnesische Bauer, der sagt, er »kann nicht reden«, um damit zu erklären, warum er nicht daran denkt, in seinem Ort Bürgermeister zu werden, obwohl er die meisten Stimmen bekommen hat, hat eine völlig realistische, völlig soziologische Definition der legitimen Kompetenz: Die herrschende Definition der legitimen Kompetenz ist in der Tat so beschaffen, dass seine reale Kompetenz illegitim ist. (Hier müsste die Analyse eines Phänomens wie des »porte-parole« ansetzen, des »Wortführers«, ein interessantes Wort für die, die zwischen *langue* und *parole* unterscheiden.) Damit das Kapital und die sprachliche Herrschaft zum Zuge kommen können, muss der sprachliche Markt einigermaßen einheitlich sein, das heißt, die Gesamtheit der Sprecher muss denselben Gesetzen der Preisbildung für sprachliche Produkte unterliegen; das bedeutet konkret, dass auch der letzte béarnesische Bauer, ob er es weiß oder nicht (er weiß es sehr wohl, sonst würde er nicht sagen, dass er nicht zu reden verstehe), objektiv an einer Norm gemessen wird, die die des Pariser Hochfranzösisch ist. Und selbst wenn er dieses »Pariser Hochfranzösisch« noch nie gehört hat (er hört es, »dank« dem Fernsehen, immer häufiger) und auch noch nie in Paris war, wird der béarnesische Sprecher vom Pariser Sprecher beherrscht und steht bei all seinen Interaktionen, auf dem Postamt, in der Schule usw. in einem objektiven Verhältnis zu ihm. Das also bedeutet *Vereinheitlichung des Marktes* oder *sprachliche Machtverhältnisse*: Auf dem sprachlichen Markt wirken Herrschaftsformen, die eine spezifische Logik haben, und es gibt dort wie auf jedem Markt symbolischer Güter spezifische Herrschaftsformen, die überhaupt nicht, weder der Form nach, in der sie wirksam werden, noch den Profiten nach, die sie abwerfen, auf die ökonomische Herrschaft im engeren Sinne reduzierbar sind.

Diese Analyse nun hat Folgen auch für die Befragungssituation, die als Interaktion zu den Situationen gehört, an denen die sprachlichen und kulturellen Machtverhältnisse, die kulturelle Herrschaft, aktuell werden. Es geht nicht an, von einer um alle Herrschaftseffekte »bereinigten« Befragungssituation zu träumen (wie das manche Soziolinguisten gelegentlich tun). Will man nicht Artefakte für Fakten nehmen, kann man nicht umhin, in die Analyse der »Daten« die Analyse der sozialen Bedingungen der Situation einzubeziehen, in der sie produziert wurden, die Analyse des sprachlichen Marktes, auf dem die analysierten Tatbestände erhoben wurden.

Vor nunmehr fast fünfzehn Jahren habe ich eine Untersuchung über den Geschmack gemacht, und zwar den Geschmack im weiteren Sinne, Essen, Musik, Malerei, Kleidung, Sexualpartner usw. Der größte Teil des Materials wurde in verbalen Interaktionen erhoben. Am Ende einer ganzen Serie von Auswertungen habe ich mich schließlich gefragt, welches relative Gewicht das – nach Bildungstitel und Herkunft gemessene – kulturelle Kapital hat und wie das relative Gewicht dieser beiden Faktoren je nach Praxisbereich variiert, denn zum Beispiel scheint beim Kino der Geschmack mehr mit der sozialen Herkunft zu tun zu haben, beim Theater mehr mit der Schulbildung. Ich hätte unentwegt weiter Korrelationskoeffizienten berechnen können, aber die methodologische Korrektheit hätte mich nur davon abgehalten, mir die Situation genauer anzusehen, in der ich dieses Material erhoben hatte. Ist nicht der

Effekt der typischen Merkmale der Befragungssituation, der von dem eigentlichen Material überdeckt wird, die wichtigste erklärende Variable überhaupt? Mir war von Anfang an bewusst, dass aufgrund des Legitimitätseffekts, der auch bei der Sprache eine große Rolle spielt, die Angehörigen der Unterklassen, die zu ihrer Kultur befragt wurden, in der Befragungssituation bewusst oder unbewusst dazu tendierten, solche Antworten zu wählen, die ihnen am ehesten zu dem Bild zu passen schienen, das sie von der herrschenden Kultur hatten, sodass man sie nicht dazu bringen konnte, einfach zu sagen, was sie wirklich mochten. Labov kommt das große Verdienst zu, immer wieder betont zu haben, dass die Befragungssituation zu den Variablen gehört, die bei einer methodisch korrekten soziolinguistischen Analyse abgewandelt werden müssen: Seine Sprachstudie über Harlem ist großenteils deswegen so einmalig, weil er diesen Effekt der Befragungssituation protokolliert, um zu sehen, was passiert, wenn der Interviewer kein Englisch sprechender Weißer ist, sondern ein Ghettobewohner, der mit einem anderen Ghettobewohner redet. Verändert man die Befragungssituation, stellt man fest, dass die Performanz umso mehr von der sozialen Herkunft bedingt ist, je geringer die Kontrollspannung ist bzw. je weiter man sich von den am stärksten kontrollierten Kultursektoren entfernt. Je größer dagegen die Kontrolle wird, desto mehr ist die Performanz vom schulischen Kapital bedingt. Mit anderen Worten, das Problem des relativen Gewichts der beiden Variablen lässt sich nicht absolut und bezogen auf irgendeine gleichbleibende Situation lösen: Es lässt sich nur lösen, wenn man eine Variable einführt, die als Faktor in Beziehung zu diesen beiden Variablen gesetzt werden muss, nämlich die Beschaffenheit des Marktes, auf dem die sprachlichen oder kulturellen Produkte angeboten werden sollen. (In Klammern: Die Wissenschaftstheorie wird oft als ein die wissenschaftliche Praxis transzendierender Metadiskurs verstanden; aus meiner Sicht ist sie eine Reflexion, die real die Praxis verändert und dazu führt, dass Fehler vermieden werden und dass die Wirkungen eines Faktors nicht unter Außerachtlassung des wichtigsten Faktors überhaupt gemessen werden, nämlich der Situation, in der man die Faktoren misst. Saussure hat gesagt: Man muss wissen, was der Sprachwissenschaftler tut; Wissenschaftstheorie zu treiben heißt, daran zu arbeiten, dass man weiß, was man tut.)

Was die Befragung zur Kultur oder zur Sprache erfasst, ist keine direkte Manifestation der Kompetenz, sondern ein komplexes Produkt des Verhältnisses zwischen einer Kompetenz und einem Markt, ein Produkt, das außerhalb dieses Verhältnisses nicht existiert; es ist eine *situationsbedingte Kompetenz*, Kompetenz für einen bestimmten Markt. (Der Soziolinguist, der ja seine Daten in einer in dieser Hinsicht konstant gehaltenen Situation erhebt, nämlich in einer Beziehung zu ihm selbst, dem Interviewer, tendiert sehr oft dazu, die Markteffekte zu übersehen.) Dieses Verhältnis lässt sich nur dadurch kontrollieren, *dass man es variiert, indem man* – statt einer bestimmten Marktsituation den Vorrang zu geben – *die Marktsituation variiert* (wie es Labov zum Beispiel tut, wenn er einen Schwarzen aus Harlem mit anderen Schwarzen aus Harlem reden lässt) und die *Echtheit* der Sprache erlebt, die authentische Sprache der Unterschichten, die unter diesen Bedingungen produziert wird.

Die Herrschaftseffekte, die objektiven Machtverhältnisse des sprachlichen Marktes, sind in allen Sprachsituationen wirksam: Im Umgang mit einem Pariser ist der Okzitanisch sprechende Provinzbürger plötzlich »mittellos«, sein Kapital verfällt. Labov hat herausgefunden, dass das, was bei der Befragung unter dem Namen Unterschichtensprache erfasst wird, eine Unterschichtensprache ist, wie sie in einer von den herrschenden Werten beherrschten Marktsituation auftritt, also eine verfälschte Sprache. Die Situationen, in denen die sprachlichen Herrschaftsverhältnisse wirksam werden, das heißt die offiziellen (englisch *formal*) Situationen, sind Situationen, in denen die real bestehenden Verhältnisse, die Interaktionen, völlig mit den objektiven Gesetzen des Marktes übereinstimmen. Damit sind wir wieder bei dem béarnesischen Bauern, der sagt: Ich kann nicht reden; er meint damit: Ich kann nicht so reden, wie man in offiziellen Situationen reden muss; als Bürgermeister wäre ich eine offizielle Person, müsste offizielle Reden halten, also würden für mich die offiziellen Gesetze des offiziellen Französisch gelten. Da ich nicht imstande bin, wie Giscard zu reden, kann ich gar nicht reden. Je offizieller eine Situation ist, desto mehr muss der, der das Wort ergreift, selbst autorisiert sein. Er muss Bildungstitel haben, die richtige Aussprache, also am richtigen Ort geboren sein. Je näher eine Situation dem Offiziellen kommt, desto verbindlicher sind für sie die allgemeinen Preisbildungsgesetze. Sagt man dagegen: »Scherz beiseite«, kann man drauflosreden wie in der Eckkneipe. Man sagt damit, wir schaffen jetzt eine Art Insel der Freiheit von den Gesetzen der Sprache, die, wie jedermann weiß, weiter in Kraft sind, aber wir geben uns mal einen Freibrief. Man braucht sich dann beim Sprechen sozusagen »keinen Zwang antun«, kann frei drauflosreden, frei reden. Dieses »zwanglose« Sprechen ist volkstümliche Sprache in volkstümlicher Situation bei ausgeklammerten Marktgesetzen. Es wäre aber falsch, wollte man dieses »zwanglose« Reden zur wahren Sprache des Volkes erklären. Sie ist nicht wahrer als eine andere: Die Wahrheit dieser Kompetenz besteht *auch* darin, dass sie falsch wird, wenn sie es mit einem offiziellen Markt zu tun bekommt, und zwanglos nur auf ihrem eigenen Terrain ist, wenn man unter sich ist. Es ist wichtig zu wissen, dass dieses zwanglose Sprechen existiert, aber eben als eine den Marktgesetzen entzogene Insel. Eine Insel, die man sich schafft, indem man sich *Ungezwungenheit* zugesteht. (Es gibt Signale, mit denen man anzeigt, dass man ein Sonderspiel einführt, dass man sich das erlauben kann.) Die Markteffekte sind weiter wirksam, auch für die Unterklassen, die den Marktgesetzen praktisch immer unterliegen. Das ist es, was ich Legitimität nenne. Der Begriff der *sprachlichen Legitimität* erinnert daran, dass auch bei den Sprachgesetzen Unwissenheit nicht vor Strafe schützt. Das soll nicht heißen, dass die Angehörigen der Unterschichten die Schönheit von Giscards Stil anerkennen. Es heißt nur, dass sie ins Schwimmen geraten, wenn sie Giscard gegenüberstehen; dass ihre Sprache *de facto* kassiert wird, dass sie den Mund halten, dass sie zum Schweigen verurteilt sind, zum sogenannten respektvollen Schweigen. Die Marktgesetze haben einen ungeheuren Zensureffekt auf die, die nur in Situationen des zwanglosen Sprechens sprechen können (das heißt, nur wenn sie zu verstehen geben, dass die üblichen Anforderungen für einen Moment außer Kraft gesetzt werden müssen) und in offiziellen Situationen, in denen wichtige politische, soziale, kulturelle Fragen abgehandelt werden, zum Schweigen verurteilt sind. (Der Heiratsmarkt zum Beispiel ist ein Markt, auf dem das sprachliche Kapital eine entscheidende Rolle spielt: Mir scheint, dass dies eine der Instanzen ist, über deren Vermittlung die Klassenhomogamie realisiert wird.) Der Markteffekt, der das zwanglose Sprechen zensiert, ist ein Sonderfall eines allgemeineren Zensureffekts, der zur Euphemisierung führt: Jedes Spezialfeld, das philosophische, religiöse, literarische, hat seine eigenen

Gesetze und lässt tendenziell ein Sprechen, das mit diesen Gesetzen nicht vereinbar ist, der Zensur anheimfallen.

Und schließlich hat das Verhältnis zur Sprache meiner Meinung nach sehr viel mit dem Verhältnis zum Körper zu tun. Zum Beispiel, um es ganz kurz zu machen, ist das Verhältnis des Bürgers zum Körper oder zur Sprache das ungezwungene Verhältnis dessen, der in seinem Element ist und die Marktgesetze auf seiner Seite hat. Die Erfahrung der Ungezwungenheit hat etwas Gottähnliches. Sich fühlen, wie man sich fühlen muss, exemplarisch, das ist die Erfahrung des Absoluten. Genau das, was von den Religionen verlangt wird. Dieses Empfinden, zu sein, was man sein soll, ist einer der absolutesten Profite der Herrschenden. Dagegen ist das Verhältnis des Kleinbürgers zu Körper und Sprache eines, das mit Zaghaftigkeit, Anspannung, Überkorrektheit zu beschreiben wäre; er tut des Guten zu viel oder zu wenig – er fühlt sich nicht wohl in seiner Haut.

Nachweise

Der Fetisch Sprache

Le fétichisme de la langue (mit Luc Boltanski)
Actes de la recherche en sciences sociales 4, 1975, S. 2-33.
Übersetzt von Hella Beister.
Deutsche Erstveröffentlichung.

Zur Ökonomie des sprachlichen Tauschs (1977)

L'économie des échanges linguistiques
Langue française 34, 1977, S. 17-34.
Teilübersetzungen in *Was heißt sprechen? Zur Ökonomie des sprachlichen Tausches*, Wien: Braunmüller 1990, jetzt Wien: new academic press, 3. Aufl. 2012.
Unter Einbeziehung vorhandener Teilabschnitte übersetzt von Stephan Egger.
Deutsche Erstveröffentlichung.

Zur Ökonomie des sprachlichen Tauschs (1982)

L'économie des échanges linguistiques
Ce que parler veut dire. L'économie des échanges linguistiques, Paris: Fayard, 1982, S. 14-95.
Auch in: *Langage et pouvoir symbolique*, Paris: Seuil, 2001, S. 59-131.
Zuerst deutsch in *Was heißt sprechen? Zur Ökonomie des sprachlichen Tausches*, Wien: Braumüller, 1990, jetzt Wien: new academic press, 3. Aufl. 2012, S. 41-97.
Mit freundlicher Genehmigung.
Übersetzt von Hella Beister.

Der sprachliche Markt

Le marché linguistique
Questions de sociologie, Paris: Minuit, 1980, S. 121-133.
Zuerst deutsch in *Soziologische Fragen*, Frankfurt: Suhrkamp, 1993, S. 115-126.
Übersetzt von Hella Beister.

John B. Thompson
Bourdieu über Sprache
Eine Einführung

Introduction, in: Pierre Bourdieu, *Language and Symbolic Power*, Cambridge: Polity Press, 1991, S. 1-31.
Französisch in: *Langage et pouvoir symbolique*, Paris: Seuil, 2001, S. 7-55.
Zuerst deutsch in *Was heißt sprechen? Zur Ökonomie des sprachlichen Tausches*, Wien: Braumüller, 1990, jetzt Wien: new academic press, 3. Aufl. 2012, S. 1-35.
Mit freundlicher Genehmigung.
Übersetzt von Hella Beister.

Editorische Anmerkungen

Auch eine im Wesentlichen thematisch begründete Zusammenstellung der Schriften Bourdieus zur Sprache, mit denen die Abteilung »Kultursoziologie« eröffnet wird, sieht sich vor verschiedene Probleme gestellt. Auf der einen Seite ist hier die chronisch hohe inhaltliche Verweisungsdichte der Bourdieuschen Schriften besonders ausgeprägt – das »Thema« strahlt nicht nur in sämtliche anderen Bereiche des Werks aus, sondern ist mit seinen »anthropologischen« Dimensionen derart grundsätzlich angelegt, dass die editorische Konzentration auf »Sprache« im engeren Sinn fast notgedrungen als defizitär erscheinen muss. Auf der anderen Seite bekommt man es erneut mit oft massiven Überarbeitungen in den verschiedensten Publikationen zu tun, die für das Bourdieusche Unternehmen zwar charakteristisch sind, eine Entscheidung für den »Originaltext« aber meist nur unter erheblichen Bedenken zulassen.

Sehen wir uns diese Konstellation aber etwas genauer an. Bourdieus Schriften zur Sprache entstehen in einem relativ kurzen Zeitraum, zwischen Mitte der 1970er- und Anfang der 1980er-Jahre. Und wenn man es genau nimmt, liefert nur eine einzige, mit Luc Boltanski in Bourdieus Zeitschrift *Actes de la recherche en sciences sociales* publizierte Arbeit schon den gesamten theoretischen Rahmen seiner Soziologie der Sprache: »Le fétichisme de la langue«, erschienen Anfang 1975, entfaltet dicht gedrängt das ganze Spektrum der Bourdieuschen Argumentation – von der Kritik am abstrakten Diskurs der damals prominenten Linguistik Saussurescher Prägung über eine Anamnese der historischen Vereinheitlichung eines »Sprachmarktes« mit seiner Monopolisierung legitimen Ausdrucks bis hin zu den damit in Gang gesetzten Herrschaftseffekten, deren symbolische Gewalt in den Klassenbeziehungen und bis in den »Klassenkörper« spürbar wird. Das darauf folgende Schwerpunktheft der *Actes de la recherche*, »La critique du discours lettré«, in dem Bourdieu die gleichnamige Einführung verantwortet, dann mit »La langue autorisé« eine kleine »Notiz« zu den sozialen Möglichkeitsbedingungen autoritativen Sprechens am Beispiel der katholischen Liturgie, schließlich die beiden Diskursanalysen »L'ontologie politique de Martin Heidegger« und »La lecture de Marx: Quelques remarques critiques à propos de ›Quelques remarques critiques à propos de „Lire Le Capital"‹«, lässt seine Schriften zur Sprache schon im selben Jahr als zumindest vorläufig abgeschlossen erscheinen – ein originärer theoretischer Entwurf und einige empirische »Stichproben« sprachsoziologischer Diskursanalyse.

Anfang der 1980er-Jahre allerdings nimmt Bourdieu das damals umkreiste Thema in einer erweiterten Perspektive wieder auf. Nach einer Art Zwischenschritt, der 1977 in der sprachwissenschaftlichen Zeitschrift *Langue française* erschienenen Arbeit »L'économie des échanges linguistiques«, die den in »Le fétichisme de la langue« geknüpften Zusammenhang zwischen legitimer Sprache und Klassensprache wiederaufnimmt, stärker einkreist und in der Figur eines vereinheitlichten sprachlichen »Marktes« und seiner monopolistischen Profite verdichtet, erscheint 1982 *Ce que parler veut dire*, eine Sammlung von Aufsätzen, deren Zuschnitt erkennbar breiter ausfällt. Bourdieu strafft und systematisiert hier nicht nur diese beiden Vorläufer in zwei überarbeiteten Texten, »La production et la reproduction de la langue légitime« und »La formation des prix et l'anticipation des profits«, die zusammen mit einem Vorspann den ersten, ebenfalls als »L'économie des échanges linguistiques« firmierenden Abschnitt bilden, und fügt in einem dritten den früheren Diskursanalysen, einem – allerdings massiv gekürzten – Heidegger und dem Marx Étienne Balibars, eine weitere an, sondern greift im Anschluss an »La langue autorisé« mit den im Umkreis seiner Arbeit zum politischen Feld entstandenen Studien »Les rites d'institution«, »La force de la représentation« und »Décrire et préscrire« schon auf eine Thematisierung des Verhältnisses von Sprache, Ritus, Institution und Repräsentation aus, das Sprache nur als ein Element eines ganzen Komplexes von Formgebungen »symbolischer Gewalt« begreift – auf die Möglichkeitsbedingungen »sozialer Magie«, in denen auch der politische Diskurs beheimatet ist.

Dass dann ein knappes Jahrzehnt später diese Perspektive nochmals ausgeweitet, mit *Language and Symbolic Power* eine englische und wieder zehn Jahre darauf mit *Langage et pouvoir symbolique* eine französische Fassung publiziert wird, die noch sehr viel deutlicher einen Zusammenhang zum politischen Feld herstellen, zeigt die Bedeutung der theoretischen Querbeziehungen, die Bourdieu hier betont wissen will, macht aber gerade deshalb die herausgeberische Entscheidung über einen stimmigen Textkorpus zur »Sprache« nicht unbedingt leichter. Wenn wir uns allerdings an die von Beginn an zentralen Argumentationslinien der Bourdieuschen Arbeiten halten, dann können nur wenige dieser Studien den eigentlichen Kern dessen bilden, worauf Bourdieu mit seiner Sprachsoziologie zielt: auf eine radikale Offenlegung der vom linguistischen Diskurs verdrängten Tatsache der *sozialen Natur* der Sprache – und all der massiven Konsequenzen, die sich daraus ergeben.

Schlägt man also diesen möglicherweise »konventionellen«, jedenfalls strikt thematisch gefassten Weg ein, ergibt sich eine zwar verhältnismäßig schmale Zusammenstellung, die aber genau diesen Kern auf sehr eindrückliche Weise herausschält. Die erste und ganz ohne Frage zentrale Arbeit ist hier »Le fétichisme de la langue«. Sie versammelt bereits sämtliche Aspekte der Bourdieuschen Argumentation: eine epistemologische Kritik des linguistischen Paradigmas mit seiner völligen Ausblendung der sozialen Kontexte eben nicht der »Sprache«, sondern des *Sprechens*, dessen Vorannahmen selbst die Soziolinguistik nicht grundsätzlich infrage stellt; dann die Verdeutlichung historischer Wurzeln der Vereinheitlichung eines »sprachlichen Marktes« mit seinen Hierarchien *legitimen* Sprechens, auf dem auch jener »autoritative Diskurs« seinen Platz findet, dessen Legitimität nahezu vollständig aus seinen sozialen Überformungen erwächst; schließlich und endlich der plastische Aufweis massiver Herrschaftsverhältnisse, die ein monopolisierter Sprachmarkt, eine legitime Kultur des Sprechens im Innern der Klassengesellschaft hervorbringt – ihrer Aneignung und Enteignung, ihrer symbolischen Gewalt, deren Kraftströme bis tief in eine kollektive Psychologie sozialer Klassen reichen und sich in der Gesamtheit der Ausprägungen des »Habitus« bemerkbar machen. Bourdieu ist hier längst auf der Höhe einer epistemologisch wachsamen, theoretisch ausgereiften und empirisch versicherten Soziologie der Praxis.

Dass diese »originale« Studie, die im Übrigen mit einer Fülle von Beispielen, auch visuellen Elementen, arbeitet, in eine solche Schriftensammlung gehört, steht außer Zweifel – nicht umsonst finden sich drei Viertel des Textes in den späteren Publikationen wieder. Dennoch sind auch sie für ein Verständnis des Arguments in gewisser Weise zwingend: Mit dem »ersten« »L'économie des échanges linguistiques« entschlackt Bourdieu die noch etwas »wilde«, jedenfalls vielstimmige Vorlage, überprüft hier in abtastender, manchmal repetitiver Weise sein Modell eines »Marktes« für

»Sprache« als symbolisches Gut, und im für *Ce que parler veut dire* nochmals überarbeiteten gleichnamigen Abschnitt, dem »zweiten« »L'économie des échanges linguistiques«, kommt die Argumentation vollends zu einer stimmigen, durchstrukturierten Form. Auch diese beiden Texte sind also plausibel in der vorliegenden Schriftensammlung aufgehoben – selbst wenn hier die Überschneidungen massiv ausfallen und insofern der Sammlung einen stark »werkphilologischen« Akzent verleihen müssen. Was bleibt, ist »Le marché linguistique«, ein Anfang der 1980er-Jahre in Genf gehaltener Vortrag, in seiner vereinfachten, »lockeren« Form die »Summe« der im Verlauf der vergangenen Jahre entwickelten Überlegungen. Ein schlanker Textkorpus also, aus dem aber die wesentlichen Intentionen Bourdieus desto deutlicher hervortreten.

Bei einer solchen, mehr oder weniger rigoros »thematisch« konzipierten Zusammenstellung gibt es immer auch Verluste zu melden. Da sind auf der einen Seite jene Arbeiten, die in *Ce que parler veut dire* Verbindungen zu Bourdieus »politischer« Soziologie herstellen, oft allerdings einen größeren thematischen Radius besitzen und deshalb entweder im Band »Politik« oder aber in der Abteilung »Soziale Physik« ihren Platz gefunden haben – die theoretischen Implikationen reichen so weit über den »Gegenstand« Sprache hinaus, dass für die editorische Stimmigkeit andernorts dieses Defizit in Kauf genommen werden musste. Dann Bourdieus Diskursanalysen. Natürlich geht es dort auch um »Sprache«. Aber Heideggers sprachliche Formgebungsstrategien und Balibars suggestiv Bedeutung erheischende Lektüre des Marxschen *Kapitals* gehören im Grunde in eine andere Kategorie – bei aller sprachanalytischen Offenlegung diskursiver Praktiken, sogar »Techniken« performativer Autoritätsgewinnung im philosophischen Diskurs sind diese Arbeiten doch in erster Linie als Untersuchungen über spezifische Strategien der Positionsbestimmung im intellektuellen Feld zu lesen und gehören viel eher in die thematische Rubrik »Wissenschaft«. Ähnliches gilt auch für »Le Nord et le Midi«, eine knappe Fallstudie zu hartnäckigen Mythen, den »Pathologien des Wissenschaftlichkeitsdiskurses« – obwohl hier wiederum andere inhaltliche Zusammenhänge durchaus plausibel zu machen sind. Dazu noch »La critique du discours lettré« und »Lecture, lecteurs, lettrés, littérature«, der eine zugeschnitten auf die in der gleichen Nummer von *Actes de la recherche* erschienenen Diskursanalysen mit einer frontalen Kritik an der intellektuellen Verherrlichung des geschriebenen »Werks«, der andere ein eher epistemologisch angelegter Versuch über die Aporien der »internen Lektüre« – beide bewegen sich schon in eine andere Argumentationsrichtung. Und eine letzte kurze Veröffentlichung, »Savoir ce que parler veut dire«, die aber eher vor dem Hintergrund der bildungssoziologischen Arbeiten Bourdieus auf Fragen der damals empfundenen »Bildungskrise« ernüchternd antwortet – auch hier schien eine Zuordnung zum vorliegenden Band kaum zwingend.

Trotz dieser notwendigen Abgrenzungen ist Bourdieus »Sprachsoziologie« mit der vorliegenden Zusammenstellung in gewisser Weise mehr als »komplett« – der hier besonders genau ermöglichte Blick ins »Labor« der Bourdieuschen Arbeit, auf ihren »evolutionären« Charakter, mit ihren charakteristischen, oft repetitiv erscheinenden, ständig um weitere theoretische Klärung bemühten Ausweitungen, Kürzungen, Umstellungen, Einfügungen, macht diese Auswahl auch »werkpragmatisch« gut nachvollziehbar, ohne »werkphilologische« Bedeutung für sich in Anspruch zu nehmen. Komplett ist sie aber mindestens in inhaltlicher Beziehung. Sie zeigt eine intensive Beschäftigung mit der modernen Linguistik, mit Saussure, den russischen Formalisten, Chomsky, Austin, Labov und anderen – in der von Bourdieu verantworteten Reihe *Le sens commun* bei Minuit erscheint seit Ende der 1960er-Jahre eine ganze Reihe einschlägiger sprachwissenschaftlicher Arbeiten – in ganz eindeutig *epistemologischer* Absicht, mit der Bourdieu nicht nur den abstrakten »Internalismus« des linguistischen Paradigmas seziert, sondern einen eigenen, »rein« soziologischen Weg der Theoretisierung des Verhältnisses von »Sprache« und »Sprechen«, einer Logik der *Sprachpraxis* einschlägt. Und sie lässt immer wieder sehr plastisch hervortreten, wie erkenntnisreich diese paradigmatische Umkehrung sein kann: Bourdieus epistemologisch konsequente Deklination einer *sozialen* Natur der Sprache macht auch hier, und bei aller Stärke des daraus entwickelten »Strukturmodells«, vor allem sinnfällig, wie sehr die Mächte des Unvordenklichen, tief verankert im leibhaftigen Kosmos der sozialen Praxis, unserer Welt Ordnung und Halt geben – einer Ordnung, deren Bestandskraft immer jene symbolische Gewalt voraussetzt, die sich gerade in der modernen Klassengesellschaft in allen Formen der Teilhabe an einer legitimen »Kultur« ausspricht.

John B. Thompson hat in seinem Nachwort diesen in der Tat überaus wichtigen Beitrag zum Verständnis der sozialen Natur des »Sprechens« ausführlich und ausgewogen gewürdigt. Sein Text führt schon in die von ihm herausgegebene Sammlung *Language and Symbolic Power* ein, und er schien Bourdieu ein Jahrzehnt später offenbar so zeitlos angemessen, dass dieser Kommentar, mit kleinen Ergänzungen in den Fußnoten, auch *Langage et pouvoir symbolique* vorangestellt wurde – ein starkes Argument, um damit auch die hier vorgestellte Schriftensammlung abzuschließen. Dass Thompson, entsprechend dem erweiterten Kontext der damaligen Zusammenstellung, dabei sehr viel weiter ausholt, nicht zuletzt die »politischen« Ausläufer der Bourdieuschen Sprachsoziologie verfolgt, ist beileibe kein Schaden, ganz im Gegenteil: Die Fruchtbarkeit dieses eigenwilligen Ansatzes für andere »Gegenstandsbereiche« wird damit umso deutlicher.

Bourdieus »Soziologie der Sprache«, die im Kontext des Werks zunächst eher wie ein Nebenschauplatz wirkt, ist eine der Schnittstellen seiner Theorie der sozialen Welt. Denn sieht man von der epistemologischen Selbstversicherung ab, die Bourdieu hier wie auch in anderen Bereichen immer wieder betreibt, dann öffnet sich nach dieser theoretischen »Propädeutik« zu einer Soziologie der Sprache das ganze Spektrum, in das Bourdieu seine Schriften auffächern lässt: Mit Sprache und Ritus, vor allem auch den körperlichen Dimensionen sozialer Praxis, dem starken Nachdruck, der dabei auf die Leibwerdung des »Habitus« in der »Hexis« gelegt wird, auf jene unvordenkliche Sphäre, in der sich die Macht kollektiver Daseinsbedingungen bündelt, verläuft die Linie mindestens von Bourdieus *Entwurf einer Soziologie der Praxis* bis hin zu seiner wohl gerade deshalb so eindrücklichen, mit *La Distinction* »epochal« gewordenen Soziologie sozialer »Klassen« und ihren Lebensweisen in der modernen »Kultur«. Die Sprache ist hier leibliches Werkzeug einer sozialen »Performanz«, deren Voraussetzungen und Folgen Bourdieu in seinen Studien immer wieder thematisiert hat – wenn man über das »Sprechen« spricht, muss man auch über all das sprechen, was es nicht ausspricht, sondern sozial bedeuten will und bedeuten muss.

St. Gallen, im Oktober 2016

Stephan Egger
Franz Schultheis

John B. Thompson
Bourdieu über Sprache

Eine Einführung

Als kompetenten Sprechern ist uns bewusst, auf wie viele verschiedene Weisen im sprachlichen Austausch Machtverhältnisse zum Ausdruck kommen können. Wir sind sensibel für die Varianten von Akzent, Intonation und Vokabular, in denen sich unterschiedliche Positionen in der sozialen Hierarchie widerspiegeln. Uns ist bewusst, dass Menschen mit unterschiedlichen Graden von Autorität sprechen, dass Worte unterschiedliches Gewicht haben können, je nachdem, wer sie ausspricht und wie er sie ausspricht, und dass daher manche Worte, wenn sie unter bestimmten Umständen geäußert werden, eine Macht und eine Überzeugungskraft bekommen, die sie sonst nicht hätten. Wir sind Experten in den unzähligen und subtilen Strategien, Worte als Mittel zu Nötigung und Zwang zu benutzen, als Instrumente der Einschüchterung und Beschimpfung, als Ausdruck von Höflichkeit, Herablassung, Verachtung. Kurz, uns ist bewusst, dass Sprache ein integraler Bestandteil des sozialen Lebens mit all seinen Listen und Ungerechtigkeiten ist und dass ein Gutteil unseres sozialen Lebens darin besteht, im tagtäglichen Fluss der sozialen Interaktion gewohnheitsmäßig sprachliche Ausdrücke auszutauschen.

Nun ist es jedoch weitaus einfacher, ganz allgemein festzustellen, dass Sprache und soziales Leben nicht voneinander zu trennen sind, als diese Feststellung fundiert und schlüssig zu entwickeln. Die heutigen geisteswissenschaftlichen Disziplinen, die sich besonders mit der Sprache befassen, haben in dieser Hinsicht manche Klärung gebracht, sind aber auch mit einer Reihe von Mängeln behaftet. In manchen Zweigen der Sprachwissenschaft, Literaturwissenschaft und Philosophie zum Beispiel neigt man dazu, sich unter dem sozialen Charakter der Sprache etwas ziemlich Abstraktes vorzustellen, so als liefe er auf wenig mehr als die Tatsache hinaus, dass die Sprache, wie Saussure es einmal formuliert hat, ein kollektiver »Schatz« ist, den sich alle Mitglieder einer Gemeinschaft teilen. Was solche Sichtweisen vermissen lassen, ist eine Erklärung der konkreten, komplizierten Art und Weise, wie Sprachpraxis und sprachliche Produkte für jene Formen von Macht und Ungleichheit, die die stets gegenwärtigen Merkmale von real existierenden Gesellschaften sind, eingespannt und von ihnen geformt werden. Soziologen und Soziolinguisten haben sich schon eher mit dem Wechselspiel zwischen der Sprachpraxis und den konkreten Formen des sozialen Lebens befasst; doch tendieren sie in ihren Arbeiten – wenn auch nicht ausnahmslos – dazu, sich derart in die empirischen Details der Varianten von Akzent oder Sprachgebrauch zu versenken, dass der Bezug zu den allgemeineren theoretischen Anliegen und Erklärungsansätzen verloren zu gehen droht. Die Gesellschaftstheoretiker schließlich haben, wenn sie ihre Aufmerksamkeit auf die Sprache richteten, diese allgemeineren Anliegen zwar nicht aus dem Auge verloren, sich dafür aber nur allzu oft im Interesse der Entwicklung einer allgemeinen Theorie des sozialen Handelns oder der sozialen Welt über die spezifischen Eigenschaften von Sprache und Sprachgebrauch bedenkenlos hinweggesetzt.

Es gehört zu den Verdiensten des Werks des französischen Soziologen Pierre Bourdieu, dass es die Mängel, durch die sich einige der soziologischen und gesellschaftstheoretischen Arbeiten über Sprache auszeichnen, weitgehend vermeidet und zugleich eine neuartige Sicht sprachlicher Phänomene bietet, die mit irgendwelchen abstrakten Konzeptionen des sozialen Lebens nichts zu tun hat. In einer Reihe von Artikeln, die erstmals Ende der 1970er- und Anfang der 1980er-Jahre erschienen, übte Bourdieu scharfe Kritik an der formalen und strukturalen Sprachwissenschaft und vertrat den Standpunkt, dass diese Disziplinen schon von ihrem theoretischen Ansatz her die spezifischen sozialen und politischen Bedingungen von Sprachentwicklung und Sprachgebrauch für selbstverständlich halten, aber nicht begreifen. Er begann außerdem, einen ganz eigenen, innovativen Ansatz zur Analyse sprachlicher Phänomene zu entwickeln, einen Ansatz, der sowohl theoretisch fundiert als auch sensibel für das empirische Detail sein sollte. Die Theorie, auf der Bourdieus Ansatz fußt, ist eine allgemeine *Theorie der Praxis*, die er im Laufe einer langen – über dreißigjährigen – und fruchtbaren – mehr als zwanzig Bände Empirie und Reflexion umfassenden – Karriere entwickelt hat.[1] Gewappnet mit den zentralen Konzepten seiner Theo-

1 Bourdieu wurde 1930 im Béarn geboren, einer Provinz im Süden Frankreichs. Ende der 1940er- und Anfang der 1950er-Jahre studierte er an der *École normale*

rie, gelingt es Bourdieu, neues Licht auf eine Reihe von Problemen im Zusammenhang mit Sprache und Sprachgebrauch zu werfen. Er beschreibt den alltäglichen sprachlichen Austausch als situierte Begegnungen zwischen Akteuren mit bestimmten sozial strukturierten Voraussetzungen und Kompetenzen, die bewirken, dass jede sprachliche Interaktion, wie persönlich und unbedeutend sie auch scheinen mag, die Spuren der sozialen Struktur trägt, die sie zum Ausdruck bringt und zugleich reproduzieren hilft.

Mit meiner Einführung möchte ich einen Überblick über das Material der bourdieuschen Sprachsoziologie geben und den theoretischen Rahmen skizzieren, der für Bourdieus Ansatz maßgeblich ist. Tatsächlich nämlich handelt es sich bei seiner kritischen Analyse der orthodoxen Sprachwissenschaft und bei der von ihm vorgelegten alternativen Erklärung sprachlicher Phänomene um eine Reihe von Konzepten und Ideen, die in anderen Zusammenhängen entwickelt und nun auf die Sprache angewendet wurden. Ich werde zunächst kurz seine Kritik an der formalen und strukturalen Sprachwissenschaft und seine Würdigung der von Austin entwickelten Theorie der Sprechakte zusammenfassen, um dann

supérieure in Paris zunächst Philosophie, wechselte dann aber zur anthropologischen und soziologischen Forschung über. Seine ersten Untersuchungen zur algerischen Gesellschaft, wo er seine erste ethnographische Studie durchführte, erschienen Ende der 1950er- und Anfang der 1960er-Jahre. Die Forschungsarbeit in Algerien bildete die Grundlage eines großen Teils seiner darauffolgenden Schriften, vor allem *Esquisse d'une théorie de la pratique: précédé de trois études d'ethnologie kabyle*, Genf: Droz, 1972 [*Entwurf einer Theorie der Praxis auf der ethnologischen Grundlage der kabylischen Gesellschaft*, Frankfurt/M.: Suhrkamp, 1976] und *Le sens pratique*, Paris: Minuit, 1980 [*Sozialer Sinn*, Frankfurt/M.: Suhrkamp, 1987]. Anfang der 1960er-Jahre initiierte Bourdieu außerdem von seiner institutionellen Basis an der *École des hautes études en sciences sociales* in Paris aus, wo er das *Centre de Sociologie européenne* gründete, eine Reihe von kooperativen Forschungsprojekten zur französischen Kultur und zum französischen Bildungswesen. Aus diesen Projekten gingen zahlreiche Publikationen hervor, darunter *La distinction. Critique sociale du jugement*, Paris: Minuit, 1979 [*Die feinen Unterschiede. Kritik der gesellschaftlichen Urteilskraft*, Frankfurt/M.: Suhrkamp, 1982], *Homo academicus*, Paris: Minuit, 1984 [*Homo academicus*, Frankfurt/M.: Suhrkamp, 1988], und *La Noblesse d'État. Grandes écoles et esprit de corps*, Paris: Minuit, 1989 [*Der Staatsadel*, Konstanz: UVK Verlagsgesellschaft, 2004]. Bourdieu war zuletzt Professor für Soziologie am *Collège de France* und Direktor des *Centre de Sociologie européenne*. Eine vollständige Bibliographie seiner Werke findet sich in Yvette Delsaut, Marie Christine Rivière, *Bibliographie des travaux de Pierre Bourdieu*, Pantin: Le Temps des Cerises, 2002.

auf einige der wichtigsten Konzepte und Annahmen von Bourdieus eigener Theorie einzugehen, wobei ich mich auf diejenigen Aspekte konzentrieren werde, die für die Analyse des Sprachgebrauchs am relevantesten sind. Im dritten Tell werde ich dann meine Ausführungen um einen Abriss von Bourdieus Auffassung vom Wesen der Politik und des politischen Diskurses erweitern. Meine Absicht dabei ist eine wohlwollende Darstellung einiger Themen in Bourdieus Werk, keine kritische Analyse seiner Ansichten. Natürlich gibt es in Bourdieus Werk verschiedene Aspekte, die hinterfragt und kritisiert werden könnten und in der Literatur auch hinterfragt und kritisiert worden sind, manchmal reflektiert und abwägend, mitunter aber auch auf eine Weise, die von mehr als nur einer Andeutung von gezieltem Missverständnis getragen ist.[2] Aber dies sind Fragen, auf die ich hier nicht weiter eingehen werde.

I

Als ein Denker, für den das Paris der 1950er- und frühen 1960er-Jahre prägend war, ist sich Bourdieu stärker als viele andere der Auswirkungen bewusst, die bestimmte Formen des Denkens über Sprache auf das Denken überhaupt haben. Bourdieu hat die Entwicklung des Werks von Lévi-Strauss aufmerksam verfolgt und einige Elemente von Lévi-Strauss' Methode – besonders dessen Beharren auf der Analyse von Relationen und Oppositionen – in seine ethnographischen Studien zu den Verwandtschaftsstrukturen und Heiratsstrategien der nordafrikanischen Kabylen integriert.[3]

2 Einen guten Überblick über Bourdieus Werk, verbunden mit einer einfühlsamen Kritik, geben R. Brubaker, Rethinking Classical Social Theory: The Sociological Vision of Pierre Bourdieu, *Theory and Society*, 14, 1985, S. 745-775; P. Dimaggio, Review Essay on Pierre Bourdieu, *American Journal of Sociology*, 84, 1979, S. 1460-1474; N. Garnham, R. Williams, Pierre Bourdieu and the Sociology of Culture: An Introduction, *Media, Culture and Society*, 2, 1980, S. 209-223, und A. Honneth, Die zerrissene Welt der symbolischen Formen. Zum kultursoziologischen Werk Pierre Bourdieus, *Kölner Zeitschrift für Soziologie und Sozialpsychologie*, 36, 1984, S. 147-164. Siehe auch den Aufsatzband von C. Calhoun, E. LiPuma und M. Postone (Hg.), *Bourdieu: Critical Perspectives*, Cambridge: Polity Press, 1993.

3 Siehe P. Bourdieu, Célibat et condition paysanne, *Études rurales*, 5-6, 1962, S. 32-136; Les stratégies matrimoniales dans le système de reproduction, *Annales: Économies. Sociétés. Civilisations*, 27/4-5, 1972, S. 1105-1127 [dt in: *Junggesellenball. Stu-*

Aber Lévi-Strauss' Methode warf unlösbare theoretische und methodologische Probleme auf und erwies sich als zunehmend unbefriedigend.[4] Zudem stand Bourdieu der Modeströmung, die sich »Strukturalismus« nannte und in den 1960er-Jahren unter den Pariser Intellektuellen rasch an Boden gewann, mit einiger Skepsis gegenüber. Für ihn war sie Ausdruck einer allzu beflissenen und methodologisch unkontrollierten Anwendung der von Saussure und anderen entwickelten sprachwissenschaftlichen Prinzipien. Die Fehlentwicklungen des Strukturalismus schärften schon früh Bourdieus Blick sowohl für die immanenten Grenzen von Saussures Sprachwissenschaft als auch für die Gefahren einer bestimmten Form von intellektuellem Imperialismus, durch den ein bestimmtes Modell von Sprache zum Status eines Paradigmas für die Sozialwissenschaften insgesamt aufrücken konnte.

Wenn Bourdieu also Kritik an den Sprachtheorien von Saussure und anderen übt, so ist dies immer *auch* ein Versuch, dem Einfluss der linguistischen Modelle auf andere Bereiche der sozialen und kulturellen Analyse etwas entgegenzusetzen. Bourdieu lehnt alle Formen der »semiotischen« oder »semiologischen« Analyse, die sich von Saussure herleiten, strikt ab: Sie seien rein »immanente« Analyseformen, die sich ausschließlich auf die interne Beschaffenheit eines Textes oder eines Corpus von Texten konzentrierten und insofern die soziohistorischen Bedingungen der Textproduktion und -rezeption unberücksichtigt ließen. Außerdem werde bei diesen Analyseformen die Position des Analytikers als selbstverständlich vorausgesetzt und weder über diese Position selbst noch über die Beziehung zwischen dem Analytiker und dem Objekt seiner Analyse theoretisch fundiert und reflexiv nachgedacht. Demzufolge seien semiotische oder semiologische Analysen in der Regel ein signifikanter, aber weitgehend unkontrollierter Ausdruck der Position des Analytikers in der intellektuellen Arbeitsteilung.

Es sei hier noch einmal betont, dass es Bourdieu bei dieser Dis-

dien zum Niedergang der bäuerlichen Gesellschaft, Konstanz: UVK, 2008, S. 15-161 und 163-203], und La maison kabyle ou le monde renversé, in: Jean Pouillon, Paul Maranda (Hg.), *Échanges et communications. Mélanges offerts a Claude Lévi-Strauss a l'occasion de son 60e anniversaire*, Paris, Den Haag: Mouton, 1970, S. 739-758 [Das Haus oder die verkehrte Welt, in: Bourdieu, *Sozialer Sinn*, Anhang].

4 Siehe Bourdieus aufschlussreiche Darstellung seines eigenen intellektuellen Werdegangs im Vorwort zu *Sozialer Sinn*.

tanzierung von der immanenten Analyse in ihren verschiedenen, bei der Untersuchung literarischer Texte und kultureller Artefakte üblicherweise angewendeten Formen nicht einfach darum geht, diese Analyseformen um eine Darstellung der soziohistorischen Produktions- und Rezeptionsbedingungen zu *ergänzen*; seine Position ist zugleich radikaler und origineller. Im Unterschied zu Autoren wie Lévi-Strauss und Barthes, die bestimmte, ursprünglich im Bereich der Sprachwissenschaften entwickelte Konzepte übernahmen und versuchten, sie auf Phänomene wie Mythen und Mode anzuwenden, schlägt Bourdieu einen ganz anderen Weg ein. Er will zeigen, dass die Sprache selbst ein soziohistorisches Phänomen ist, dass der sprachliche Austausch eine profane, praktische Aktivität wie viele andere darstellt und dass Sprachtheorien, die den soziohistorischen und praktischen Charakter der Sprache nicht beachten, dies zu ihrem eigenen Schaden tun.

Bourdieu entwickelt dieses Argument anhand einer Auseinandersetzung mit bestimmten Voraussetzungen von Saussures und Chomskys Sprachwissenschaft. Zwischen den theoretischen Ansätzen von Saussure und Chomsky bestehen natürlich viele bedeutsame Unterschiede – Chomskys Ansatz ist zum Beispiel dynamischer und legt mehr Gewicht auf die generativen Fähigkeiten kompetenter Sprecher. Beide theoretischen Ansätze haben jedoch, wie Bourdieu meint, ein bestimmtes Prinzip gemeinsam: Sie gehen beide von einer grundsätzlichen Unterscheidung aus, die es ihnen ermöglicht, Sprache als homogenes und autonomes, für eine rein sprachliche Analyse geeignetes Objekt zu konstituieren. Bei Saussure ist dies die Unterscheidung zwischen *langue* und *parole,* das heißt zwischen »Sprache« als einem sich selbst genügenden Zeichensystem und »Sprechen« als der situierten Realisierung dieses Systems durch bestimmte Sprecher. Bei Chomsky ist es die ähnlich gelagerte Unterscheidung zwischen »Kompetenz«, also der Sprachkenntnis, die ein idealer Sprecher-Hörer in einer völlig homogenen Sprachgemeinschaft besitzt, und »Performanz«, dem tatsächlichen Sprachgebrauch in konkreten Situationen.[5]

5 F. de Saussure, *Cours de Linguistique générale*, Lausanne, Paris: Payot, 1916 [*Grundfragen der Allgemeinen Sprachwissenschaft*, Berlin: de Gruyter, 1967]; N. Chomsky, *Aspects of the Theory of Syntax*, Cambridge, Mass.: MIT Press, 1965, S. 3 ff. [*Aspekte der Syntax-Theorie*, Frankfurt/M.: Suhrkamp, und Berlin: Akademie Verlag 1969, S, 13 f.]

Bourdieus Einwand gegen eine derartige Unterscheidung lautet, sie verleite den Sprachwissenschaftler dazu, einen Gegenstandsbereich als selbstverständlich vorauszusetzen, der tatsächlich das Produkt komplexer sozialer, historischer und politischer Entstehungsbedingungen sei. In Gestalt einer *methodologischen* Unterscheidung mache der Sprachwissenschaftler unter der Hand eine Reihe von Voraussetzungen in Bezug auf das *Wesen* der Sprache. Die völlig homogene Sprach- oder Sprechgemeinschaft nämlich gebe es in Wirklichkeit nicht: Sie sei die Idealisierung einer bestimmten Sprachpraxis, die historisch entstanden sei und deren Existenz bestimmte gesellschaftliche Voraussetzungen habe. Diese Idealisierung oder *fictio juris* ist der Ursprung dessen, was Bourdieu ein wenig provokant die »Illusion des Sprachkommunismus« nennt. Indem der Sprachwissenschaftler eine bestimmte Sprachpraxis zum normativen Modell des korrekten Gebrauchs macht, erzeugt er die Illusion einer gemeinsamen Sprache und geht über die soziohistorischen Bedingungen hinweg, unter denen sich eine besondere Sprachpraxis als die herrschende und legitime durchgesetzt hat. Aus einem komplexen historischen Prozess, der mitunter (insbesondere in kolonialen Kontexten) mit erheblichen Konflikten einhergeht, ist eine besondere Sprache oder Sprachpraxis als die herrschende und legitime Sprache hervorgegangen, während andere Sprachen oder Dialekte ausgeschaltet oder ihr untergeordnet wurden. Diese herrschende und legitime Sprache, diese *siegreiche* Sprache, ist das, was die Sprachwissenschaftler gemeinhin als selbstverständlich voraussetzen. Ihre idealisierte Sprach- oder Sprechgemeinschaft ist ein Objekt, das durch bestimmte soziohistorische Bedingungen, die ihm zum Status der einzig legitimen oder »offiziellen« Sprache einer bestimmten Gemeinschaft verholfen haben, *vor*konstruiert wurde.

Diesen Prozess kann man untersuchen, indem man sich genau ansieht, auf welche Weise besondere Sprachen in bestimmten geographischen Räumen historisch – oft im Zusammenhang mit der Entstehung der modernen Nationalstaaten – zu herrschenden Sprachen wurden. Bourdieu konzentriert sich auf die Entwicklung des Französischen, aber man könnte ohne Weiteres auch die Entwicklung des Englischen in Großbritannien oder den Vereinigten Staaten, des Spanischen in Spanien oder Mexiko usw. betrachten.[6] Für

6 Es gibt eine wachsende Literatur zur Entwicklung von Sprachen im Zusammenhang mit der Bildung der modernen Nationalstaaten und der Geschichte des

das Französische wurden die grundlegenden historischen Vorarbeiten großenteils von Ferdinand Brunot in seinem Monumentalwerk *Histoire de la langue française des origines à nos jours* geleistet.[7] Anhand dieses Werks von Brunot zeigt Bourdieu, wie bis zur Französischen Revolution der Prozess der sprachlichen Einigung aufs Engste mit dem Aufbau eines monarchischen Staates verknüpft war. In den Kernprovinzen der *pays d'oïl* (Champagne, Normandie, Anjou, Berry) wurden seit dem 14. Jahrhundert die Sprachen und Dialekte der Feudalzeit nach und nach vom Dialekt der *Île de France* verdrängt, der in den gebildeten Pariser Kreisen weiterentwickelt, zum Status der Amtssprache erhoben und auch in einer Schriftform benutzt wurde. Im gleichen Zeitraum wurden regionale und rein mündliche Dialekte auf den Status eines – negativ und pejorativ über den Gegensatz zur Amtssprache definierten – *patois* verwiesen. Anders war die Situation in den südfranzösischen Regionen der *langue d'oc.* Dort fasste der Pariser Dialekt erst im 16. Jahrhundert Fuß und verdrängte auch nicht den weithin üblichen Gebrauch von lokalen Dialekten, die in schriftlicher wie in mündlicher Form existierten. Daher entwickelte sich eine Situation der Zweisprachigkeit, bei der die Bauern und die Angehörigen der unteren Klassen nur die lokalen Dialekte sprachen, während Adel, Bürger und Kleinbürger auch Zugang zur Amtssprache hatten.

Bei der Politik der sprachlichen Einigung, die mit der Französischen Revolution einherging, hatten die Angehörigen der oberen Klassen, wie Bourdieu zeigt, nur zu gewinnen. Diese Politik, die Teil von Condillacs Theorie von der Reinigung des Denkens durch Sprachreinigung war, verschaffte den oberen Klassen ein faktisches Monopol auf die politische Macht. Durch die Erhebung der Amtssprache zum Status der Nationalsprache – also der offiziellen Sprache des entstehenden Nationalstaats – begünstigte die Politik der

Kolonialismus. Siehe zum Beispiel M. de Certeau, D. Julia und J. Revel, *Une politique de la langue. La revolution française et les patois*, Paris: Gallimard, 1975; A. Mazrui, *The Political Sociology of the English Language: An African Perspective*, Den Haag: Mouton, 1975; R. L. Cooper (Hg.), *Language Spread: Studies in Diffusion and Social Change*, Bloomington: Indiana University Press, 1982; und J. Steinberg, The Historian and the *questione della lingua*, in: P. Burke, R. Porter (Hg.), *The Social History of Language*, Cambridge: Cambridge University Press, 1987, S. 198-209.

7 F. Brunot, *Histoire de la langue française des origines à nos jours*, Paris: Colin, 1968.

sprachlichen Einigung all diejenigen, deren Sprachkompetenz die Amtssprache bereits umfasste, während alle anderen, die nur einen lokalen Dialekt beherrschten, in einer politischen und sprachlichen Einheit aufgingen, in der ihre traditionelle Kompetenz untergeordnet und entwertet war. Die darauffolgende Standardisierung und Einpaukung der Amtssprache und ihre Legitimierung als offizielle Sprache des Nationalstaats war dann keine rein politisch-strategische Angelegenheit mehr: Sie war ein allmählicher Prozess, der von einer Reihe von anderen Faktoren wie der Entwicklung des Bildungssystems und der Entstehung eines einheitlichen Arbeitsmarktes abhing. Die Produktion von Grammatiken, Wörterbüchern und Textsammlungen, die Beispiele für den korrekten Gebrauch lieferten, ist nur der sichtbarste Ausdruck dieses allmählichen Standardisierungsprozesses. Viel wichtiger dürfte gewesen sein, dass mit der Einführung eines Systems von Bildungsabschlüssen, die einen standardisierten, von regionalen Varianten unabhängigen Wert besaßen, und mit der Entstehung eines einheitlichen Arbeitsmarkts, auf dem bestimmte Bildungsabschlüsse die Voraussetzung für den Zugang zu Positionen in den öffentlichen Verwaltungen waren, die Schule schließlich – vor allem in schwach industrialisierten Gebieten – zum wichtigsten Mittel des Zugangs zum Arbeitsmarkt wurde. So wurden Menschen, die lokale Dialekte sprachen, durch das Zusammenwirken verschiedener Institutionen und sozialer Prozesse dahin gebracht, dass sie, wie Bourdieu es formuliert, »an der Zerstörung ihrer Ausdrucksmittel mitarbeiteten«.[8]

Dieser Tendenz zur Vernachlässigung der soziohistorischen Entstehungsbedingungen der Sprache, die in idealisierter Form ihr Objekt ist, entspricht in den Sprachtheorien auch die Art und Weise, wie sie die sprachlichen Ausdrücke selbst zu analysieren pflegen, nämlich losgelöst von den besonderen sozialen Bedingungen, unter denen sie gebraucht werden. Im Werk von Saussure und Chomsky hängt diese Loslösung der Sprachanalyse von den sozialen Bedingungen des Sprachgebrauchs eng mit ihrer Unterscheidung zwischen *langue* und *parole* bzw. Kompetenz und Performanz zusammen, sodass sich Bourdieu in seiner Kritik als Nächstes die Frage stellt, ob diese Unterscheidungen der Tätigkeit des Sprechens und allem, was dazugehört, überhaupt gerecht werden. Was Saussure

8 Vgl. P. Bourdieu, La production et la reproduction de la langue légitime, in: *Ce que parler veut dire*, Paris: Fayard, 1982, S. 23-58.

angeht, so dürfte klar sein, dass das Sprechen nicht, wie er meint, als bloße Realisierung oder »Ausführung« eines bereits bestehenden Sprachsystems gedacht werden kann: Sprechen ist eine viel komplexere und kreativere Tätigkeit, als dieses recht mechanische Modell suggeriert. Bei Chomskys Theorie jedoch liegen die Dinge komplizierter, gerade weil Chomsky mit seiner Konzeptualisierung der Kompetenz als eines Systems von generativen Prozessen versucht hat, dem schöpferischen Vermögen Rechnung zu tragen.

Bourdieus Einwand gegen diesen Aspekt von Chomskys Theorie lautet, der Begriff Kompetenz, verstanden als die Fähigkeit eines idealen Sprechers zur Generierung einer unbegrenzten Folge von grammatischen Sätzen, sei einfach zu abstrakt. Die Art Kompetenz, die *wirkliche* Sprecher besitzen, sei nicht eine Fähigkeit zur Generierung einer unbegrenzten Folge von grammatischen Sätzen, sondern vielmehr eine Fähigkeit zur Produktion von Ausdrucksweisen, die in bestimmten Situationen angemessen sind, das heißt die Fähigkeit zur Produktion der *richtigen* Ausdrucksweise zum *richtigen* Zeitpunkt. Mit diesem Argument braucht Bourdieu gar nicht zu bestreiten, dass kompetente Sprecher die Fähigkeit besitzen, grammatische Sätze zu bilden, denn der eigentlich wichtige Punkt ist, dass diese Fähigkeit *nicht genügt,* um die Art Kompetenz zu charakterisieren, über die wirkliche Sprecher verfügen. Wirkliche Sprecher haben nämlich eine *praktische Kompetenz,* einen »praktischen Sinn« (ein Begriff, auf den wir noch zurückkommen werden), kraft dessen sie Äußerungen produzieren können, die unter den jeweiligen Umständen angemessen sind; und diese praktische Kompetenz kann nicht aus der Kompetenz von Chomskys idealem Sprecher abgeleitet oder auf sie reduziert werden.[9] So sind wirkliche Sprecher imstande, Sätze oder Ausdrucksweisen in praktische Strategien einzubinden, die viele Funktionen erfüllen und den Machtverhältnissen zwischen Sprechern und Hörern stillschweigend angepasst werden können. Ihre praktische Kompetenz umfasst nicht nur die Fähigkeit, grammatische Äußerungen zu produzieren, sondern *auch* die Fähigkeit, sich Gehör, Glauben,

9 Bourdieu argumentiert hier ähnlich wie der Soziolinguist Dell Hymes, der meint, Chomskys Begriff der Kompetenz sei zu eng und müsse erweitert werden, um auch soziale und umständebedingte Faktoren zu berücksichtigen. Siehe D. Hymes, *Foundations in Sociolinguistics: An Ethnographic Approach,* London: Tavistock, 1977, S. 92-97 und *passim.*

Gehorsam usw. zu verschaffen. Wer spricht, muss sicherstellen, dass er unter den gegebenen Umständen zum Sprechen befugt ist. Und wer zuhört, muss der Ansicht sein, dass der Sprecher Aufmerksamkeit verdient. Diese Anerkennung des Rechts zu sprechen und die damit verbundenen, in allen Kommunikationssituationen implizit enthaltenen Formen von Macht und Autorität werden jedoch von einer Sprachwissenschaft, die den sprachlichen Austausch als einen intellektuellen Vorgang betrachtet, bei dem es nur um das Enkodieren und Dekodieren von grammatisch korrekten Aussagen geht, in der Regel ausgeblendet.

Diese Begrenztheit von Chomskys Sprachwissenschaft hat Bourdieu vor Augen, wenn er sich den Schriften eines weiteren Sprachwissenschaftlers zuwendet, nämlich Austin und seinen Arbeiten über Sprechakte. Bourdieus Ansatz zur Analyse von Sprache gleicht in mancher Hinsicht dem Ansatz, der von Austin und den anderen sogenannten »ordinary language philosophers« der 1940er- und 1950er-Jahre entwickelt wurde.[10] So fällt denn auch seine Einschätzung von Austins Arbeit wohlwollender aus als seine Analyse von Saussure oder Chomsky. Austin griff eine bestimmte Klasse von performativen Äußerungen heraus, etwa die Formel: »Ja, das will ich«, wie sie bei Trauungen gesprochen wird, oder den Satz: »Ich taufe dieses Schiff auf den Namen Queen Elizabeth«, den jemand ausspricht, während er am Bug eines Schiffes eine Flasche zerplatzen lässt. Solche Äußerungen seien, wie Austin betont, keine Berichte oder Beschreibungen von Sachverhalten, sondern eine Art und Weise, ein Ritual auszuführen oder an ihm teilzunehmen; sie seien auch nicht strikt wahr oder falsch, sondern »geglückt« oder »nicht geglückt«; und sie müssten, wenn sie glücken sollen, unter anderem von einer geeigneten Person nach irgendeinem konventionellen Verfahren ausgesprochen werden.[11] Dies impliziert laut Bourdieu, dass die Wirksamkeit von performativen Äußerungen

10 Austins klassischer Text, *How to Do Things with Words* (englische Veröffentlichung 1962) erschien in Frankreich erst 1970, und in den 1970er-Jahren gab es unter den französischen Philosophen und Sprachwissenschaftlern eine breite Diskussion zur Theorie der Sprechakte. Siehe zum Beispiel O. Ducrot, *Dire et ne pas dire*, Paris: Hermann, 1972, und *Le dire et le dit*, Paris: Minuit, 1984, sowie A. Berrendonner, *Éléments de pragmatique linguistique*, Paris: Minuit, 1981).

11 J. L. Austin, *How to Do Things with Words*, 2. Aufl., Oxford: Oxford University Press, 1975, Lecture 11 [*Zur Theorie der Sprechakte*, Stuttgart: Reclam, 1979, S. 153-165].

nicht von der Existenz einer *Institution* zu trennen ist, die die Bedingungen (etwa den Ort, die Zeit, die handelnde Person) definiert, die erfüllt sein müssen, damit die Äußerung wirksam sein kann. Bourdieu benutzt den Ausdruck »Institution« in einem sehr allgemeinen und zugleich aktiven Sinn (der im französischen *institution* deutlicher anklingt als im Englischen oder im Deutschen). Eine Institution ist nicht unbedingt eine bestimmte Organisation – diese oder jene Familie oder Fabrik zum Beispiel –, sondern jedes einigermaßen dauerhafte Ensemble von sozialen Beziehungen, das Individuen Macht, Status und Ressourcen verschiedenster Art *verleiht.* Somit ist es die – so verstandene – Institution, die dem Sprecher die Autorität verleiht, den Akt auszuführen, den seine Äußerung performativ zu vollziehen behauptet. Nicht jeder kann sich vor ein neues Schiff stellen, eine Flasche an dessen Bug schleudern, die Worte aussprechen: »Ich taufe dieses Schiff auf den Namen Queen Elizabeth«, und das Schiff damit *taufen*: Die Person muss hierzu *befugt* sein, bekleidet mit der zur Ausführung dieses Aktes erforderlichen Autorität. Daher setzt die Wirksamkeit der performativen Äußerung bestimmte soziale Verhältnisse voraus, eine Institution, die bewirkt, dass ein bestimmtes Individuum, das zum Sprechen *befugt* ist und von anderen als solches *anerkannt* wird, auf eine Weise sprechen kann, die von anderen als unter den gegebenen Umständen akzeptabel betrachtet wird. Daraus folgt, dass die zahllosen symbolischen Vorkehrungen – die Roben, Perücken, rituellen Ausdrucksweisen und ehrerbietigen Namensnennungen –, die mit Anlässen eher »formeller« oder »offizieller« Art einhergehen, kein belangloses Beiwerk sind: Sie sind ebenjene Mechanismen, durch die die sprechenden Personen die Autorität der Institution beglaubigen, die ihnen die Macht zu sprechen verleiht, eine Institution, die ihrerseits ihren Fortbestand zum Teil der bei solchen Anlässen vorgeschriebenen Ehrerbietung und Feierlichkeit verdankt.

So erkennt Bourdieu die Sprechakt-Theoretiker zwar an, weil sie auf die sozialen Bedingungen der Kommunikation aufmerksam gemacht haben, ist aber zugleich der Ansicht, Austin und vor allem einige der von ihm beeinflussten Autoren hätten diese Betrachtungsweise nicht in all ihren Konsequenzen zu Ende gedacht. Sie hätten die Tatsache, dass die Gelingensbedingungen in erster Linie *soziale* Bedingungen sind, nicht in ihrer vollen Bedeutung erfasst: Daher gebe es in der Literatur zu den Sprechakten eine Tendenz zu

Analysen rein sprachlicher oder logischer Art. Zum Teil ist das Problem in Austins Werk selbst begründet. Austin verweist recht vage auf die »konventionellen Verfahren«, die eingehalten werden müssten, wenn eine performative Äußerung glücken soll; und auch später, als er zur Terminologie der »lokutionären«, »illokutionären« und »perlokutionären« Akte übergeht, sagt er nur ganz allgemein, der illokutionäre Akt (der Akt, der *mit* der Äußerung ausgeführt wird) sei vom perlokutionären Akt (dem Akt, der *durch* die Äußerung ausgeführt wird) dadurch zu unterscheiden, dass sich der illokutionäre Akt »konventioneller Mittel« bediene. Nie aber untersucht Austin die Natur dieser Konventionen im Detail; nie denkt er näher darüber nach, was es eigentlich heißt, diese Konventionen als soziale Phänomene zu behandeln, die in soziale Beziehungen eingebunden, durch und durch von Macht und Autorität geprägt und in Konflikte und Kämpfe verwickelt sind. Damit ließ Austin die Möglichkeit offen, dass andere, ungeachtet des sozialen Charakters der Bedingungen des glückenden Gebrauchs, über Sprechakte rein sprachlich nachdachten. Denkt man jedoch auf diese Weise über Sprechakte nach, vergisst man, dass die Autorität von Äußerungen eine Autorität ist, die der Sprache von Faktoren verliehen wird, die ihr äußerlich sind. Spricht eine autorisierte Sprecherin mit Autorität, gibt sie dieser Autorität zwar Ausdruck, erzeugt sie jedoch nicht: Wie Homers Redner, der zum Reden das *skeptron* ergreift, versieht sich der Sprecher mit einer Form von Macht oder Autorität, die Teil einer sozialen Institution ist und nicht aus den Worten allein stammt.

Dies ist auch der Kontext, in dem Bourdieu seine Vorbehalte gegenüber der Art und Weise äußert, wie ein anderer herausragender Denker des Sozialen, Jürgen Habermas, auf den Arbeiten der Sprechakt-Theoretiker aufzubauen versucht. Habermas vertritt den Standpunkt, dass Individuen beim Austausch von Sprechakten implizit bestimmte »Geltungsansprüche« erheben, also etwa den Anspruch auf Wahrheit und Richtigkeit; und dass manche dieser Geltungsansprüche nur in einer »idealen Sprechsituation« eingelöst oder durchgesetzt werden können, das heißt in einer Kommunikationssituation, in der die Beteiligten motiviert sind, einen problematischen Anspruch allein auf der Basis von Gründen zu akzeptieren oder zurückzuweisen.[12] Obwohl sich Bourdieu nicht im Einzelnen

12 Siehe J. Habermas, *Vorstudien und Ergänzungen zur Theorie des kommunikativen Handelns*, Frankfurt/M.: Suhrkamp, 1984 (darin auch ders., Was heißt

mit Habermas' Werk auseinandersetzt, ist klar, dass seine Vorstellung davon, wie die Einsichten der Sprechakt-Theoretiker fortzuführen wären, ganz anders aussieht als die von Habermas. Während Habermas zu zeigen versucht, dass die Analyse von Sprechakten eine im kommunikativen Austausch wirksame »rational motivierende Kraft« offenbart, geht es Bourdieu darum, nachzuweisen, dass die wie auch immer beschaffene Macht oder Kraft von Sprechakten eine Macht oder Kraft ist, die ihnen von einer sozialen Institution zugeschrieben wird, von der die Äußerung des Sprechaktes selbst ein Teil ist; und dass daher die Vorstellung von einer idealen Sprechsituation, in der der Vernunftcharakter des kommunikativen Austauschs nicht von sozialen Zwängen behindert wäre, nach Bourdieus Ansicht auf einer fiktiven Ausklammerung der sozialen Bedingungen des Gebrauchs von Sprache beruht. Diese Argumentation, in der eine auch von anderen an Habermas' Werk geübte Kritik anklingt, ist durchaus einleuchtend. Man kann Zweifel an Bourdieus eigener Erklärung der Sprechakte haben – man kann sich zum Beispiel fragen, ob er sich nicht allzu sehr auf solche Anlässe beruft, bei denen die Äußerung von Sprechakten eindeutig Teil eines anerkannten sozialen Rituals wie Heirat oder Taufe ist, im Unterschied zu Anlässen, bei denen Individuen in eine relativ unstrukturierte, direkte Interaktion eintreten, etwa eine ganz triviale und beiläufige Unterhaltung zwischen Freunden.[13] Aber indem sich Bourdieu auf die institutionellen Aspekte des Sprachgebrauchs konzentrierte und sie mit kluger soziologischer Vorstellungskraft einer gründlichen Untersuchung unterzog, hat er unbestreitbar einige der sozialen Bedingungen des Sprachgebrauchs deutlich gemacht, und zwar auf eine Weise, die der vorliegenden Literatur zur Theorie der Sprechakte im Allgemeinen fremd ist.

Universalpragmatik?); und J. Habermas, *Theorie des kommunikativen Handelns*, Bd. 1: *Handlungsrationalität und gesellschaftliche Rationalisierung*, Frankfurt/M.: Suhrkamp, 1981, Kap. 3.

13 Überlegungen hierzu und weitere Kritiken vgl. J. B. Thompson, Symbolic Violence: Language and Power in the Writings of Pierre Bourdieu, in: ders., *Studies in the Theory of Ideology*, Cambridge: Polity Press, 1984, S. 42-72.

II

Bourdieus Schriften zur Sprache bieten jedoch mehr als diesen erhellenden, kritischen Blick auf die Werke von Saussure, Chomsky, Austin und anderen, nämlich einen neuen Ansatz für die Analyse von Sprache und sprachlichem Austausch. Dieser Ansatz ist im Wesentlichen eine Weiterentwicklung von Theorien, die in anderen Zusammenhängen entwickelt wurden. Um ihn zu verstehen, müssen daher auch Bourdieus übrige theoretische Arbeiten herangezogen werden, das heißt die zentralen Konzepte und Annahmen seiner Theorie der Praxis.

Bourdieus Theorie der Praxis ist ein systematischer Versuch, über eine Reihe von Gegensätzen und Antinomien hinauszugelangen, mit denen sich die Sozialwissenschaften von Anfang an geplagt haben. Für jeden, der sich heute in den Sozialwissenschaften betätigt, haben diese Gegensätze einen vertrauten Klang: Individuum und Gesellschaft, Handeln und Struktur, Freiheit und Notwendigkeit usw. Diese und noch viele andere Gegensätze will Bourdieu mit seinem theoretischen Ansatz umgehen oder aufheben. Wenn er ihn entwickelt, beginnt er gewöhnlich mit einer ganz allgemeinen, epistemologisch oder erkenntnistheoretisch formulierten Dichotomie zwischen »Subjektivismus« und »Objektivismus«. Unter »Subjektivismus« versteht Bourdieu eine Denkrichtung, die die soziale Welt über die Art und Weise zu erfassen versucht, wie sie sich den in ihr befindlichen Individuen darstellt. Subjektivismus setzt voraus, dass irgendeine Art von unmittelbarer Wahrnehmung der gelebten Erfahrung anderer möglich ist, und nimmt an, dass diese Wahrnehmung an sich bereits eine mehr oder weniger adäquate Form des Wissens über die soziale Welt darstellt. Bourdieu hat dabei gewisse Formen der »phänomenologischen« oder »interpretierenden« Soziologie und Anthropologie vor Augen, etwa die von Alfred Schütz entwickelte phänomenologische Soziologie.[14] Mit »Objektivismus« meint Bourdieu eine Denkrichtung, die die soziale Welt über die

14 Siehe A. Schütz, *Der sinnhafte Aufbau der sozialen Welt* [1932], 2. Aufl., Wien: Springer, 1960. In diesem Kontext bezieht sich Bourdieu häufiger auf die Phänomenologie und ihre Weiterentwicklung bei Sozialphilosophen wie Schütz und Sartre. Aber sein Argument ließe sich *mutatis mutandis* auch auf das Werk von so unterschiedlichen Soziologen und Anthropologen wie Peter Berger, Harold Garfinkel, Aaron Cicourel und Clifford Geertz anwenden.

Konstruktion der objektiven Beziehungen zu erfassen versucht, die den Praktiken und Repräsentationen ihre Struktur geben. Der Objektivismus setzt einen Bruch mit der unmittelbaren Erfahrung voraus; er klammert die Primärerfahrung der sozialen Welt aus und versucht, Aufschluss über die Strukturen und Prinzipien zu gewinnen, die die Primärerfahrung bedingen, von ihr jedoch nicht direkt erfasst werden können. Beispiele für Objektivismus in diesem Sinne sind die von Lévi-Strauss entwickelten Analyseformen sowie manche Versionen der strukturalen Linguistik.

Beide Denkrichtungen, Subjektivismus wie Objektivismus, sind nach Bourdieus Auffassung inadäquat, der Objektivismus jedoch in geringerem Maße als der Subjektivismus. Der Objektivismus hat vor allem den Vorzug, dass er mit der unmittelbaren Erfahrung der sozialen Welt bricht und dadurch imstande ist, ein Wissen von der sozialen Welt zu produzieren, das sich nicht auf das praktische Wissen von Laienakteuren reduzieren lässt. Nach Bourdieus Auffassung ist der Bruch mit der unmittelbaren Erfahrung eine wesentliche Voraussetzung für die sozialwissenschaftliche Forschung. Ein Bruch, der noch dadurch erschwert wird, dass der Sozialwissenschafter selbst am sozialen Leben beteiligt ist und daher dazu neigt, sich bei seiner Analyse der sozialen Welt auf Alltagsbegriffe und Alltagskonzepte zu beziehen.[15] Doch bei aller berechtigten Betonung der Notwendigkeit des Bruchs mit der Alltagserfahrung hat auch der Objektivismus seine Mängel. Der wichtigste Mangel des Objektivismus ist, dass er die Bedingungen seiner eigenen Möglichkeit nicht reflektiert und daher den Zusammenhang zwischen dem von ihm produzierten Wissen und dem praktischen Wissen von Laienakteuren nicht erfassen kann; oder, anders gesagt, dass er außerstande ist, den Zusammenhang zwischen den von ihm aufgedeckten objektiven Beziehungen und Strukturen einerseits und den praktischen Tätigkeiten der diese soziale Welt bildenden Individuen andererseits zu erfassen. So kommt es, dass sich aus der Sicht des Objektivismus die praktischen Tätigkeiten von Individuen so darstellen können, als seien sie nichts weiter als die Anwendung einer Regel oder die Realisierung eines Modells oder einer Struktur, die

15 Eine recht ausführliche Entwicklung dieses Punkts findet sich in P. Bourdieu, J.-C. Chamboredon, J.-C. Passeron, *Le métier de sociologue. Préalables épistémologiques*, Paris: Mouton & Bordas, 1968 [*Soziologie als Beruf*, Berlin, New York: de Gruyter, 1991], und P. Bourdieu, *Homo academicus*, Kap. 1.

vom Analysierenden aufgedeckt oder konstruiert werden. Praxis wird zum bloßen Epiphänomen der Eigenkonstrukte des Analytikers. Daher ist diese Betrachtungsweise nach Bourdieus – überzeugend vertretener – Auffassung als Erklärung von Praxis auf nicht behebbare Weise unzureichend. Seine alternative Theorie der Praxis ist ein Versuch, über diesen Objektivismus hinauszugelangen, ohne in den Subjektivismus zurückzufallen, also der Notwendigkeit des Bruchs mit der unmittelbaren Erfahrung Rechnung zu tragen und doch zugleich dem Praxischarakter des sozialen Lebens gerecht zu werden.

Das zentrale Konzept, mit dem Bourdieu bei der Entwicklung dieses Ansatzes arbeitet, ist das Konzept des *Habitus.* Dies ist ein sehr alter Begriff, der auf Aristoteles und die Scholastik zurückgeht, von Bourdieu jedoch auf eigene, ganz spezifische Weise verwendet wird. Der Habitus ist ein Ensemble von *Dispositionen*, die die handelnden Individuen auf bestimmte Weise agieren und reagieren lassen. Die Dispositionen generieren Praktiken, Wahrnehmungen und Einstellungen, die »regelhaft« sind, ohne bewusst koordiniert zu sein oder irgendeiner »Regel« zu folgen. Die Dispositionen, die den Habitus bilden, sind »eingepaukt«, strukturiert, dauerhaft, generativ und übertragbar – Merkmale, die kurz erklärt werden sollten. Dispositionen werden über einen allmählichen Prozess der *Anerziehung* erworben, bei dem besonders die frühkindlichen Erfahrungen wichtig sind. Über unzählige profane Prozesse des Übens und Lernens, wie sie etwa zum Einbläuen von Tischmanieren gehören (»Sitz gerade!«, »Sprich nicht mit vollem Mund!«), erwirbt das Individuum ein Ensemble von Dispositionen, die buchstäblich den Körper formen und zur zweiten Natur werden. Die auf diese Weise produzierten Dispositionen sind außerdem *strukturiert,* denn in ihnen spiegeln sich unweigerlich die sozialen Bedingungen wider, unter denen sie erworben wurden. Die von einem Individuum aus dem Arbeitermilieu erworbenen Dispositionen zum Beispiel werden in bestimmter Hinsicht anders sein als die Dispositionen von Individuen, die in einem Mittelklassenmilieu aufgewachsen sind. Mit anderen Worten, die charakteristischen Ähnlichkeiten und Unterschiede der sozialen Existenzbedingungen der Einzelnen spiegeln sich in den Habitus wider, die bei Individuen mit gleichem sozialem Hintergrund relativ homogen sein können. Strukturierte Dispositionen sind außerdem *dauerhaft*: Sie sind derart tief im Körper verwurzelt, dass sie über die gesamte Lebensgeschichte des Einzelnen hinweg Bestand haben und auf eine Weise wirken, die vorbewusst ist, also der bewussten Reflexion und Modifikation nicht ohne Weiteres zugänglich. Schließlich sind die Dispositionen *generativ* und *übertragbar*, das heißt, sie können eine Vielfalt von Praktiken und Wahrnehmungen auch in anderen Bereichen als denen generieren, in denen sie ursprünglich erworben wurden. Als dauerhaft verankertes Ensemble von Dispositionen generiert der Habitus also Praktiken und Wahrnehmungen, Werke und Einschätzungen, die mit den Existenzbedingungen übereinstimmen, deren Produkt er selber ist.

Der Habitus verleiht den Individuen außerdem einen Sinn dafür, wie sie im Alltag zu agieren und zu reagieren haben. Er »leitet« ihre Handlungen und Neigungen, ohne sie strikt zu determinieren. Er vermittelt ihnen ein Gefühl für das »Spiel«, einen Sinn für das, was unter den jeweiligen Umständen angemessen oder nicht angemessen ist, einen »praktischen Sinn« (*sens pratique*). Der praktische Sinn ist weniger eine Geistesverfassung als eine Verfassung des Körpers, ein Seinszustand. Weil der Körper zum Träger tief verwurzelter Dispositionen geworden ist, scheinen bestimmte Handlungen, bestimmte Verhaltensweisen vollkommen natürlich zu sein. Bourdieu spricht hier von einer körperlichen »Hexis«, womit er eine bestimmte dauerhafte Organisation des Körpers und seiner Entfaltung in der Welt meint. »Die körperliche Hexis ist die realisierte, *einverleibte,* zur dauerhaften Disposition, zur stabilen Art und Weise der Körperhaltung, des Redens, Gehens und damit des *Fühlens* und *Denkens* gewordene politische Mythologie.«[16] Wie wichtig diese körperliche Hexis ist, zeigt sich an der unterschiedlichen Art und Weise, wie Männer und Frauen in der Welt auftreten, an ihren unterschiedlichen Körperhaltungen, ihrer unterschiedlichen Art, zu gehen und zu sprechen, zu essen und zu lachen, der unterschiedlichen Art, sich in den intimeren Aspekten des Lebens zu geben. Der Körper ist ein Träger von inkorporierter Geschichte. Die praktischen Schemata, über die sich der Körper organisiert, sind ein Produkt von Geschichte und zugleich eine Quelle von Praktiken und Wahrnehmungen, die diese Geschichte reproduzieren. Der fortwährende Prozess von Produktion und Reproduktion,

16 Bourdieu, *Sozialer Sinn*, S. 129.

von Geschichte, die inkorporiert, und Inkorporierung, die aktualisiert wird, ist ein Prozess, der ablaufen kann, ohne je zum Objekt einer spezifischen, sprachlich explizit artikulierten, institutionellen Praxis zu werden. Letzteres setzt die Entwicklung einer bestimmten Art von pädagogischer Institution voraus, die es nicht in allen Gesellschaften gibt und die in unseren Gesellschaften im Allgemeinen mit dem Bildungssystem verbunden ist.

Der Habitus und die verwandten Begriffe praktischer Sinn und körperliche Hexis sind die Konzepte, mit denen Bourdieu versucht, die generativen Prinzipien oder Schemata zu erfassen, die den Praktiken und Wahrnehmungen, Werken und Einschätzungen zugrunde liegen. Aber wenn Individuen handeln, geschieht dies immer in spezifischen sozialen Kontexten. Daher sind bestimmte Praktiken oder Wahrnehmungen nicht als Produkt des Habitus als solchem zu verstehen, sondern als Produkt des *Verhältnisses* zwischen dem Habitus auf der einen Seite und den spezifischen sozialen Kontexten oder »Feldern«, in denen Individuen handeln, auf der anderen Seite. Für diese sozialen Kontexte oder Felder des Handelns benutzt Bourdieu verschiedene Ausdrücke: Sein bevorzugter *terminus technicus* ist das »Feld« (*champ*), häufig benutzt er aber auch – und zumindest teilweise metaphorisch – die Ausdrücke »Markt« und »Spiel«. Ein Feld oder ein Markt ist als ein strukturierter Raum von Positionen zu verstehen, und diese Positionen und ihre Wechselbeziehungen in diesem Raum werden über die Verteilung der verschiedenen Arten von Ressourcen oder »Kapital« bestimmt.[17] Ein Kerngedanke in Bourdieus Werk, für den er vor allem bei den Bildungssoziologen bekannt ist, ist die Idee, dass es verschiedene Formen von Kapital gibt: nicht nur »ökonomisches Kapital« im strengen Sinne (das heißt materieller Reichtum in Form von Geld, Anlagen, Aktien, Eigentum usw.), sondern auch »kulturelles Kapital« (das heißt Wissen, Fähigkeiten und sonstige erworbene kulturelle Güter wie zum Beispiel Bildungsabschlüsse), symbolisches Kapital (das heißt akkumuliertes Prestige oder Ehre) usw. Eine der wichtigsten Eigenschaften von Feldern ist die Art und Weise, wie sich eine bestimmte Art von Kapital innerhalb eines Feldes in eine andere Art von Kapital konvertieren lässt – etwa

17 Siehe P. Bourdieu, Quelques propriétés des champs, in: *Questions de sociologie*, Paris: Minuit, 1980 [Über einige Eigenschaften von Feldern, *Soziologische Fragen*, Frankfurt/M.: Suhrkamp, 1993].

Bildungsabschlüsse, die gegen lukrative Stellen eingelöst werden können.[18]

Ein Feld ist immer ein Ort von Kämpfen, in denen die Einzelnen versuchen, die Verteilung der feldspezifischen Kapitalformen aufrechtzuerhalten oder zu verändern. Die an diesen Kämpfen beteiligten Individuen haben, je nachdem, an welcher Stelle im strukturierten Raum der Positionen sie sich befinden, unterschiedliche Ziele – Beibehaltung des Status quo für die einen, Veränderung des Status quo für die anderen – und unterschiedliche Gewinn- oder Verlustchancen. Aber alle Individuen, wie immer ihre Ziele und Erfolgsaussichten auch beschaffen sein mögen, haben bestimmte Grundvoraussetzungen gemeinsam. Alle Beteiligten müssen an das Spiel glauben, das sie spielen, und an den Wert dessen, worum es in den Kämpfen geht, die sie miteinander führen. Die bloße Existenz und Fortexistenz des Spiels oder Felds setzt eine totale und vorbehaltlose »Investition« in das Spiel und in das voraus, worum es bei ihm geht, einen praktischen, bedingungslosen Glauben. Daher setzt der Kampf in einem Feld, gleichgültig, ob er als Konflikt über die Verteilung des Reichtums oder als Konflikt über den Wert eines Kunstwerks geführt wird, immer eine grundsätzliche Übereinstimmung oder ein stillschweigendes Einvernehmen zwischen den am Kampf beteiligten Personen voraus.

Die Begriffe, die Bourdieu benutzt, um Felder und ihre Eigenschaften zu beschreiben – »Markt«, »Kapital«, »Profit« usw. –, sind der Sprache der Wirtschaftswissenschaften entnommen, wurden aber der Analyse von Feldern angepasst, die keine »ökonomischen« Felder im engeren Sinne sind. In diesem Punkt ist Bourdieu leicht misszuverstehen. Wenn Bourdieu Interaktionsformen, die keine strikt ökonomischen Transaktionen sind, mithilfe dieser Begriffe analysiert, könnte der Leser den Eindruck gewinnen, er behandle diese Interaktionsformen als ökonomische Transaktionen *und weiter nichts.* Das heißt, es kann der Eindruck entstehen, Bourdieus Ansatz sei eigentlich eine Art von ökonomischem Reduktio-

18 Siehe P. Bourdieu, L. Boltanski, Le titre et le poste. Rapports entre le système de production et le système de reproduction, *Actes de la recherche en sciences sociales*, 2, 1975, S. 95-107 [Titel und Stelle. Zum Verhältnis von Bildung und Beschäftigung, in: P. Bourdieu, L. Boltanski, M. de Saint Martin, P. Maldidier (Hg.), *Titel und Stelle: über die Reproduktion sozialer Macht*, Frankfurt/M.: Europäische Verlagsanstalt, 1981].

nismus. Nun mag es tatsächlich einige echte Schwierigkeiten mit Bourdieus Verwendung der ökonomischen Terminologie geben, doch muss man sehen, dass seine Position komplizierter und differenzierter ist, als es die Anschuldigung des ökonomischen Reduktionismus suggeriert. Aus seiner Sicht handelt es sich bei den Praktiken, die wir heute als »ökonomisch« im engeren Sinne bezeichnen (zum Beispiel das Kaufen und Verkaufen von Waren), um eine Subkategorie von Praktiken, die zu einem spezifischen Feld oder Feld-Cluster gehören, nämlich der »Marktwirtschaft«, die sich historisch entwickelt hat und bestimmte Merkmale aufweist. Es gibt aber noch andere Subkategorien von Praktiken, die zu anderen Feldern gehören, etwa dem Feld der Literatur, der Kunst, der Politik und der Religion; und diese anderen Felder haben jeweils eigene charakteristische Eigenschaften und Formen von Kapital, Profit usw. Bourdieu möchte also weder alle sozialen Felder auf die Ökonomie im engeren Sinne reduzieren noch alle Typen von Praxis als strikt ökonomische Transaktionen behandeln. Im Gegenteil, er möchte die Ökonomie im engeren Sinne als ein Feld (oder Feld-Cluster) unter vielen, nicht aufeinander reduzierbaren Feldern behandeln. Innerhalb von Feldern, die nicht ökonomisch im engeren Sinne sind, können die Praktiken einer anderen als der strikt ökonomischen Logik folgen (also zum Beispiel nicht auf finanziellen Gewinn gerichtet sein); und doch können sie mit einer Logik übereinstimmen, die insofern ökonomisch in weiterem Sinne ist, als sie sich auf die Vermehrung *irgendeiner* Art von »Kapital« (zum Beispiel kulturellem oder symbolischem Kapital) oder auf die Maximierung *irgendeiner* Form von Profit (zum Beispiel Ehre oder Prestige) richtet. Wenn man also zum Beispiel verstehen will, warum eine Bauernfamilie nach der Ernte ein zweites Paar Zugochsen kauft, und zwar mit der Begründung, man brauche die Ochsen zum Dreschen einer überreichen Ernte, diese Ochsen dann aber noch vor dem Pflügen im Herbst, wenn sie am ehesten gebraucht würden, wieder verkauft, dann muss man berücksichtigen, dass der Kauf der Ochsen eine Art und Weise ist, im Spätsommer, wenn die Heiraten ausgehandelt werden, das symbolische Kapital der Familie aufzustocken.[19] Der Kauf der Ochsen und ihre demonstrative Zurschaustellung ist eine Strategie des Bluffs, die

19 Bourdieu, *Sozialer Sinn*, S. 220.

einer ökonomischen Logik im weiteren Sinne folgt (der Erhöhung des symbolischen Kapitals und der Maximierung des symbolischen Profits), ohne ökonomisch im engeren Sinne des finanziellen oder materiellen Gewinns zu sein.

Bourdieu geht deshalb davon aus, dass es eine grundsätzliche Verknüpfung zwischen Handlungen und Interessen gibt, zwischen der Praxis der handelnden Personen und den Interessen, die sie bewusst oder unbewusst verfolgen, und wendet sich zugleich gegen die Vorstellung, dass Interessen immer ökonomisch im engeren Sinne sein müssten. »Auch dann, wenn sich diese allen Anschein von Uneigennützigkeit geben, weil sie sich der Logik des (im engeren Sinne) ›ökonomischen‹ Eigennutzes entziehen und auf immaterielle und schwer quantifizierbare Gewinne ausgerichtet sind, wie in ›vorkapitalistischen‹ Gesellschaften oder im Kulturbereich der kapitalistischen, gehorchen diese Praktiken nichtsdestoweniger einer ökonomischen Logik«:[20] Dies ist die zentrale Annahme von Bourdieus Theorie der Ökonomie der Praxis. Sie ist eine inhaltliche Annahme, denn sie stellt eine bestimmte (und keineswegs unumstrittene) Behauptung über den Grundcharakter des menschlichen Handelns auf. Aber sie ist auch und vielleicht vor allem ein heuristisches Prinzip, denn sie fordert den Forscher auf, die spezifischen Interessen aufzudecken, um die es bei den Praktiken und Konflikten geht, die in bestimmten Feldern ablaufen. Der *Inhalt* von Interessen lässt sich nämlich nicht abstrakt bestimmen. Was Interessen sind, das heißt, worauf sie in jedem einzelnen Falle einer Handlung oder eines Kampfes hinauslaufen, kann nur durch eine genaue empirische oder historische Untersuchung der charakteristischen Eigenschaften des betreffenden Felds ermittelt werden. Will man also verstehen, welche Interessen bei der literarischen oder der künstlerischen Produktion im Spiel sind, muss man das literarische oder das künstlerische Feld in seinem Verhältnis zu den Feldern der Ökonomie (im engeren Sinne), der Politik usw. rekonstruieren, um dann vielleicht festzustellen: Je größer die Autonomie des literarischen oder des künstlerischen Felds ist, desto mehr Akteure gibt es in diesem Feld, die sich von nichtfinanziellen und nichtpolitischen Zwecken leiten lassen, also desto mehr Akteure, die ein spezifisches »Interesse an der Interesselosigkeit« haben (zum

20 Ebd., S. 222.

Beispiel am »l'art pour l'art«).[21] Die Tatsache, dass die literarische oder die künstlerische Produktion als interesselos erscheint, als eine Freistatt zweckfreier Tätigkeit, die im ostentativen Gegensatz zur profanen Welt von Waren und Macht steht, heißt nicht, dass sie frei von Interessen ist: Im Gegenteil, es heißt nur, dass sie eher in der Lage ist, ihre Interessen unter der Maske der ästhetischen Reinheit zu verstecken.

Noch in einem weiteren Punkt bedarf diese schematische Darstellung von Bourdieus Theorie der Praxis einer näheren Bestimmung: Zwar lassen sich die Akteure von spezifischen Interessen oder Zielen leiten, doch ist ihr Handeln nur selten das Ergebnis einer bewussten Überlegung oder Berechnung, bei der sorgfältig das Für und Wider verschiedener Strategien erwogen wird, Kosten und Nutzen berechnet werden usw. Betrachtet man Handeln als das Ergebnis bewusster Berechnung – eine Betrachtungsweise, die implizit manchen Formen der Spieltheorie und der Theorie des rationalen Handelns[22] zugrunde liegt –, vernachlässigt man die Tatsache, dass die Individuen durch ihren Habitus *bereits dazu prädisponiert* sind, auf bestimmte Weise zu handeln, bestimmte Ziele zu verfolgen, sich zu bestimmten Vorlieben zu bekennen usw. Da die Einzelnen das Produkt einer jeweils bestimmten Geschichte sind, die in ihrem Habitus überdauert, lassen sich ihre Handlungen mit einer Analyse, die in ihnen nur ein Ergebnis bewusster Berechnung sieht, niemals adäquat erklären. Vielmehr sollte ihre Praxis als Produkt des Zusammentreffens eines Habitus und eines Felds gesehen werden, die mehr oder weniger »kompatibel« oder »kongruent« sind; was auch heißt, dass ein Individuum in Situationen, in denen es an dieser Kongruenz mangelt (zum Beispiel wenn sich ein Arbeitersohn als Student einer Eliteschule wiederfindet), womöglich nicht weiß, wie es handeln soll, und ihm ganz buchstäblich die Worte fehlen.

Bourdieu entwickelt seinen Ansatz zur Erklärung von Sprache und sprachlichem Austausch in Anwendung und Fortführung ebenjener Ideen, die seine Theorie der Praxis ausmachen. Sprachliche Äußerungen oder Ausdrucksweisen sind Formen von Praxis

21 Siehe P. Bourdieu, The Field of Cultural Production, or: the Economic World Reversed, *Poetics*, 12, 1983, S. 311-356.

22 Bourdieu übt scharfe Kritik an der Theorie des rationalen Handelns, wie sie von Jon Elster entwickelt wurde; siehe Bourdieu, *Sozialer Sinn*, S. 86ff.

und können als solche als Produkt des Verhältnisses zwischen einem sprachlichen Habitus und einem sprachlichen Markt verstanden werden. Der sprachliche Habitus ist eine Untergruppe der Dispositionen, die den Habitus ausmachen: Er ist jene Untergruppe von Dispositionen, die im Zuge des Sprechenlernens in bestimmten Kontexten (Familie, Peergroup, Schule usw.) erworben werden. Diese Dispositionen bestimmen sowohl die spätere Sprachpraxis eines Akteurs als auch seine Antizipation des Werts, den sprachliche Produkte in anderen Feldern oder auf anderen Märkten haben werden – zum Beispiel auf dem Arbeitsmarkt oder in den Institutionen des Sekundar- und Hochschulwesens. Auch der sprachliche Habitus ist in den Körper eingegangen und bildet eine Dimension der körperlichen Hexis. Ein besonderer Akzent zum Beispiel ist das Produkt einer bestimmten Art, die Zunge, die Lippen usw. zu bewegen: Er ist ein Aspekt dessen, was Bourdieu im Anschluss an Pierre Guiraud einen »Artikulationsstil« nennt.[23] Die Tatsache, dass unterschiedliche Gruppen und Klassen unterschiedliche Akzente, Intonationen und Sprechweisen haben, ist Ausdruck des sozial strukturierten Charakters des Habitus auf sprachlicher Ebene. Solche Unterschiede sind Soziologen, Soziolinguisten und Sozialhistorikern wohlbekannt und wurden von ihnen ausführlich dokumentiert. Etwas weniger offensichtlich ist diese Differenzierung der Artikulationsstile auch an der Art und Weise abzulesen, wie bestimmte Konzeptionen von *Mund* mit einer bestimmten Klasse oder mit dem Geschlecht assoziiert werden. Im Französischen lässt sich das leichter zeigen als im Englischen. Im Französischen gibt es den Unterschied zwischen einem geschlossenen, zusammengepressten Mund (*la bouche*) und einem großen, offenen Mund (*la gueule*). Dieser Unterschied wird bei Individuen aus dem Arbeitermilieu oft zu einem sozial und sexuell überdeterminierten Gegensatz: *la bouche* wird mit bürgerlich und weiblich assoziiert (zum Beispiel »schmallippig«, »verschlossen«), *la gueule* hingegen mit Unterklasse und männlich (zum Beispiel »Großmaul«, »große Klappe«). So gesehen, leuchtete es ein, dass sich manchen Individuen aus der Arbeiterklasse die Übernahme des Artikulationsstils der Ober- oder Mittelklassen als Negation nicht nur ihrer sozialen, sondern auch ihrer sexuellen Identität darstellen kann. Männliche Sprecher aus

23 Siehe P. Guiraud, *Le Français populaire*, Paris: PUF, 1965.

der Arbeiterklasse können sich den herrschenden Artikulationsstil nur um den Preis einer doppelten Negation aneignen, nämlich als Aufgabe ihres Klassenhabitus und zugleich als Erwerb von Dispositionen, die als effeminiert wahrgenommen werden. Dies könnte, wie Bourdieu meint, zur Erklärung der von Labov und anderen[24] beobachteten Tatsache beitragen, dass Frauen aus der Arbeiterklasse eher dazu neigen, Sprechformen mit hohem Prestige zu übernehmen, während sich Männer aus der Arbeiterklasse eher bei der Entwicklung neuer umgangssprachlicher Ausdrucksweisen hervortun.

Sprachliche Äußerungen oder Ausdrucksweisen werden immer in bestimmten Kontexten oder auf bestimmten Märkten produziert, und die Eigenschaften dieser Märkte verleihen diesen sprachlichen Produkten einen bestimmten »Wert«. Auf einem gegebenen sprachlichen Markt werden manche Produkte höher bewertet als andere; und es gehört zur praktischen Kompetenz von Sprechern, zu wissen, wie Ausdrucksformen produziert werden, die auf den jeweiligen Märkten hoch bewertet werden, und sie produzieren zu können. Dieser Aspekt der praktischen Kompetenz von Sprechern ist in Gesellschaften, in denen alle die gleiche Sprache sprechen, etwa Englisch oder Französisch, ungleich verteilt. Verschiedene Sprecher besitzen nämlich verschiedene Mengen dieses »sprachlichen Kapitals« – das heißt der Fähigkeit, Ausdrücke gezielt *für* einen bestimmten Markt zu produzieren. Hinzu kommt, dass die Verteilung des sprachlichen Kapitals auf spezifische Art und Weise mit der Verteilung der sonstigen Arten von Kapital (dem ökonomischen, kulturellen usw. Kapital) zusammenhängt, die die Position eines Individuums im sozialen Raum bestimmen. Unterschiede des Akzents, der Grammatik und des Vokabulars – ebenjene Unterschiede, über die die formale Linguistik hinweggeht – sind daher ein Indikator für die soziale Stellung der Sprecher und eine Manifestation der Menge des sprachlichen (und sonstigen) Kapitals, das sie besitzen. Je mehr sprachliches Kapital die Sprecher besitzen, desto besser können sie das System der Unterschiede zu ihrem Vorteil nutzen und sich damit einen *Distinktionsprofit* sichern. Denn die Ausdrucksweisen, die den höchsten Wert bekommen und den größten Profit sichern, sind auch diejenigen, die besonders ungleich

24 Siehe W. Labov, *Sociolinguistic Patterns*, Philadelphia: University of Pennsylvania Press, 1972, S. 301-304. Siehe auch R. Lakoff, *Language and Woman's Place*, New York: Harper & Row, 1975.

verteilt sind, und dies nicht nur in dem Sinne, dass die Bedingungen für den Erwerb der Fähigkeit, sie zu produzieren, beschränkt sind, sondern auch in dem Sinne, dass diese Ausdrucksweisen auch auf dem Markt, auf dem sie auftreten, relativ selten sind.

Bourdieu gibt ein anschauliches Beispiel für diese Dynamik. Das Beispiel stammt aus der Stadt Pau im Béarn, einer südfranzösischen Provinz, aus der Bourdieu selbst kommt und wo ein lokaler Dialekt gesprochen wird, das Béarnesische. Der Anlass ist die offizielle Feier zum hundertsten Geburtstag eines béarnesischen Dichters, Simin Palay. Eine in dieser Provinz erscheinende französische Zeitung berichtet über ein Ereignis, das das Publikum »tief beeindruckte« und mit »langanhaltendem Beifall« quittiert wurde. Das Ereignis war, dass der Bürgermeister von Pau seine Ansprache »in gutem Béarnesisch« hielt.[25] Warum aber sollte eine Gruppe von Menschen, deren Muttersprache Béarnesisch ist, derart beeindruckt sein, wenn der Bürgermeister ihrer Stadt auf einer Veranstaltung zu Ehren eines béarnesischen Dichters seine Ansprache auf Béarnesisch hält? Eine solche Reaktion ist nur insoweit möglich, meint Bourdieu, als die Zuhörer stillschweigend das ungeschriebene Gesetz anerkennen, nach dem Französisch die bei offiziellen Anlässen einzig akzeptable Sprache ist. Der Bürgermeister von Pau wendet eine *Strategie der Herablassung* an, die es ihm erlaubt, noch im Akt der symbolischen Negierung der objektiven Machtverhältnisse zwischen den beiden auf diesem Markt koexistierenden Sprachen aus dieser Hierarchie symbolischen Profit zu ziehen. Und er kann aus dieser Hierarchie zwischen den Sprachen Profit ziehen, weil jedermann das ungeschriebene Gesetz anerkennt und sehr wohl weiß, dass er als Bürgermeister einer großen Stadt über alle Qualifikationen verfügt, die für seine Kompetenz in der herrschenden Sprache bürgen. Kraft seiner Position kann er die Hierarchie symbolisch negieren, ohne sie aufzuheben, er kann das ungeschriebene Gesetz übertreten und die Hierarchie, die er eben damit bestätigt, zu seinem Vorteil nutzen. Was als »gutes Béarnesisch« gelobt wird, wenn es aus dem Mund des Bürgermeisters kommt, würde im Munde eines des Französischen nur bruchstückhaft mächtigen Bauern ganz anders (und zweifellos viel schlechter) bewertet.

25 *La République des Pyrénées* vom 9. September 1974; wichtige Teile des Textes erschienen in P. Bourdieu, L. Boltanski, Le fétichisme de la langue, *Actes de la recherche en sciences sociales*, 4, 1975, S. 2-32.

Wie dieses Beispiel zeigt, berücksichtigen die Sprecher – auf unterschiedliche Weise und in unterschiedlichem Maße – bei der Reproduktion sprachlicher Ausdrucksweisen die Marktverhältnisse, unter denen ihre Produkte von anderen rezipiert und bewertet werden. Die Einschätzung der Marktverhältnisse durch den Sprecher und seine Antizipation der wahrscheinlichen Rezeption seines sprachlichen Produkts wirken als verinnerlichte Zwänge auf den Produktionsprozess selbst ein. In Antizipation der wahrscheinlichen Rezeption modifizieren die Individuen implizit und wie selbstverständlich ihre Ausdrucksweisen – so wie Erwachsene zum Beispiel ihr Vokabular und ihren Ton ändern, wenn sie zu Kindern sprechen. Daher sind alle sprachlichen Ausdrucksweisen in gewissem Maße »euphemisiert«: Sie wurden durch eine bestimmte Art von *Zensur* verändert, die von der Marktstruktur ausgeht, aber über den Prozess der Antizipation zur *Selbstzensur* wird. So gesehen sind Phänomene wie Höflichkeit, Takt, die Wahl des richtigen Wortes für den richtigen Anlass nicht Ausnahmeerscheinungen, sondern bloß der offensichtlichste Ausdruck einer Situation, die für alle Sprachproduktion gilt. Takt ist nichts weiter als die Fähigkeit eines Sprechers, die Marktverhältnisse richtig einzuschätzen und die ihnen angemessenen sprachlichen Ausdrücke zu produzieren, das heißt, Ausdrücke, die angemessen euphemisiert sind.

Diese Zensurmechanismen sind nicht nur in der Produktion der gesprochenen Alltagsdiskurse wirksam, sondern auch in der Produktion der gehobenen Diskurse, die sich in geschriebenen Texten finden. Hier wie anderswo meint Bourdieu, wenn er von »Zensur« spricht, nicht die explizite Tätigkeit von politischen oder religiösen Organisationen, die die Verbreitung bestimmter symbolischer Formen unterbinden oder einschränken wollen. Gemeint ist vielmehr ein allgemeines Merkmal von Märkten oder Feldern, dem zufolge man sich, wenn man in einem bestimmten Feld erfolgreich Diskurse produzieren will, an die Formen und Formalitäten diese Felds halten muss. Dies gilt für die hochgeistigen Felder von Literatur, Philosophie und Wissenschaft nicht anders als für die profanen Märkte der alltäglichen sozialen Interaktion. Dies zeigt Bourdieu am Beispiel des philosophischen Diskurses von Heidegger. Heideggers Werk ist gerade deshalb so interessant, weil seine Sprache so dunkel ist, so sehr auf die feinen Unterschiede, Anspielungen und rhetorischen Effekte bedacht – mit einem Wort, so euphemisiert. Bourdieu versucht zu zeigen, dass Stil und Form von Heideggers Prosa ein Produkt der Zensurmechanismen und Euphemisierungsstrategien ist, die mit seiner Position in einem bestimmten philosophischen Feld zusammenhängen, das selber in einem bestimmten Verhältnis zum literarischen, politischen und allgemeinen sozialen Feld der Weimarer Republik steht. Es gehört zur Besonderheit von Heideggers Werk, dass viele der darin benutzten Wörter – Sorge, Fürsorge usw. – der Umgangssprache entnommen und in ein philosophisches Feld eingebracht werden, aus dem sie zuvor ausgeschlossen waren. Zugleich aber machen diese Wörter einen Euphemisierungsprozess durch, in dem sie den Formen und Konventionen des philosophischen Diskurses angepasst und von Grund auf verwandelt werden. Auf diese Weise gibt sich Heideggers Werk den Anschein der Autonomie, den Anschein eines sich selbst genügenden Corpus von Texten, die eine immanente Exegese erfordern, während sie gleichzeitig auf ihre Abhängigkeit von der Umgangssprache sowohl anspielen als auch sie verbergen. Diese ganz eigene Kombination von Erhabenheit und Schlichtheit oder von umgangssprachlichen, aber durch die Formen der philosophischen Achtbarkeit geadelten Wörtern macht aus Bourdieus Sicht die Besonderheit von Heideggers Sprache aus. Der Unterschied zwischen Heidegger und den offeneren Vertretern der »konservativen Revolution« wie Ernst Jünger und Arthur Moeller von den Bruck ist somit in erster Linie als ein Unterschied der *Form* zu verstehen, der mit ihren unterschiedlichen Positionen in den für die Weimarer Zeit charakteristischen Feldern zusammenhängt. Eine sorgfältige Rekonstruktion dieser Felder und eine ebenso sorgfältige Analyse der Mechanismen und Strategien, die mit Heideggers Position in diesen Feldern verbunden sind, könnten womöglich ein neues Licht auf Heideggers Werk werfen und zugleich den recht polemischen Gegensatz zwischen den Kritikern vermeiden, die ihn entweder als Apologeten des Nazi-Regimes anprangern oder ihn – im Gegenteil – um jeden Preis reinwaschen wollen.[26]

26 Zu einer ausführlicheren Analyse von Heideggers Werk siehe P. Bourdieu, *L'Ontologie politique de Martin Heidegger*, Paris: Minuit, 1988 [*Die politische Ontologie Martin Heideggers*, Frankfurt/M.: Syndikat, 1988]. Das Material, das die Grundlage für dieses Buch bildet, wurde ursprünglich 1975 in den *Actes de la recherche en sciences sociales* veröffentlicht, also über ein Jahrzehnt vor den De-

Zu beachten ist weiter, dass es – gleichgültig, ob man den mündlichen Diskurs des Alltagslebens betrachtet oder den gehobenen Diskurs von geschriebenen Texten – zwischen den sprachlichen Märkten und den mit ihnen zusammenhängenden Formen der Zensur einerseits und andererseits den Fähigkeiten von Individuen mit unterschiedlicher sozialer Herkunft, die diesen Märkten angemessenen sprachlichen Ausdrucksweisen zu produzieren, systematische Diskrepanzen geben kann. Diese Diskrepanzen haben zur Folge, dass Individuen mit unterschiedlicher sozialer Herkunft in der Lage sind, sich zu den sprachlichen Märkten wie auch zu sich selbst als Produzenten für diese Märkte unterschiedlich zu verhalten. Bourdieu veranschaulicht dies anhand einiger typischer Sprachpraktiken von Individuen mit unterschiedlichem Klassenhintergrund, die sich in formellen oder offiziellen Situationen (einer Befragung, einer Vorlesung, einem offiziellen Festakt usw.) befinden.[27] Individuen aus den Oberklassen verfügen über einen sprachlichen Habitus, der es ihnen ermöglicht, den Anforderungen der meisten formellen oder offiziellen Anlässe verhältnismäßig mühelos zu entsprechen. Zwischen ihrem sprachlichen Habitus und den Anforderungen formeller Märkte besteht eine Kongruenz oder Konkordanz. Auf dieser Kongruenz beruht das Selbstvertrauen und die Flüssigkeit, mit denen sie sprechen: Ihr Selbstvertrauen heißt nichts weiter, als dass die Bedingungen, unter denen sie sprechen, ziemlich genau mit denen übereinstimmen, unter denen sie ihre Fähigkeit zu sprechen erworben haben, und daher können sie (und wissen auch, dass sie es können) symbolische Profite einstreichen, indem sie auf eine Weise sprechen, die ihnen ganz natürlich über die Lippen kommt. Also sprechen sie bei den meisten öffentlichen Anlässen gepflegt-gehoben und unterscheiden sich dadurch von all denen, die weniger gut mit sprachlichem Kapital ausgestattet sind. Individuen kleinbürgerlicher Herkunft dagegen müssen sich im Allgemeinen anstrengen, um ihre sprachlichen Ausdrucksweisen den Anforderungen formeller Märkte anzupassen. Dies hat

batten, die die Veröffentlichung des Buches von Victor Farías, *Heidegger et le nazisme*, Lagrasse: Verdier, 1987, in Frankreich und anderswo auslöste.

27 Die Probleme, die Bourdieu in diesem Zusammenhang anspricht, etwa der Gegensatz zwischen distinguiert und vulgär oder die symbolischen Kämpfe, die von den verschiedenen Klassen im sozialen Raum ausgetragen werden, werden sehr viel ausführlicher in *Die feinen Unterschiede* behandelt.

zur Folge, dass sie beim Sprechen oft angespannt und ängstlich sind und dazu neigen, Ausdrücke anzupassen oder zu korrigieren, damit sie mit den herrschenden Normen übereinstimmen. Diese Überkorrektheit des kleinbürgerlichen Sprechens ist Ausdruck einer innerlich gespaltenen Klasse, deren Angehörige um den Preis ständiger Angst versuchen, sprachliche Ausdrücke zu produzieren, die den Stempel eines anderen als ihres eigenen Habitus tragen. Für die Angehörigen der Unterklassen, deren Existenzbedingungen für den Erwerb eines mit formellen Märkten übereinstimmenden Habitus am wenigsten günstig sind, gibt es viele Situationen, in denen sie selbst wie auch andere ihren sprachlichen Produkten nur begrenzten Wert zubilligen. Daher die Tendenz von Kindern aus der Arbeiterklasse, sich selbst aus dem Bildungssystem auszuschließen oder sich mit berufsorientierten Bildungswegen zu begnügen. Daher auch die Beklommenheit, das Zaudern bis hin zum Schweigen, das, wie gesagt, Individuen aus den unteren Klassen bei Anlässen überkommen kann, die als offizielle definiert sind.

Es gibt natürlich andere Umstände, unter denen Individuen aus den Unterklassen in der Lage sind, flüssig und mit Selbstvertrauen zu sprechen, und es ist einer der Vorzüge von Bourdieus Ansatz, dass er es erlaubt, diese sogenannten »volkstümlichen« Formen des Sprechens zu analysieren, ohne in jene intellektuelle Romantik zu verfallen, die für manche Untersuchungen zur Kultur der Arbeiterklasse oder der Bauern so charakteristisch ist. Bourdieu verzichtet auf Oberbegriffe wie »Unterklassenkultur« und »Unterklassensprache«, die selber Teil der Kämpfe zwischen Forschern und Kommentatoren im intellektuellen Feld geworden sind. Er zieht es vor, stattdessen konkret die Art und Weise zu untersuchen, wie sich Menschen, bei denen der Mangel an ökonomischem und kulturellem Kapital am größten ist, in den verschiedensten Alltagskontexten auszudrücken verstehen. Diese Kontexte – Zusammenkünfte von Freunden oder Peers, Gespräche zwischen den Beschäftigten in einem Büro oder in einer Werkstatt usw. – können als Märkte mit eigenen Eigenschaften und Zensurformen betrachtet werden, sodass Individuen, die in diesen Kontexten erfolgreich sprechen möchten, den Anforderungen des Marktes in gewissem Maße entsprechen müssen. Daher sollte man in Sprechweisen wie Slang oder Jargon nicht bloß die Ablehnung der herrschenden Sprechformen sehen: Sie sind zugleich hoch euphemisierte Sprechweisen, die gekonnt auf die Märkte zugeschnitten wurden, für die man sie produziert. Mit Bourdieus Worten: Slang ist das Produkt des Strebens nach Distinktionsgewinn auf einem beherrschten Markt. Es ist eine der Formen, über die sich Individuen – und vor allem Männer – mit geringem ökonomischen und kulturellen Kapital von dem absetzen können, was sie als schwach und effeminiert betrachten. Ihr Streben nach Unterscheidung geht daher Hand in Hand mit einer tief verwurzelten Bejahung der bestehenden Hierarchien, etwa der Hierarchie zwischen den Geschlechtern. Es führt außerdem dazu, dass sie gerade jene Merkmale (zum Beispiel Körperkraft, mangelnde Bildung), denen sie ihre untergeordnete Position im sozialen Raum verdanken, in der Regel für selbstverständlich halten und sogar noch betonen.[28]

Indem Individuen aus den Unterklassen bestimmte Aspekte der bestehenden Hierarchien bei aller offen geäußerten Ablehnung für selbstverständlich halten, verraten sie, dass sie ein Bewertungssystem, das gegen sie arbeitet, in gewissem Maße teilen. Dies ist ein Beispiel für ein allgemeines Phänomen, mit dem sich Bourdieu in seinen Schriften immer wieder befasst und das er als »symbolische Macht« (oder in manchen Fällen als »symbolische Gewalt«) bezeichnet. Mit dem Ausdruck »symbolische Macht« meint Bourdieu weniger einen bestimmten Typ von Macht als vielmehr einen Aspekt der meisten Formen von Macht, wie sie im sozialen Leben gewohnheitsmäßig entfaltet wird. Denn in den Routineabläufen des Alltagslebens wird Macht selten als offene, physische Gewalt ausgeübt: Sie wird vielmehr in eine symbolische Form umgewandelt und erhält dadurch eine Art von *Legitimität*, die sie sonst nicht hätte. Bourdieu drückt dies aus, indem er sagt, symbolische Macht sei eine »unsichtbare« Macht, die als solche »verkannt« und dadurch als legitim »anerkannt« werde. Die Ausdrücke »Anerkennung« (*reconnaissance*) und »Verkennung« (*méconnaissance*) spielen hier eine große Rolle: Sie unterstreichen die Tatsache, dass die Machtausübung durch symbolischen Austausch immer auf einem gemeinsamen Glauben beruht. Das heißt, die Wirksamkeit von symbolischer Macht setzt bestimmte Formen von Wahrnehmung

28 Diese Punkte werden im Werk von Paul Willis gut herausgearbeitet, auf das sich Bourdieu in diesem Zusammenhang bezieht; siehe P. E. Willis, *Profane Culture*, London: Routledge & Kegan Paul, 1978, und ders., *Learning to Labour: How Working Class Kids Get Working Class Jobs*, Farnborough: Saxon House, 1977.

oder Glauben voraus, die dazu führen, dass selbst diejenigen, die am wenigsten von der Machtausübung profitieren, in gewissem Umfang an ihrer eigenen Unterwerfung mitwirken. Sie erkennen die Legitimität der Macht oder der hierarchischen Machtverhältnisse, in die sie eingebunden sind, ausdrücklich oder unausdrücklich an; und sehen daher nicht, dass diese Hierarchien letztlich eine willkürliche soziale Konstruktion darstellen, die vor allem den Interessen bestimmter Gruppen dient. Um die Natur der symbolischen Macht zu verstehen, muss man daher vor allem sehen, dass sie eine Art *aktiven Einverständnisses* seitens derer voraussetzt, die ihr unterworfen sind. Die Beherrschten sind keine passiven Körper, an denen man mit der symbolischen Macht herumhantiert wie mit dem Skalpell an der Leiche. Vielmehr ist es eine Bedingung des Erfolgs von symbolischer Macht, dass diejenigen, die ihr unterworfen sind, an die Legitimität der Macht und an die Legitimität derer glauben, von denen sie ausgeübt wird

Symbolische Macht und symbolische Gewalt sind wie viele von Bourdieus Ideen recht flexible Begriffe, die in bestimmten Forschungszusammenhängen erarbeitet wurden und sich daher auch am besten im Zusammenhang mit seinen konkreteren anthropologischen und soziologischen Studien erklären lassen. Bourdieu hat den Begriff der symbolischen Gewalt ursprünglich im Kontext einer Analyse zum Wesen des Gabentauschs in der kabylischen Gesellschaft entwickelt.[29] Statt den Austausch von Geschenken nach Art von Lévi-Strauss als eine formelle, auf Wechselseitigkeit beruhende Struktur zu analysieren, sieht Bourdieu ihn als einen Mechanismus, durch den Macht ausgeübt und zugleich kaschiert wird. In einer Gesellschaft wie der Kabylei, wo es relativ wenige Institutionen gibt, in denen Herrschaftsverhältnisse eine feste und objektive Form erhalten können, müssen die Menschen, um Macht über andere auszuüben, zu stärker personalisierten Mitteln greifen. Eines dieser Mittel sind Schulden: Jemand kann einen anderen seiner Macht unterwerfen, indem er ihn in die Verpflichtungen einbindet, die aus dem Wucher entstehen. Aber es gibt auch andere Mittel der Machtausübung, »sanftere« und subtilere wie das Schenken. Indem er ein Geschenk macht – vor allem ein großzügiges Geschenk, das nicht durch ein Gegengeschenk von vergleichbarer Qualität

29 Siehe Bourdieu, *Sozialer Sinn*, S. 222 ff.

erwidert werden kann –, schafft der Schenkende eine bleibende Verpflichtung und bindet den Empfänger in eine Beziehung der persönlichen Schuldnerschaft ein. Schenken ist auch eine Weise des Besitzens: Es ist eine Art und Weise, einen anderen zu binden, während man die Bindung in eine Geste der Großzügigkeit einkleidet. Dies nun bezeichnet Bourdieu als »symbolische Gewalt« im Gegensatz zu der offenen Gewalt des Wucherers oder des skrupellosen Herrn; es ist eine »sanfte, unsichtbare Gewalt«.[30] In einer Gesellschaft wie der Kabylei, wo Herrschaft in erster Linie über interpersonale Beziehungen und nicht über Institutionen aufrechterhalten werden muss, ist symbolische Gewalt ein notwendiges und wirksames Mittel der Machtausübung. Denn mit ihr können Herrschaftsverhältnisse durch Strategien aufgebaut und aufrechterhalten werden, die gemildert und unkenntlich sind und in denen die Herrschaft im Gewand einer verzauberten Beziehung auftritt.

In Gesellschaften, die die Entwicklung von objektivierten Institutionen durchgemacht haben (dazu gehören alle modernen Industriegesellschaften wie Großbritannien und die Vereinigten Staaten), haben die symbolischen Mechanismen zur Aufrechterhaltung von Macht durch interpersonale Beziehungen an Bedeutung verloren. Die Entwicklung von Institutionen erlaubt die Akkumulation und unterschiedliche Aneignung der verschiedenen Arten von Kapital und entbindet die Einzelnen zugleich von der Notwendigkeit, Strategien zu verfolgen, die direkt auf Herrschaft über andere abzielen: Die Gewalt ist sozusagen in der Institution selbst enthalten. Will man also verstehen, auf welche Art und Weise in unseren Gesellschaften symbolische Macht ausgeübt und reproduziert wird, muss man sich genauer ansehen, wie sich auf verschiedenen Märkten und in verschiedenen Feldern institutionalisierte Mechanismen entwickelt haben, die dafür sorgen, dass der Wert der verschiedenen Produkte festgelegt, ihre unterschiedliche Zuteilung geregelt und der Glaube an ihren Wert eingeschärft wird. Ein gutes Beispiel für diesen Prozess ist das Bildungssystem. Die Entwicklung dieses Systems geht mit einer bestimmten Art von Objektivierung einher, bei der formell definierte Zeugnisse oder Qualifikationen ein Mechanismus zur Schaffung und Aufrechterhaltung von Ungleichheiten werden, sodass eine Zuhilfenahme von offener Gewalt

30 Bourdieu, *Sozialer Sinn*, S. 232 f.

nicht mehr nötig ist.[31] Darüber hinaus liefert dieser Mechanismus eine praktische Rechtfertigung der bestehenden Ordnung, denn er kaschiert den Zusammenhang zwischen den Qualifikationen, die die Einzelnen erworben haben, und dem kulturellen Kapital, das ihnen kraft ihrer sozialen Herkunft als Erbe zugefallen ist. Denen, die am meisten vom System profitieren, vermittelt er die Überzeugung von einem in ihrem Wesen begründeten Wert, und denen, die am wenigsten von ihm profitieren, macht er es unmöglich, die Grundlage ihrer eigenen Deprivation zu begreifen.

III

Die Entwicklung der westeuropäischen Gesellschaften seit dem Mittelalter lässt sich aus Bourdieus Sicht im Großen und Ganzen als die Ausdifferenzierung spezifischer Praxissphären oder -felder charakterisieren, zu denen jeweils spezifische Formen und Kombinationen von Kapital und Wert sowie spezifische Institutionen und institutionelle Mechanismen gehören. Durch diesen Prozess der Ausdifferenzierung kam es zur Absonderung einer auf kapitalistischen Prinzipien beruhenden Marktwirtschaft und ihrer Konstituierung als einer relativ selbstständigen Sphäre von Produktion und Tausch zur Entstehung einer zentralen staatlichen Verwaltung und eines Rechtssystems und ihrer zunehmenden Loslösung von der religiösen Autorität; und zur Herausbildung von Feldern der intellektuellen und der künstlerischen Produktion, die eine gewisse Autonomie errangen und eigene Institutionen (Universitäten, Museen, Verlage usw.), eigene Berufe (Intellektuelle, Künstler, Schriftsteller usw.) und eigene Produktions-, Bewertungs- und Tauschprinzipien entwickelten. Doch auch wenn sich diese und andere Praxissphären oder -felder historisch entwickelt haben und zu einer

31 Die Rolle des Bildungssystems als eines institutionellen Mechanismus zur Schaffung und Aufrechterhaltung von Ungleichheit wird von Bourdieu und seinen Mitarbeitern in einer Reihe von Veröffentlichungen untersucht. Siehe insbesondere P. Bourdieu, J.-C. Passeron, *Reproduction in Education, Society and Culture*, London, Beverly Hills: Sage, 1977 [*La reproduction, éléments pour une théorie du système d'enseignement*, Paris: Minuit, 1970; dt. Teilübersetzungen in *Grundlagen einer Theorie der symbolischen Gewalt. Kulturelle Reproduktion und soziale Reproduktion*, Frankfurt/M.: Suhrkamp, 1973, S. 12-87, und *Die Illusion der Chancengleichheit*, Stuttgart: Klett, 1971, S. 129-161].

gewissen Autonomie gelangt sind, sind sie nicht völlig voneinander getrennt. Sie greifen auf komplexe Weise ineinander, und die Aufgabe einer soziologischen Untersuchung dieser Felder, wie Bourdieu sie vorschlägt, besteht unter anderem darin, herauszuarbeiten, wie sie strukturiert und miteinander verknüpft sind, unter strenger Vermeidung der Tendenz, ein Feld auf ein anderes zu reduzieren oder alles und jedes so zu behandeln, als wäre es ein bloßes Epiphänomen der Ökonomie.

Diese allgemeine Sicht der Entwicklung moderner Gesellschaft ist stark von Max Weber beeinflusst, dem Bourdieus Denken überhaupt Wesentliches verdankt. Wie Weber interessiert sich auch Bourdieu besonders dafür wie in verschiedenen Feldern Gruppen entstehen und um Macht und Einfluss kämpfen. In einem Großteil seiner Arbeiten zur Soziologie von Feldern befasst sich Bourdieu mit der künstlerischen und der intellektuellen Produktion, aber er hat auch ausführlich über andere Felder geschrieben, etwa Religion und Politik.[32] Die Analyse des Felds der Politik – hier verstanden als »Politik« im engeren Sinne, das heißt als die Sphäre von politischen Parteien, Wahlpolitik und institutionalisierter politischer Macht – hängt mit dem Thema Sprache und symbolische Macht eng zusammen. Denn das politische Feld ist unter anderem der Ort par excellence, an dem Akteure versuchen, ihre Sicht der Welt und damit die Welt selbst zu formen und umzuformen: Es ist der Ort par excellence, wo Worte Handlungen sind und wo es um den symbolischen Charakter von Macht geht. Akteure im politischen Feld sind ständig mit Repräsentationsarbeit in Gestalt der Produktion von Parolen, Programmen und Kommentaren aller Art befasst, durch die sie versuchen, eine bestimmte Sicht der sozialen Welt zu konstruieren und durchzusetzen und zugleich die Unterstützung derer zu mobilisieren, von denen ihre Macht letztlich abhängt.

Will man verstehen, wie das politische Feld in modernen Ge-

32 Siehe zum Beispiel P. Bourdieu, Le marché des biens symboliques, *L'année sociologique*, 22, 1971, S. 49-129 [dt. Der Markt der symbolischen Güter, in: *Kunst und Kultur. Zur Ökonomie symbolischer Güter*, Schriften zur Kultursoziologie 4, Schriften Bd. 12.1, Berlin: Suhrkamp, S. 15-96], ders., Une interpretation de la théorie de la religion selon Max Weber, *Archives européennes de sociologie*, 12/1, 1971, S. 3-21 [Eine Interpretation der Religion nach Max Weber, in: *Religion*. Schriften zur Kultursoziologie 5, Schriften Bd. 13, S. 7-29], und ders., Genèse et structure du champ religieux, *Revue française de sociologie*, 12 (1971), S. 295-334 [Genese und Struktur des religiösen Feldes, ebd., S. 30-91].

sellschaften funktioniert, muss man vor allem sehen, so Bourdieu, dass die Entwicklung dieses Felds mit einem Professionalisierungsprozess einherging, der zu einer zunehmenden Konzentration der politischen Produktionsmittel (das heißt der Mittel zur Produktion von politischen Produkten wie Programmen, Strategien usw.) in den Händen von Berufspolitikern führte. Seinen offensichtlichsten Ausdruck findet dieser Prozess in der Bildung von politischen Parteien mit eigenen bürokratischen Strukturen, Vollzeitfunktionären usw. Diese Professionalisierung der politischen Betätigung aber hat in Verbindung mit der zunehmenden Autonomie des politischen Feldes eine paradoxe Folge: Individuen können sich nur dann als Gruppe konstituieren, die eine Stimme hat und sich im politischen Feld Gehör verschafft, wenn Sie *sich selbst* zugunsten eines Sprechers *enteignen*, den sie mit dem Recht belehnen, in ihrem Namen zu sprechen. Und je weniger die Einzelnen selbst über die spezifischen Fähigkeiten und Eigenschaften verfügen, die für eine Beteiligung an einem professionalisierten politischen Feld notwendig sind, desto wahrscheinlicher ist es, dass sie die Politik den Berufspolitikern überlassen. Daher sind die mit der politischen Enteignung verbundenen Risiken bei linken Parteien besonders groß: Da sie diejenigen vertreten wollen, denen es am meisten an ökonomischem und kulturellem Kapital mangelt, laufen sie ganz besonders Gefahr, vollkommen von den Menschen abgeschnitten zu werden, in deren Namen sie zu sprechen behaupten. Der Zusammenbruch der kommunistischen Parteien Osteuropas im Gefolge der Revolutionen von 1989 scheint diese Hypothese zumindest in gewissem Umfang zu bestätigen.

Bourdieu analysiert das Phänomen der politischen Enteignung als einen zweistufigen Prozess der »Delegation«. Der erste Schritt besteht darin, dass sich eine Gruppe gründet, indem sie sich einen institutionellen Rahmen gibt, ein ständiges Büro, eine Bürokratie, bezahlte Funktionäre usw. Der zweite Schritt ist dann, dass die Organisation einem oder mehreren Individuen das »Mandat erteilt«, im Namen der Gruppe zu sprechen. Dieser Delegierte (Bourdieu gebraucht den französischen Ausdruck *mandataire*, also Inhaber eines Mandats) hat damit bereits zweifach Abstand von den Individuen (den *mandants*, also denen, die ihm das Mandat erteilen), die er oder sie repräsentiert. Aufgrund dieses Abstands können Delegierte sich und andere davon überzeugen, dass sie sich politisch selbst genügen, selber der Ursprung ihrer Macht und ihrer Wirkung sind: Dies ist gemeint, wenn Bourdieu in Anspielung auf Marx' Begriff des Warenfetischismus, nach dem die Produkte der menschlichen Arbeit ein eigenes Leben und einen eigenen Wert zu haben scheinen, von »politischem Fetischismus« spricht. Haben die Delegierten diesen Anschein der Selbstgenügsamkeit erst aufgebaut, können sie in die Wortgefechte eintreten, die für ein politisches Feld mit einem gewissen Grad an Autonomie kennzeichnend sind, und sich selbst und andere über die sozialen Grundlagen hinwegtäuschen, von denen ihre Macht und die Macht ihrer Worte abhängt.

Mit der Ausbreitung der politischen Parteien und Bürokratien wird das Feld der Produktion von politischen Diskursen – was Bourdieu mitunter als »Ideologien« bezeichnet – immer autonomer, wie ein Spiel mit eigenen Regeln und Zutrittsbedingungen. Die Bürokratien übernehmen die Verantwortung für die Ausbildung der Berufspolitiker, die in das Spiel eintreten werden, und statten sie mit den Spezialfertigkeiten und -fähigkeiten aus, die sie brauchen, um Erfolg zu haben. Diese Berufspolitiker müssen vor allem eines entwickeln: einen praktischen Sinn oder ein praktisches »Gefühl« für das Spiel, das heißt einen Habitus, der auf die spezifischen Bedingungen des politischen Felds abgestimmt ist. Die von Berufspolitikern produzierten Diskurse unterliegen daher zwei Arten von Zwängen. Die einen ergeben sich aus der Logik des politischen Felds selbst, in dem die Berufspolitiker miteinander konkurrieren, gegeneinander Stellung beziehen usw. In dieser Hinsicht bekommen ihre Äußerungen einen *relationalen Status*: Das heißt, sie haben einen Sinn nur in Bezug auf andere Äußerungen, die von anderen Positionen im selben Feld kommen. Aus diesem Grund erscheint das politische Feld vielen Menschen als eine Art esoterischer Kultur, der sie wenig Sympathie oder Empathie entgegenbringen: Sie empfinden Distanz – nicht so sehr weil sie die Worte nicht verstehen, sondern weil sie an dem unentwegten Versuch zur Bestimmung einer klar erkennbaren Position im Feld nicht selbst beteiligt sind und daher nicht verstehen, warum ein Unterschied zwischen Worten so viel ausmachen sollte.

Die zweite Art Zwänge, denen die Produktion von politischen Diskursen unterliegt, kommt nicht aus dem Feld selbst, sondern aus dem Verhältnis dieses Felds zu einer ganzen Reihe von sozialen

Positionen, Gruppen und Prozessen. Das politische Feld verfügt zwar über einen beträchtlichen Grad an Autonomie, ist aber doch nicht vollkommen unabhängig von anderen Feldern und Kräften. Vielmehr ist es eines der ureigensten Merkmale gerade des politischen Felds, dass die Berufspolitiker, die in diesem Feld Erfolg haben wollen, an Gruppen und Kräfte appellieren müssen, die *außerhalb* des Felds liegen. Das ist etwas ganz anderes als zum Beispiel bei den Feldern der Wissenschaft oder der Kunst, wo ein Appell an die Nichtwissenschafter oder Nichtkünstler nicht nur unnötig ist, sondern aller Wahrscheinlichkeit nach kontraproduktiv wäre. Die Politiker im politischen Feld dagegen müssen ständig an die Nichtpolitiker appellieren, um sich der Unterstützung – der »Glaubwürdigkeit« oder des »politischen Kapitals« – zu versichern, mit dem sie einen erfolgreichen Kampf gegen andere Politiker überhaupt erst führen können. Daher besteht ein signifikanter Teil der Diskursproduktion von Politikern aus Parolen, Versprechungen und Bitten um Unterstützung für Anliegen unterschiedlicher Art. Der primäre Zweck solcher Ausdrucksformen aber ist, Glaubwürdigkeit aufzubauen, indem man Nichtpolitiker mit Formen der Repräsentation und Selbstrepräsentation ausstattet, für die sie dann als Gegenleistung denen, die behaupten, sie im politischen Feld zu repräsentieren, ihre materielle und symbolische Unterstützung (in Form von Subskriptionen, Stimmen usw.) geben. Gerade weil Politiker von der Glaubwürdigkeit abhängig sind, die ihnen von den Nichtpolitikern zugesprochen wird, sind sie besonders anfällig für Misstrauen und Skandal, das heißt für alles, was die Glaubens- und Vertrauensbindung bedroht, die sie, gerade weil ihre Macht symbolisch ist, ständig hegen und pflegen müssen.

Bourdieus Aufsätze zum Feld der Politik und des politischen Diskurses sind als Beitrag zu einem Forschungsprojekt zu verstehen, dessen ordnungsgemäße Durchführung eine detaillierte empirische oder historische Untersuchung erfordern würde.[33] Dennoch ist klar, dass Bourdieu die Grundzüge eines ganz eigenen Ansatzes zur Untersuchung von politischen Phänomenen vorgelegt hat, eines Ansatzes, der ganz bestimmte methodologische Implikationen

33 Bourdieu hat diesen Ansatz in anderen Zusammenhängen ausführlicher entwickelt. Siehe vor allem Bourdieu, *Die feinen Unterschiede*, Kap. 8; Bourdieu, *Der Staatsadel*, Teil IV; und P. Bourdieu, L. Boltanski, La production de l'idéologie dominante, *Actes de la recherche en sciences sociales* 2-3, 1976, S. 3-73.

hat. Eine dieser Implikationen ist, dass es (bestenfalls) oberflächlich wäre zu versuchen, politische Diskurse oder Ideologien zu analysieren, indem man sich auf die Äußerungen als solche konzentriert, ohne Bezug auf die Beschaffenheit des politischen Felds und das Verhältnis zwischen diesem Feld und dem Raum der sozialen Positionen und Prozesse allgemein. Diese Art der »immanenten Analyse« ist in der akademischen Literatur nur allzu üblich, wie die vielen und vielfältigen Versuche belegen, irgendeine Form von Semiotik oder »Diskursanalyse« auf politische Reden anzuwenden. Die Schwierigkeit bei all solchen Versuchen ist die gleiche, unter der auch alle »formalistischen« Ansätze zur Sprachanalyse (oder, was das betrifft, alle rein »literarischen« Ansätze zur Analyse von Literatur) leiden: Sie halten die soziohistorischen Bedingungen, unter denen das Objekt der Analyse produziert, konstruiert und rezipiert wird, für selbstverständlich, begreifen sie jedoch nicht. Bourdieus Ansatz impliziert – und in dieser Hinsicht hat er meiner Meinung nach völlig recht –, dass eine angemessene Analyse des politischen Diskurses eine systematische Rekonstruktion des Felds, in dem ein solcher Diskurs produziert und rezipiert wird (mit seinen ganz eigenen Organisationen, Produktions- und Rezeptionsschemata usw.), und des Verhältnisses dieses Felds zum sozialen Raum allgemein zur Grundlage haben muss.

Eine weitere Implikation von Bourdieus Ansatz ist, dass politische Phänomene nicht so analysiert werden können, als wären sie ein bloßer Ausdruck von sozioökonomischen Prozessen oder von Klassenverhältnissen und -gegensätzen. Dieser traditionelle Typ der marxistischen Analyse wäre ein methodologischer Kurzschluss und geradezu die Antithese zu Bourdieus Ansatz. Das Problem mit den meisten Formen der marxistischen Analyse ist, wie Bourdieu meint, dass sie die soziale Welt in der Regel als einen eindimensionalen Raum behandeln, in dem Phänomene oder Entwicklungen direkt oder indirekt mit der Entfaltung der ökonomischen Produktionsweise und der von ihr herrührenden Klassengegensätze erklärt werden. Bourdieu unterschätzt durchaus nicht die Bedeutung der ökonomischen Verhältnisse, verfolgt jedoch einen ganz anderen Ansatz. Er sieht die soziale Welt als einen mehrdimensionalen Raum, der in relativ autonome Felder unterteilt ist; und in jedem dieser Felder nehmen Individuen Positionen ein, die sich nach der Menge der verschiedenen Arten von Kapital bestimmen, die sie besitzen. Daher können wir nicht einfach davon ausgehen, dass die Personen, die die herrschenden Positionen im politischen Feld einnehmen, mit den Personen, die die herrschenden Positionen im Feld der ökonomischen Produktion besetzen, identisch sind oder auf irgendeine Weise direkt zusammenhängen. Natürlich wird es hier wichtige Verbindungen geben; auch dürften die Felder bestimmte Entsprechungen aufweisen, sodass zum Beispiel die Verhältnisse zwischen den Positionen des einen Felds die Verhältnisse zwischen den Positionen eines anderen Felds widerspiegeln – das heißt, es wird zwischen den Feldern gewisse »Homologien« geben, wie Bourdieu sagt. Aber wenn wir diese Zusammenhänge richtig verstehen wollen, gibt es keine Alternative zu einer sorgfältigen, fundierten Rekonstruktion der Felder und der Verbindungen zwischen den Positionen und den handelnden Personen in diesen Feldern.

Aus Bourdieus Sicht weisen die meisten Formen der marxistischen Analyse noch eine weitere Schwierigkeit auf: Sie neigen dazu, theoretische Klassen mit realen sozialen Gruppen gleichzusetzen und infolgedessen eine ganze Reihe von Fragen, die die Selbstmobilisation von Akteuren durch Repräsentation betreffen, falsch zu interpretieren. Auch in Bourdieus Werk spielt der Klassenbegriff eine grundlegende erklärende Rolle; und manche Leser mögen (mit einiger Berechtigung, wie ich meine) der Ansicht sein, dass Bourdieu allzu viel theoretisches Kapital aus diesem Konzept zu schlagen versucht. Sie könnten außerdem der Meinung sein, dass er anderen Grundlagen für soziale Spaltungen, Ungleichheiten und Konflikte in modernen Gesellschaften zu wenig Beachtung schenkt, etwa solchen, die mit dem Geschlecht, der ethnischen Zugehörigkeit oder den Beziehungen zwischen Nationalstaaten zusammenhängen.[34] Diese Vorbehalte mögen durchaus berechtigt sein; man muss aber auch sehen, dass Bourdieu den Klassenbegriff auf eine ganz eigene Weise gebraucht, die sich in wesentlichen Aspekten von seinem Gebrauch in der traditionellen marxistischen Literatur unterscheidet. Bourdieu definiert Klassen nicht über das Eigentum oder Nichteigentum an Produktionsmitteln (sein Gebrauch

34 In späteren Schriften ist Bourdieu ausführlicher auf Fragen des Geschlechterverhältnisses und der Machtbeziehungen zwischen den Geschlechtern eingegangen. Siehe vor allem P. Bourdieu, *La domination masculine*, Paris: Seuil, 1998 [*Die männliche Herrschaft*, Frankfurt/M.: Suhrkamp, 2005].

der marxistischen Begriffe »bürgerlich« und »kleinbürgerlich« ist in diesem Zusammenhang vielleicht ein wenig irreführend und wäre wohl am besten als eine Art Begriffskürzel zu verstehen). Für Bourdieu sind Klassen immer ein Ensemble von Akteuren, die ähnliche Positionen im sozialen Raum einnehmen und daher ähnliche Arten und ähnliche Mengen von Kapital, ähnliche Chancen im Leben, ähnliche Dispositionen usw. besitzen.[35] Diese »Klassen auf dem Papier« sind *theoretische Konstrukte*, die der Analytiker produziert, um beobachtbare soziale Phänomene zu erklären oder ihren Sinn zu erkennen. Theoretische Klassen sind nicht identisch mit realen sozialen Gruppen, obwohl sie zu einer Erklärung dessen beitragen können, warum sich unter bestimmten Umständen ein bestimmtes Ensemble von Akteuren als Gruppe konstituiert. Das heißt, Akteure dürften sich mit größerer Wahrscheinlichkeit als Gruppe konstituieren, wenn sie ähnliche Positionen in der sozialen Welt einnehmen – zum Beispiel Arbeiter, die sich in Gewerkschaften organisieren, oder Konsumenten, die eine Lobby bilden. Aber ein solches Ensemble von Akteuren kann sich als Gruppe mit eigenen Organisationen, Sprechern usw. nur organisieren, indem es eine bestimmte *Sicht* von der sozialen Welt und von sich selbst als einer identifizierbaren Gruppe in dieser Welt produziert oder sich zu eigen macht. Ebendieser Prozess der Repräsentation und die mit ihm einhergehenden symbolischen Kämpfe werden von der traditionellen marxistischen Analyse ignoriert oder nicht richtig verstanden. Mit dieser Neigung zur Verwischung des Unterschieds zwischen theoretischen Klassen und realen sozialen Gruppen hat der Marxismus zwar zur Produktion von Repräsentationen beigetragen, die reale soziale und historische Effekte hatten, die marxistische Analyse jedoch um die Mittel gebracht, die symbolischen Mechanismen zu erfassen, durch die diese Effekte hervorgerufen werden.

Aber trotz Bourdieus scharfer Kritik an einem Großteil der traditionellen marxistischen Analyse steht außer Zweifel, dass sein

35 Siehe P. Bourdieu, Espace social et genèse des »classes«, *Actes de la recherche en sciences sociales*, 52/53, 1984, S. 3-15 [Sozialer Raum und »Klassen«, in: P. Bourdieu, *Sozialer Raum und Klassen. Leçon sur la leçon. Zwei Vorlesungen*, Frankfurt/M.: Suhrkamp, 1985, S. 7-46]; siehe auch Vive la crise. For Heterodoxy in Social Science, *Theory and Society*, 17/5, 1988, S. 773-787 [Antworten auf einige Einwände, in: K. Eder (Hg.), *Klassenlage, Lebensstil und kulturelle Praxis*, Frankfurt/M.: Suhrkamp, 1989, S. 395-410].

Werk zutiefst von Marx' Herangehensweise beeinflusst ist. Die bloße Tatsache, dass Bourdieu den sozialen Klassen und der Rolle des ökonomischen Kapitals im sozialen Raum eine gewisse theoretische Priorität einräumt, ist genug Beleg dafür, wie viel er ihr verdankt. Aber Bourdieu benutzt die von Marx übernommenen Ideen auf die gleiche Weise, wie er die Begriffe benutzt, die er von Weber oder Lévi-Strauss (oder in anderen Zusammenhängen von Durkheim) übernimmt: Er fasst sie neu und passt sie den Zwecken der konkreten sozialen Analyse an. Man ginge also durchaus fehl, wollte man in Bourdieu einen zeitgenössischen Exponenten des Marxismus sehen, und sei es auch nur eines »verkappten« oder stark eingeschränkten Marxismus, wie es manche Kommentatoren gerne tun.[36] Eine solche Charakterisierung beruht auf einem recht oberflächlichen Verständnis der ganz eigenen Entwicklung und auch ganz eigenen Anliegen von Bourdieus Werk. Darüber hinaus ist Bourdieu kein Denker, der mit der Mode geht und sich heute dem »Strukturalismus« und morgen dem »Poststrukturalismus« (oder der »Postmoderne«) verschreibt. Er verwahrt sich vehement gegen Etiketten dieser Art und bringt dem, was seiner Meinung nach eine Art von intellektuellem Eklektizismus darstellt, keinerlei Sympathie entgegen.

Bourdieus Werk stellt einen außergewöhnlich differenzierten Versuch dar, eine kohärente Theorie für die Analyse der sozialen Welt zu entwickeln, eine Theorie von vergleichbarer Bedeutung und Reichweite wie die ganz andersartigen Ansätze, die von solchen zeitgenössischen Denkern wie Habermas und Foucault entwickelt wurden. In all seinen Schriften bekennt sich Bourdieu nachdrücklich zum Wert der empirischen Forschung und verzichtet auf jede Entschuldigung für seinen (mitunter extensiven) Einsatz statistischer und quantitativer Methoden. Aber sein Werk hat auch einen scharfen kritischen Impetus. Als der Sozialwissenschaftler, der Bourdieu in allererster Linie ist, befasst er sich selten mit normativer politischer Theorie und versucht auch nicht, politische Programme oder eine Politik für bestimmte soziale Gruppen zu formulieren. Aber seine rückhaltlose Aufklärung von Macht und Privilegien in ihren ganz unterschiedlichen und höchst subtilen

36 Bekanntes Beispiel für diese Interpretation ist L. Ferry, A. Renaut, *La pensée 68. Essais sur l'anti-humanisme contemporain*, Paris: Gallimard, 1985, Kap. 5.

Formen sowie die Achtung, mit der seine Theorie den Akteuren begegnet, die die von ihm so scharfsichtig zergliederte soziale Welt bilden, verleihen seinem Werk ein implizites kritisches Potential. Denn der erste Schritt zur Schaffung neuer sozialer Verhältnisse und alternativer Formen der Organisation des politischen und sozialen Lebens besteht darin, die sozial gesetzten Grenzen zwischen den Sprech-, Denk- und Handlungsweisen zu verstehen, die für unsere Gesellschaften heute charakteristisch sind. Dass Bourdieu einen überaus wichtigen Beitrag zu unserem Verständnis dieser Grenzen geleistet hat, ist wohl kaum zu bestreiten.